乡村旅游创新开发与经营实务

主编 张 骏 卢凤萍

模块四

乡村旅游发展趋势与案例解读

南京大学出版社

目 录

项目一　乡村旅游发展趋势新思考 ………………………………………… 001
　　任务一　乡村振兴背景下乡村旅游发展 ………………………………… 001
　　任务二　后疫情时期乡村旅游发展 ……………………………………… 007
　　任务三　乡村旅游田园综合体建设 ……………………………………… 011
　　任务四　信息时代乡村旅游智慧化发展 ………………………………… 019
　　课程思政小红星："乡村振兴"时代使命 ………………………………… 023
　　创新创业加油站：乡村旅游互联网＋创新创业 ………………………… 023
　　创新实践 …………………………………………………………………… 024

项目二　乡村旅游案例解读与经验分析 ……………………………………… 025
　　任务一　古镇型乡村旅游发展案例解读 ………………………………… 026
　　任务二　庄园型乡村旅游发展案例解读 ………………………………… 035
　　任务三　文化型乡村旅游发展案例解读 ………………………………… 042
　　任务四　其他类型乡村旅游发展案例解读 ……………………………… 049
　　课程思政小红星：四个自信 ……………………………………………… 053
　　创新创业加油站：乡村旅游目的地创新建设 …………………………… 054
　　创新实践 …………………………………………………………………… 056

主要参考文献 …………………………………………………………………… 057

信息化资源目录

项　　目		信息化资源	页　码
模块四　乡村旅游发展趋势与案例解读	项目一 乡村旅游发展趋势新思考	微课学习： 乡村振兴与乡村旅游发展 乡村旅游全域化开发 乡村旅游扶贫致富工作 疫后乡村旅游发展转型之路（上） 疫后乡村旅游发展转型之路（下） 乡村旅游田园综合体建设 乡村旅游智慧化发展	001 001 005 007 007 011 019
		知识拓展： 全域旅游与乡村旅游	
		同步案例： 任务1案例：丰都：乡村旅游发展带动产业兴旺　村民走上致富路 任务2案例：后疫情时期：乡村旅游迎来发展新机遇 任务3案例：以象帽舞之乡带动田园综合体建设——延边朝鲜族 　　　　　　自治州汪清县百草沟镇 任务4案例："智慧"解乡愁——乡村智慧旅游的"水东"创新	024
		关键词点击： 乡村创业带头人 后疫情时期 田园综合体 智慧旅游	
		在线练习： 单选题 判断题	

续 表

项 目		信息化资源	页 码
模块四 乡村旅游发展趋势与案例解读	项目二 乡村旅游案例解读与经验分析	微课学习： 乡村旅游开发与经营管理案例解析	025
		知识拓展： 乡村旅游开发的基本要求及创意模式	
		同步案例： 任务1案例：再现茶马古道繁荣的普洱茶马古城旅游小镇 任务2案例：北京密云——一个种养农场的转型升级转型之路 任务3案例：德清县下渚湖街道二都村——保护历史文化，打造最美村落 任务4案例：天台县——全域景区化中被激活的乡村旅游	055
		关键词点击： 乡村地域活化 沉浸式体验	
		在线练习： 单选题 判断题	

项目一
乡村旅游发展趋势新思考

项目概述

　　乡村旅游作为覆盖面广、带动作用强的产业，在乡村振兴中必将发挥重要的作用。本项目主要从乡村振兴与乡村旅游发展；后疫情时期乡村旅游发展；乡村旅游田园综合体建设；信息时代乡村旅游智慧化发展四个维度展开，解读乡村旅游在新时代创新发展的趋势、思路、方法。同时融入"乡村振兴"时代使命责任感、"大国三农"情怀、生态文明意识、创新创业、法治精神、工匠精神等课程思政元素。

项目目标

1. 掌握乡村旅游促进乡村振兴的思路与基本方法。
2. 掌握后疫情时代乡村旅游的发展特点。
3. 掌握田园综合体的建设要求及实施路径。
4. 能够运用智慧化手段开展乡村旅游相关建设工作。
5. 贯彻落实党的二十大精神，树立"全面推进乡村振兴"的责任担当等。

任务一
乡村振兴背景下乡村旅游发展

任务目标

1. 了解乡村振兴视角下发展乡村旅游的重要价值。
2. 明确乡村振兴各维度和乡村旅游间的关系。
3. 掌握乡村振兴背景下的乡村旅游发展主要策略。

微课：乡村振兴与乡村旅游发展

微课：乡村旅游全域化开发

1.1 乡村振兴视角下发展乡村旅游重要价值

一、乡村振兴概念的提出

党的十九大报告提出"乡村振兴战略",为我国"三农"问题的解决提出了新的思路。乡村振兴战略是决胜全面建成小康社会、全面建设社会主义现代化国家的重大历史任务,是新时代做好"三农"工作的总抓手。

乡村振兴战略提出"产业兴旺、生态宜居、乡风文明、治理有效、生活富裕"20字总要求,说明乡村振兴不仅包括经济的振兴,还要同步实现政治、社会、文化、生态等全面振兴。与社会主义新农村建设总要求比较,可以看出乡村振兴是新农村建设的升级版、宏观版,是对全面建成小康社会做出的重大战略决策。在党的二十大报告中,再次明确强调"全面推进乡村振兴。"并且提出"坚持农业农村优先发展,坚持城乡融合发展,畅通城乡要素流动。加快建设农业强国,扎实推动乡村产业、人才、文化、生态、组织振兴。"

在"产业兴旺"方面,要发展壮大乡村产业,积极推动乡村产业融合,构建由当地农民高度参与并且能够彰显地方特色的产业体系,推动乡村产业全面振兴;在"生态宜居"方面,要建设美丽乡村,实现农业绿色发展,乡村人居环境得到改善,同时要注重对乡村生态保护与修复;在"治理有效"方面,要实现农村基层党组织对乡村振兴的全面领导,夯实基层政权,促进自治、法治、德治有机结合;在"乡风文明"方面,要繁荣乡村文化,弘扬中华优秀传统文化,丰富乡村文化生活;在生活富裕方面,要实现农民生活富裕,完善乡村基本公共服务,增强农民的获得感和幸福感。在乡村振兴战略实施过程中,产业兴旺是农民生活富裕的前提,是生态宜居的重要动力,也是乡风文明、治理有效的基础。

二、乡村振兴和乡村旅游关系

(一)乡村旅游是乡村振兴事业的重要组成部分

国家乡村振兴战略规划中对乡村旅游做出了明确的安排,乡村旅游是乡村振兴事业的重要组成部分。乡村振兴战略的提出,为乡村旅游发展提供了前所未有的机遇,为乡村旅游发展指明了前进的道路。

《乡村振兴战略规划(2018—2022年)》中提出,"实施休闲农业和乡村旅游精品工程,发展乡村共享经济等新业态,推动科技、人文等元素融入农业。""顺应城乡居民消费拓展升级趋势,结合各地资源禀赋,深入发掘农业农村的生态涵养、休闲观光、文化体验、健康养老等多种功能和多重价值。""大力发展生态旅游、生态种养等产业,打造乡村生态产业链。"在文化和旅游深度融合领域,规划明确提出"推动文化、旅游与其他产业深度融合、创新发展。"其中包括"实施农耕文化传承保护工程,深入挖掘农耕文化中蕴含的优秀思想观念、人文精神、道德规范,充分发挥其在凝聚人心、教化群众、淳化民风中的重要作用。划定乡村建设的历史文化保护线,保护好文物古迹、传统村落、民族村寨、传统建筑、农业遗迹、灌溉工程遗产。传承传统建筑文化,使历史记忆、地域特色、民族特点融入乡村建设与维护。""以形神兼备为导向,保护乡村原有建筑风貌和村落格局,把民族民间文化元素融入乡村建设,深挖历史古韵,弘扬人文之美,重塑诗意闲适的人文环境和田绿草青的居住环境,重现原生田园风光和原本乡情乡愁。""建设一批特色鲜明、优势突出的农耕文化产业展示区,打造一批特色文化产业乡镇、文化产业特色村和文化产业群。大力推动农村地区实施传统工艺振兴计划,培育形成具有民族和地域特色的传统工艺产品,促进传统工艺提高品质、形成品牌、带动就业。积极开发传统节日文化用品和武术、戏曲、舞龙、舞狮、锣鼓等民间艺术、民俗表演项目,促进文化资源与现代消费需求有效对接。"

(二)乡村旅游提供乡村振兴新动能

乡村振兴战略作为党和国家的战略决策,具有战略性、全局性、长期性的特点,乡村旅游发展必须服务于乡村振兴战略的总要求。乡村旅游是乡村振兴的重要动力,大力发展乡村旅游是实施乡村振兴战略的重要抓手。乡村旅游是文旅产业的一个重要分支,是推动乡村经济繁荣的新型产业手段,能够在乡村振兴战略中将发挥新引擎作用。

1. 发展乡村旅游能有效激活农村产业

乡村振兴,产业兴旺是基础和关键。旅游业作为我国国民经济的战略性支柱产业,是乡村产业振兴的重要产业选择。旅游业作为扶贫产业、综合产业、美丽产业、幸福产业,能为乡村产业振兴发挥引擎作用。乡村旅游为农村产业转型发展提供了新的方向,能够挖掘农业产业的附加价值,促进三产融合发展,丰富并激活农村产业潜力,延伸产业链,实现农业现代化。发展乡村旅游和休闲农业可以盘活农村土地,是提高农村土地资源利用效率和产出附加价值的途径之一。

2. 发展乡村旅游能增加农民收入,带动村民致富

党的二十大报告要求,践行乡村振兴,需要"发展乡村特色产业,拓宽农民增收致富渠道。巩固拓展脱贫攻坚成果,增强脱贫地区和脱贫群众内生发展动力。"乡村旅游可以实现农民在家门口就业,让农民通过参与乡村旅游产业而脱贫致富。发展乡村旅游不仅能加速农民减贫脱贫,而且还能够帮助其实现更高水平的富裕,这既是我国乡村振兴战略的出发点,也是落脚点。

3. 发展乡村旅游汇聚人力资源

发展乡村旅游能够吸引农民工返乡创业、城市创客下乡创业、游客来乡旅游,进一步凝聚农村人气,为乡村振兴发展汇聚急需的人力资源。

4. 发展乡村旅游能促进文化传承,助力文化复兴

党的二十大报告指出"加大文物和文化遗产保护力度,加强城乡建设中历史文化保护传承。"发展乡村旅游能更好地传承乡土文化,改善农村教育落后状况。乡村旅游发展传承乡村农耕、村俗、服饰、餐饮、宗祠、建筑、民俗等物质和非物质乡土文化,不断促进我国乡村地区的繁荣昌盛。

5. 发展乡村旅游有助于助推生态宜居乡村建设

"绿水青山就是金山银山"。党的二十大报告提出"推动绿色发展,促进人与自然和谐共生。必须牢固树立和践行绿水青山就是金山银山的理念,站在人与自然和谐共生的高度谋划发展。"乡村旅游需要以良好生态环境为前提条件。如果没有良好的自然生态,如果环境都是污水横流、空气污染,那么乡村就找不到那一片诗情画意,找不到那一片田园风光。同时,发展乡村旅游、乡村全域旅游化也更能提升乡村生态品质,有利于营造生态宜居环境,将乡村建设成为现代版的"富春山居图"。

1.2 乡村振兴维度和乡村旅游关系分析

一、产业兴旺与乡村旅游

从发展农业产业角度来看,产业兴旺内涵丰富,实施乡村"产业兴旺"既要基于农业产业又不能被其所限制,而应着眼于优化农业产业发展,在此基础上大力发展二、三产业,促进一二三产业融合发展,强化农业产业对二产、三产的支撑力度,提升二产、三产对农业产业的反哺力度。

其次,从乡村旅游发展的角度来看,乡村旅游在开展的过程中要充分发挥综合性特质,将丰富的乡村农业资源转化为旅游资源,这有利于优化农业资源配置,带动农业产业与乡村旅游协同发展,同时也丰富了旅游产品供给,满足旅游市场多样化需求,实现乡村地区经济效益、社会效益和生态效益的有机统一。

二、生态宜居与乡村旅游

实现乡村振兴,生态宜居是关键。乡村优美的生态环境是农村核心竞争力,生态优势可转化为乡村旅游资源进行开发,乡村旅游的良性发展又为生态宜居的乡村建设给予经济扶持,注入更多新鲜血液,二者之间互为辩证发展的关系。

一方面,生态宜居的乡村是乡村旅游发展的重要保障。生态宜居乡村建设与乡村旅游发展具有目标的一致性,二者都旨在实现人与自然的和谐统一。因此,生态宜居的乡村建设对乡村旅游发展具有指导意义,将生态宜居整合到乡村旅游开发建设当中,有利于正确处理乡村旅游活动过程中经济效益与生态效益之间的关系,同时也能实现乡村旅游可持续发展。

另一方面,乡村旅游是生态宜居的乡村建设在经济领域的具体表征。旅游业作为资源依赖型产业,"绿水青山"是乡村旅游发展的重要依托。为了将生态环境有效地转化为乡村旅游资源,环境保护与整治越来越引起旅游开发经营者的重视,优美的旅游环境可以增强游客的游赏体验,旅游活动过程中也能过潜移默化地提高游客的生态保护意识,使得乡村旅游在绿色发展中落实"绿水青山就是金山银山"的要求。

三、乡村文明与乡村旅游

乡风文明的核心内容是乡村文化振兴。乡土文化与乡村旅游融合发展是实现乡村文化振兴的主要途径。旅游与文化相依相生,以旅游为媒介促进文化的保护与传承,而乡村文化为乡村旅游发展提供了必要资源,二者互融已成为必然趋势。

乡村文化是乡村旅游的核心资源之一。乡村特色是乡村旅游的最大竞争力,而乡村文化是乡村特色的主要展现,以地域特色文化指导乡村旅游发展,能够有效提升乡村旅游市场吸引力。

乡村旅游带动当地经济发展的同时也有利于强化人们对乡村文化的保护;在发展乡村旅游的过程中有利于本土居民文化素养的提高,在这一过程中汲取外来的先进文化,推进乡风文明建设。

四、治理有效与乡村旅游

乡村治理是实现乡村振兴的重要保障,更是我国治理体系现代化与治理能力现代化的关键。当前我国乡村旅游进入高速发展阶段,农业产业呈现多元化,这些变化为乡村治理有效提供源源不断的动力与活力。

从乡村治理角度来看,有序的乡村治理环境有利于提升乡村旅游目的地认知形象,营造高内涵乡村意境,推进乡村旅游品牌建设;良好的社会环境,完善的法律保障也可为乡村旅游发展保驾护航。

从乡村旅游角度来看,乡村旅游激活了乡村潜在资源,引导进城务工人员返乡创业,缓解乡村"空心化"问题,充实乡村治理力量,吸引更多人才参与到乡村开发建设当中;乡村旅游带来的巨大经济效益可以解决治理过程中资金短缺的问题,使乡村发展朝乡村振兴的总要求不断前进。

五、生活富裕与乡村旅游

党的二十大报告指出"中国式现代化是全体人民共同富裕的现代化。我们坚持把实现人民对美好生活的向往作为现代化建设的出发点和落脚点,着力维护和促进社会公平正义,着力促进全体人民共同富裕,坚决防止两极分化。"生活富裕是乡村振兴战略的根本,同时也是实现全体人民共同富裕的必然要求。数据显示,2011—2019 年,中国旅游总收入持续增加,2019 年中国旅游总收入为 6.63 万亿元,同比增长 11.06%。近几年旅游行业整体发展态势良好,受到疫情影响,2020 年的旅业不佳,但长期旅游态势依然向好。尤其是后疫情时代的游客,对生态、绿色、健康更加向往,乡村旅游将大有所为。由此可见发展乡村旅游的最终目的也是实现农民增收,生活富裕,因此乡村振兴与乡村旅游具有目标的一致性。

微课:乡村旅游扶贫致富工作

1.3 乡村振兴背景下的乡村旅游发展策略

在推动乡村振兴战略实施的背景下,发展乡村旅游,可以从促进乡村旅游产业结构调整、优化乡村生态环境建设、挖掘乡村旅游产业就业潜力、创新传承乡村本土文化等角度入手,发挥旅游业独特的资源优势和强劲的产业力量,以乡村旅游发展为抓手促进乡村振兴战略实施。具体而言,可以结合以下策略稳步开展。

一、促进乡村旅游业态优化,助推乡村产业兴旺

"产业兴旺"在乡村振兴的总体目标任务中排在首位的,足见其重要性。旅游产业的关联性强,对其他产业的带动作用较大。随着乡村旅游的发展,大量旅游者前来,相随而来的旅游消费不仅能有效带动乡村种植业、养殖业等传统农业的发展,而且能带动农副产品、手工艺品、旅游纪念品等的开发、生产、商贸、物流等相关行业共同发展,产生旅游兴而百业旺的共振协同发展效应,从而优化乡村产业结构,促进产业优化升级。在乡村旅游业态优化提升过程中,可以结合当地现状及周边条件,大力发展民宿客栈、艺术村落、绿色康养、农事体验、研学活动等乡村旅游新业态,有效开发美食旅游、购物旅游、研学旅游等,以此形成高效带动机制,促进乡村旅游经济的不断发展。尤其是可推出更多精彩的乡村特色活动,设计沉浸式场景体验、互动项目,让游客在各种农事活动、民俗项目当中品尝乡村美食、了解乡村故事,享受原汁原味的乡村风情,得到不一样的休闲旅游体验,以旅游业态的创意出新,带动乡村的产业振兴。

二、通过乡村旅游环境提升,实现乡村生态宜居

习总书记指出"绿水青山就是金山银山"。党的二十大报告中提出"我们坚持可持续发展,坚持节约优先、保护优先、自然恢复为主的方针,像保护眼睛一样保护自然和生态环境,坚定不移走生产发展、生活富裕、生态良好的文明发展道路,实现中华民族永续发展。"良好的生态环境是乡村旅游得天独厚的资源基础,乡村为吸引更多游客,不仅可深入开发生态体验型旅游产品,更需进一步改善乡村人居环境,促进乡村生态文明建设。发展乡村旅游,必须同步和谐推进乡村生态环境的治理。乡村旅游的发展,让生态优先、绿色发展的理念成为共识,必然有力推动乡村自然资本的积累和增值,促进乡村生态环境的可持续发展,进而加快推进乡村生态宜居和美丽乡村目标的实现。具体而言,乡村旅游开发与经营管理过程中,要开展污水管网、道路交通等基础设施的绿色升级行动,对村容村貌进行绿化、美化,以旅游目的地的环境优化为契机,促进乡村生产生活环境和自然生态环境的改进,实现乡村的生态宜居。

三、挖掘乡村旅游文化,促进乡风文明建设

文化是旅游的灵魂,通过乡村旅游的发展,促进乡风文明的培育,可以从两个方面入手。一方面,在发展乡村旅游的过程中,要着力挖掘乡村优秀传统文化,传承和保护乡村文化遗产,在通过活化的手段,以旅游产品、传统节庆体验等形式传承、保护、开发传统文化的同时,留住质朴、醇厚的民风,以优秀传统文化涵养乡村文明,以中华优秀传统美德促进乡风文明。另一方面,伴随乡村旅游的发展,村民必然会受到政府、游客、市场、环境等多种因素的影响,城市游客也会将先进的思想观念、生活习惯等带到乡村地区,要善于在旅游产业发展过程中,引导原住民接受新思想、涉猎新知识、掌握新技能、涵养新习惯、推崇新风气,助推乡村文明建设,促进乡村文化振兴。

四、实施乡村旅游科学管理,实现乡村有效治理

乡村要振兴,治理需先行。党的十九大报告提出要"健全自治、法治、德治相结合的乡村治理体系",这是在乡村治理方面提出的新要求。一方面,在乡村旅游发展过程中,要引导村民实现身份的转化,以经营者、股东、出租人等身份成为参与乡村治理的平等主体,由此培育较为完善的政府、村民、社会组织等多元共治的乡村治理新格局。另一方面,随着乡村旅游的发展,市场在资源配置中的基础性作用逐渐发挥出来,政府的公共服务功能也日渐突出,要建章立制,通过规章制度、村规民约等多种形式,合理界定政府、市场、社会组织及村民各自的作用,构建行之有效的共建共治的现代乡村治理模式。通过乡村旅游产业的发展,乡村旅游管理的优化,用行政、经济、文化的多重手段有效协同利益相关者,通过自治、法治、德治的结合,促进乡村地方和谐和人居融洽,达到促进乡村有效治理的效果。

五、践行乡村旅游富民工程,助力乡村生活富裕

旅游产业是富民产业。在乡村旅游发展过程中,要有意识的吸纳当地村民承担乡村旅游产业工作,激发起主体责任,提高工作技能,调动发展热情。具体而言,一方面,要通过提供合适的岗位,以及系统的技能培训和服务意识养成,提高乡村旅游的就业覆盖面和质量,让原住民更多、更好地从事乡村旅游的管理和服务工作,产生归属感和主人翁意识。另一方面,也可以通过对村民的土地资产入股分红等形式,以旅游产业发展合理的拓宽原住民增收渠道,为实现共同富裕的目标助力,不断满足村民对美好生活的向往。

任务二

后疫情时期乡村旅游发展

任务目标

1. 了解新冠疫情对乡村旅游发展的主要影响。
2. 明确后疫情时期乡村旅游主要特征及重要作用。
3. 掌握后疫情时期乡村旅游发展策略。

微课:疫后乡村旅游发展转型之路(上)　　微课:疫后乡村旅游发展转型之路(下)

2.1 后疫情时期乡村旅游主要特征及发展机遇

2020年新冠疫情的爆发给乡村旅游乃至整个旅游业的发展带来了重大的冲击,使整

个旅游市场遭受了重创。新冠疫情迅速蔓延,世界旅游业接受了前所未有的大考,成为疫情影响最大的领域之一。

一、后疫情时期乡村旅游主要特征

(一)消费更趋理性,品质旅游受到追捧

中国社科院旅游研究中心《新冠肺炎疫情下的旅游需求趋势研究报告》指出,在旅游的偏好转向方面,首先,游客对"社会安全秩序"和"卫生安全状况"将更为重视,特别是无接触点餐、无人商店、无人酒店、自助自驾旅行等无接触式旅游方式会更受青睐,这也对当前我国乡村旅游基础设施、服务设施、安全管理等提出了更高的要求。其次,"亲近自然、感受山水"将会是游客的主要需求偏好。受疫情影响,增进亲情、进行社交的需求也会普遍增加,对乡村游提供的"健康治疗、修养身心"的需求导向也更为强烈。

(二)乡村旅游成为当前旅游消费的主阵地

疫情阻断了人群的流动,出境游、入境游、省际游急剧下降,长途游、度假游急剧缩水,大部分景区也相继执行了不超过一定比例最大承载量的防控措施,这一部分的旅游消费潜力正逐步转向省内、城市周边及广大的乡村地区。随着生产生活秩序逐步恢复,城乡居民被抑制的需求将持续释放,乡村旅游成为新形势下人们外出游玩的首选方式。数据显示,2020年1—8月,中国休闲农业与乡村旅游接待人数达12.07亿人,乡村旅游收入达到5 925亿元。随着疫情进入常态化防控,城郊休闲游、自驾乡村游、品质度假游需求将会更为强烈。

(三)线上消费呈井喷之势,全国各地开启"云游"模式

疫情客观上激发了新技术研发和应用,同时催生了新的商业模式的发展,在线旅游、景区云游、共享旅游、直播带货、无接触旅游等消费模式更加突出。如四川省文化和旅游厅于2020年1月份启动了"全景看四川"线上游,2020年3月份出台了餐饮业数字化建设政策,2020年4月份启动了"智游天府"文化和旅游公共服务平台,2020年6月份启动了"云游四川"线上推广。景区门票全面实行线上预订,酒店、民宿、博物馆、景区均成为线上游客的云游目的地。消费需求的改变和转向,将对乡村旅游业的恢复和发展带来持续深远的影响,各地利用云平台开展乡村旅游推荐和农副产品销售已经成为常态。

二、后疫情时期发展乡村旅游的机遇

(一)乡村游是国内居民积压的旅游需求释放的首选之地

国际疫情形势依旧严峻,国内疫情除境外输入病例外,整体形势稳定并持续向好,这极大增强了国内居民外出旅游的信心。2020年清明假期期间,国内居民的旅游欲望得到一定程度的释放。旅游市场以家庭出行、都市休闲和周边游为主,总体上呈现出

"城市休闲复苏,周边旅游活跃"的市场特征。乡村旅游的户外踏青、赏花、游园、看动物等低密度旅游活动热度提升。随着国内外疫情的进一步稳定,国内居民积压的旅游欲望将得到更大程度的释放,给省内及城市近郊旅游,尤其是乡村旅游的复苏带来巨大活力。

(二)各省市出台积极政策给乡村旅游带来持续性利好

自2020年3月中旬开始,国内旅游业就已经进入复工阶段,25个省、自治区、直辖市恢复了辖区内的旅游业务。山西省出台了及时发放奖励资金、暂退部分旅游服务质量保证金、增强企业复苏能力等五项措施,浙江省文旅厅提出九项措施来指导文旅企业共渡难关。海南出台六条措施支持旅游企业发展,并且在该《措施》中指出,海南对于不裁员或少裁员的参保旅游企业将返还单位及其职工上年度实际缴纳失业保险费总额的50%,并全额返还旅行社保证金用于日常运转。山东济南、浙江建德、江苏南京等多个省市更是面向旅行社、景区、乡村旅游等旅游实体以发放旅游消费券的形式,拉动文旅消费。

2.2 后疫情时期乡村旅游发展策略

正如习总书记所说要"努力在危机中育新机、于变局中开新局"。乡村旅游的发展尤其是如此,后疫情时代旅游需求的变化对乡村旅游提出了新要求,新挑战;也带来了新机遇,开启了新的可能性。

一、优化环境服务,提升品质价值

进一步完善国内乡村旅游的餐饮、住宿等基本接待和配套设施,改善环境卫生、安全防范等消费环境,优化旅游服务的软件要素,营造健康、生态、绿色的优良乡村旅游目的地环境。积极引导村民参与乡村旅游消费环境的营建工作,对所属景区、度假区、民宿和酒店餐饮等相关经营场所进行全面的社区卫生管理,重点进行"卫生文明和康养文旅经济"的新乡村旅游建设,加强对景区、度假饭店和民宿、农家乐餐饮和休闲娱乐场所、土特产销售卫生安全的公示监管,展示绿色生态、文明健康的独特乡村文化旅游目的地形象。对乡村旅游服务进行延展,全方面满足游客在客房服务、用餐环境、保安体系和突发事故处理方面的需求。借助科技手段升级乡村旅游服务品质,加强互联网、5G、人工智能等技术产品在退房、送餐、送物等场景的使用,打造无接触服务。推出自助机,方便游客登记、体温检测、健康码认证和房卡领取等。建立起完善的乡村旅游公共信息服务与咨询系统,为游客提供全景式、全天候、个性化的导航、导游、导览和导购等智慧型旅游服务。

二、优化区域布局,丰富产品结构

优化乡村旅游发展区域整体布局。在城市、交通干线和重点旅游景区周边培育一批休闲农业、康养度假、旅游民宿等乡村旅游产业集聚区，形成"特色镇（街区）、景区、精品民宿互为支撑"的旅游目的地和消费场景、生活空间、商业形态。通过空间集聚，形成地域产业优势，提升住宿体验，在上下游之间进行集聚，形成"抱团"优势，打造民宿品牌聚落、强化品牌形象。丰富乡村旅游产品层次，鼓励开发适应多种需求的乡村民宿产品，逐渐改变民宿的点状发展现状，全镇全域分层发展，扩大民宿空间范围，根据不同景点、不同地理位置形成不同档次的发展结构，形成良好的行业生态。

积极发展乡村康养旅游新业态。将康养与地产结合进行综合开发，形成康养城市、康养小镇、康养综合体、康养度假区、康养社区等产品，康养与养生养老相结合形成旅游养老、度假享老等产品，围绕服务管理、健康护理、文化教育、商业娱乐等业态的升级，培育乡村康养度假的品牌，提升乡村经济收益。

三、优化业态，多元融合发展

推动乡村旅游多元融合发展，通过"旅游+"或"+旅游"促进旅游与人工智能、大数据等相结合，全面推进智慧旅游建设，打造一批"旅游+农业""旅游+科技""旅游+体育""旅游+文创""旅游+康养"等主题旅游目的地和示范区。农旅融合培育品牌，利用乡村生态、农业园区、风景名胜区、精品旅馆和特色城镇的联动优势，探索突破整体旅游业的途径，实现农业与旅游业的融合。

打造消费新场景，优化供给。推动景区打造品牌文化活动，着力营造夜间经济、社群营销等消费新场景，优化消费供给。进一步推动"数字+文旅"线上乡村旅游发展，创新乡村旅游线上模式，在内容创造、虚拟运营、智能服务、体验互动中进行创新；以乡村历史文化背景为元素，打造娱乐性、体验感、沉浸式与年轻化交融的乡村旅游体验项目，营销上用好"两微一抖"，继续完善策划和深入挖掘"云旅游""网红民宿线上直播推介""线上直播卖货""数字展览"等科技创新项目，分时段、分空间进行精准营销。

四、创新经营模式，提升对外宣传

引入知名的文旅品牌和团队专业化运营，对乡村旅游景区进行总体规划、业态升级，将现有资源进行商业包装，策划精品观光路线，布点民宿、文创店、体验农园、自然教室、书吧、咖啡馆等新兴业态，打造网红打卡点和业态标杆。创新乡村旅游投融资模式。实现乡村旅游发展过程以乡村资源产权为核心，以乡村旅游产业为载体，以旅游效益为动力的参与机制的构建，更好带动乡村村民与相关利益者的共同参与。创新以品牌策划商入股的方式，梳理村里有资金、有场地、有业态的村民，量身打造项目，植入商业资源，与村民组成利益共同体，推出村民股东项目。

多元参与外宣提质。利用以全媒体为中心的整合传播方式，打造传统乡村旅游的线上新阵地。采取传统媒体与新媒体并行的方式，整合线上线下媒体资源，以文旅微信公众号、学习强国等新媒体为主要阵地，集聚地方旅游、特色文化行业媒体资源，创建全媒体传播阵营。

任务三 乡村旅游田园综合体建设

任务目标
1. 了解田园综合体相关概念及发展历程。
2. 掌握田园综合体主要开发模式。
3. 了解田园综合体主要开发路径。

微课：乡村旅游田园综合体建设

3.1 田园综合体相关概念及发展历程

一、田园综合体相关概念

"田园综合体"一词源自无锡阳山东方田园综合体项目。在该项目中，田园综合体定义为集现代农业、休闲旅游、田园社区为一体的特色小镇和乡村综合发展模式，为农业＋文旅＋居住的跨界融合。2017年，田园综合体这个概念作为亮点措施第一次被写入当年中共中央一号文件。田园综合体所提倡的结合现代农业和休闲旅游、以旅游助力传统村落改革的理念是当前农村发展中的全新思维模式，具有一定的突破性，它为农业供给侧结构性改革提供了大胆尝试和有利探索。"田园综合体"作为新农村产业发展的重要举措，不仅是新田园主义的主要载体，也是实现"乡村振兴"的重要手段和主要平台。

综合学术界各类概念定义，本书将田园综合体界定为在我国乡村，由政府、企业、农民及村民组织推动，依托广袤的乡村田园，基于美丽乡村和现代农业，融入产业整合创新、生产生活生态互动、循环永续发展理念，以乡村文旅业为主要依托，以乡村风情的保护提升、空间功能的有机复合、企业的现代化运营、公共设施和服务的布局完善、城乡一体的社区组织构架来实现的新时期乡村生产生活方式的社会系统。

田园综合体是一种可持续发展模式，依托文旅产业，有效促进城乡一体化建设，改变农业供给侧结构，加速新型产业发展，推动农村新型城镇化建设，最终实现农业全面现代化。

二、田园综合体主要特征

田园综合体作为一种依托乡村平台的新型农业发展模式，对比传统农业发展有着本质区别，主要表现在以下几个方面。

（一）规模、主体有变化

田园综合体是以农业为基础产业，企业承接农业。主体上依托企业主导，受益群体多

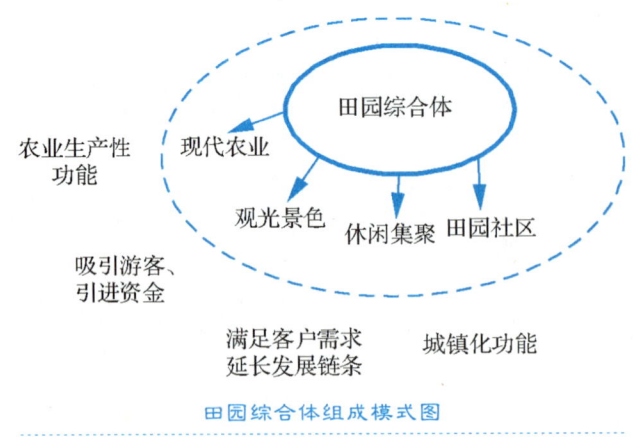

田园综合体组成模式图

为企业、个人,在规模上则多以村、镇为发展单元,形成在主体上以政府为主导引导方向、完善服务,农村集体组织、土地入股、自发管理,农民积极参与、自觉维护,企业出资入股、技术管理的多主体参与结构,最终受益群体为农民。

(二)模式、产业有特色

田园综合体模式是从农业生产型模式转变为农业+文旅+居住的综合发展模式,农业产业链转变为综合产业链,产业链从生产端向体验端转移。相较于传统农业产业只专注于农产品供给或休闲农业单一产业,田园综合体包含农、林、牧、渔、加工、制造、餐饮、酒店、仓储、保险、旅游以及地产等多行业,将农业从第一产业向第二、三产业延伸,产生以农业为基底的综合生态产业。

(三)主体功能多复合

田园综合体模式从简单的农作物生产功能过渡到复合功能。相较于传统农业的单一的生产种植功能,田园综合体除生产性功能外,还具备观光、加工、推销、研发、居住、度假、公共服务配套等多种功能,主要包括文化景观区、休闲聚集区、农业生产区、居住发展区、配套服务区五大功能区域组成,形成集聚发展。

(四)价值理念有创新

田园综合体从早期产出价值低、效率低到拓展新的价值空间,实现了经济价值、生态价值和生活价值的结合。田园综合体不仅把传统农业从粗放简易产出扭转为具有深度消费性,提升了经济价值,更重要的是保护了绿水青山,留住了乡愁,使农村变成人们向往的田园小镇,具有良好的生态价值和生活价值。

农业发展需要建立现代农业示范园区,有利益相关者的载体,充分整合周边资源和人才等,才能打造好示范区,形成样板区,发挥示范带动作用。田园综合体是集现代农业、文化、创意旅游和田园社区相结合的城乡一体化发展模式,是农业现代化发展必然,也是解决城乡发展问题的手段或方式之一，这些特质为田园综合体的发展壮大创造了有利契机。

3.2 田园综合体开发模式

在当今乡村振兴的大背景下，田园综合体的建设对于"三农"领域的发展有着极大的推动作用，目前我国多个地区结合本地实际情况，引入现代农业发展模式，基于我国乡村传统的文化背景下，不断地进行探索和研究，建立了一大批具有特色的田园综合体，综合来看，开发大致可总结为以下六大模式。

一、农旅社区型模式

该模式以无锡田园东方项目为代表，项目依托当地优秀的水蜜桃资源，重点发展以现代化农业产业园为基础的度假产品和田园社区，通过"三生"（生产、生活、生态）、"三产"（农业、加工业、服务业）的有机结合与关联共生，实现生态农业、休闲旅游、田园居住等复合功能。田园东方的农业是以现代农业、休闲旅游、田园社区为抓手，把农业进行商业化，定位是企业化服务型的农业平台。将水蜜桃资源通过公司化、规范化、科技化的运作形成现代化产业园。以生态自然型和多样的旅游产品和度假产品的组合，以此作为文旅产业的根本，打造文旅产业多样化。依托田园社区服务于原住民和新移民，以及旅居的客群，最终形成新的社区和新的小镇，实现居住方式创新化。

无锡田园东方田园综合体

二、资源优势型模式

该模式以上海金山区"田园综合体"为代表。金山重点依靠渔村、海鲜资源打造田园综合体，发挥都市农业的经济、生态和服务功能。金山嘴渔村依靠自然资源优势，发展海鲜餐饮业，靠海吃海；围绕一个"渔"字做足文章，金山嘴渔村发展咖吧、酒吧，渐渐成了"不夜小镇"。全村已有100多户村民的农宅被用来开民宿、饭店、咖啡店等，整个渔村的特色民宿出现了12个品牌。渔村特色民宿发展迅猛。

上海金山区"田园综合体"

三、产业园区型模式

该模式以安徽肥西县"官亭林海"田园综合体为代表。官亭林海通过将一产规模化形成产业园区,按照多功能、多业态运营的设计原则,涵盖了生态农业、休闲旅游、田园居住等复合功能,将新型产业与农村发展进行有机结合。为了改善乡村旅游质量,肥西保留了乡村的原生态,融合循环农业、创意农业、农事体验等创新形式,真正展现农民生活、农村风情和农业特色。通过土地流转对土地经营进行中长期产业规划,发展现代化、规模化的农业产业园区,以此作为建设田园综合体的基础。而加入合作社的农民,既可以在其中就业,还可以通过股权、租金等方式获得收益。整个项目以官亭林海为中心,逐步向外围拓展,促进了城市和乡村文明融合。

安徽肥西"官亭林海"田园综合体

四、人造景观型模式

该模式以黑龙江富锦市"稻"梦空间田园综合体为代表。项目依托地理、生态优势,打造彩色稻田画等人造景观,以"大地艺术""空中观赏""体验互动""科普拓展""休闲娱乐"构成板块,以"田园综合体"为载体,把休闲农业、养生度假、文化艺术、农耕活动等有机结合起来。在万亩高标准水稻示范基地,利用6种不同颜色的水稻苗种出"中国梦"等4幅巨型彩色稻田画。利用附近的森林公园和湿地公园,在附近村屯重点打造了湿地共邻洪州村等6个农家乐,依托"田园综合体"发展吃、住、行、游、购、娱全域旅游。以农业生产为基础,富锦东北水田现代农机合作社流转土地开展水稻的订单种植,显著提升了当地农业经济水平。

黑龙江富锦市"稻"梦空间田园综合体

五、高端度假型模式

该模式以四川成都市郫都区红光镇多利农庄为代表,围绕打造乡村旅游度假目的地和高端"双创"农业综合体,郫都区红光镇等6村连片规划建设农村新型社区、家庭农庄和有机生态农业示范基地。项目建成有机生态农业示范区、温室大棚和分拣包装中心的有机农业发展规模。同时,这里还是成都市为数不多的农业"双创"园区之一,高端农业综合体典型代表。通过搭建文创空间的农业双创载体平台,设立都市农业双创基金等全程双创孵化服务的支持政策,引入创客人才,构建农业双创载体平台。引进全球性度假酒店管理集团,运营管理乡村酒店方式,打造国际化乡村度假新体验,带动休闲农业与乡村旅游转型升级。

成都市郫都区红光镇多利农庄

六、绿色休闲型模式

该模式以内蒙古鄂尔多斯市乌审旗无定河镇田园综合体为代表。项目依托地缘优势,着重打造绿色休闲的生态景区,并采用企业化运作的模式将农牧民现有的零散土地进行整合流转、集中开发,打造集农事体验、观光旅游、休闲养生等功能于一体的农业综合循环发展经济平台。通过制定立体生态循环农业发展规划,完成多种农产品的有机食品认证,发展良好生态的绿色产业;依托"中国最美乡镇"的名片,与萨拉乌苏考古遗址公园等景区形成联动效应,让游客体验浓郁的乡土气息,实现乡村旅游与景区联动;借助环境资源优势,利用民居打造集休闲垂钓等为一体的现代休闲养生农业庄园,发展休闲养生、观光度假旅游和庄园经济,打造现代休闲养生农庄。

内蒙古鄂尔多斯市乌审旗无定河镇田园综合体

3.3 田园综合体开发路径

一、田园综合体项目开发原则

田园综合体是一新型的供给侧改革方式,以三农为载体,融合三生功能,集一二三产全产业链融合的发展模式,从社会价值来看具有融合性、创新性、多功能、多元化等特点。在具体开发时,应遵循以下主要原则。

(一) 融合性原则

田园综合体以农业为载体,形成观光旅游、农事体验、休闲娱乐、农业市集、有机农场、科技、艺术、教育、生产加工观赏等综合场所,为向往田园生活的游客、创客提供乐土、为亲子体验、田园科普的人们提供乐园场景,为文创办公提供绿色办公环境,为原居民提供近在咫尺的城市生活氛围获得体验区,形成游中学、学中乐的田园氛围。所谓融合就是让三产形成完整的产业链并不断延伸和优化的生活业态。

(二) 复合性原则

过去从单一种植业或传统农林牧渔业的农村,向各类新产业叠加的田园综合体过渡,即从传统乡村住宅到田园休假度假、康养结合的新型社区过渡。项目规划建设时,在原有基础上或地域空间内,增加了社区生活空间、旅游玩乐空间、体验科普教育空间及生产、加工园区可视化空间多功能板块组合,实现人流、物流、信息流一体化。应该通过合理规划设计,营造出体现多重功能的田园综合体复合空间。

（三）创新性原则

首先是模式创新，田园综合体是在乡村旅游的基础上衍生出的更高级更具有创意创新的产物，其发展模式的创新正在成为振兴乡村经济一个新的抓手；其次是文化创新，挖掘和弘扬当地传统文化，给更多的原居民、新居民和游客带来生活精神体验和参与感，也同时加强了乡村亲情的向心力和凝聚力，这和国家提倡建设美丽乡村、和谐乡村的目的相得益彰。田园文创，让美学和艺术进入平常生活，让旧村重焕生机，给农业经济带来无限活力和想象空间。田园综合体在产业推动下，对农村要素和产业重新规划，引进新主体新人才，建立新型合作生产关系，从而创造出一种新的乡村秩序。

（四）多元化原则

田园综合体的参与主体，整合了政府、农民及集体经济组织、各类商家、供应商、创业者以及包括新居民和游客，呈现多元化的主体，融合了城市元素与乡村田园自然风光，形成了多个主体共建的格局，必将引领产业变革、增进城乡发展、提升农民受益，创造变现空间。田园综合体必须把农民作为受益主体，以农业合作社为载体，让农民参与建设、参与运营、参与收益，最终形成多方参与、城乡融合，多方共建的开发运营模式，重塑美丽乡村、美丽田园。

（五）营利性原则

田园综合体给世人呈现出完美画面，但从投资角度来看，属于高投入高风险行业。从投入角度，基础设施、新型科技技术、研发投入、品牌塑造、渠道建设等都需要大量资金投入，其效果或收益又受运营能力等限制。情怀代替不了现实。从利益相关者角度，田园综合体是一种商业模式，兼顾了政府、集体、农民、企业、金融机构、消费者、供应商等多方利益，同时也是解决三农的一种理想模式，真正落地需要政府的扶持，尤其在基础设施方面，还需要政府在设计产业政策上充分考虑激发市场资源要素的活力，真正形成供给侧改革，激活市场，引入更多参与方在共享机制的前提下，构建多方共赢的发展模式。

二、田园综合体项目开发主要路径

（一）明确项目主题，围绕立意开发

田园综合体建设主题思想是项目的灵魂，如同企业专利技术不可复制。在当前乡村旅游热的现状下，规划有着自身独特的主题，能够在众多乡村旅游项目中脱颖而出，才能在竞争市场上立于不败之地。如汝城县沙洲村田园综合体就以"红色旅游——半条被子的故事"为主题，项目围绕主题的开展，使得乡村旅游既有乐子，更有收获，才能打动游客为之前往。

（二）关注农户诉求，提升参与热度

田园综合体的建设本质是解决"三农"问题，其参与和受益群体也是农民，只有尊重

农民,才能使田园综合体项目办得好、走得远。因此,关注农户根本利益诉求、积极听取农民群众意见、保障其根本利益也是构建田园综合体的重要内容。通过鼓励农民将土地、房屋或技术入股,以获取租金、订单,实现劳动就业等,将农民纳入利益保障体系中,使农民真正充分地参与到田园综合体的建设中,增加农民收入,带动农民一起致富。

(三)注重整合资金,稳步推进建设

田园综合体建设项目众多,投资量大,简单地依靠财政资金或者其他部门的投入都难以完成。田园项目必须依托区县级政府平台,设立专项资金,整合各部门资金,吸引社会资本,拉动银行资本,整合各部分资金,有序推进,才能更好地实现试点目标。从现有各个国家级试点或者省级试点来看,区县级政府在田园综合体建设上是"出大力"的角色,并且从建设情况来看能够符合预期。通过政府的带动,建设资金的投入有序进行,保证田园综合体项目的稳步推进。

(四)项目因地制宜,挖掘本地特色

田园综合体建设应立足当地自然资源禀赋与乡土文化,融入农村地方产业体系和生态体系,形成独具特色优势的主导产业。田园综合体项目建设要注重保护和宣传当地文化与民间风俗,因地制宜,要在原有自然和文化基础上进行开发和美化,提炼符合现代新农村建设理念的个性化价值主张。在实践过程中要以自然村落或特色片区为建设区域,围绕有基础、有特色、有潜力的农村和产业,建设集循环农业、创意农业和农事体验于一体的综合体,践行其个性化的价值主张,吸引城市居民和外地游客观赏体验。项目建设内容、融资模式等都要有所创新,不应简单复制,以防止各地区田园综合体千篇一律,失去吸引力。

(五)政府前期主导,市场后期运作

参与主体工作分配上。政府、企业和村集体组织要分工明细,政府要对田园综合体建设提供规划和政策引导,企业与村集体则要有具体的建设方案和推进措施,合作社和农户则是参与具体的建设过程,发挥其主体作用,并形成良好的利益分享机制。

(六)依托智力支持,培育专门人才

人才是推动田园综合体建设以及推动实现乡村振兴战略的关键。人才短缺是农业发展最大的桎梏,也是田园综合体建设面临的突出问题。要把人才培养放到十分重要的位置,产业发展人才培养先行。需要出台一系列支农惠农的人才政策,加快培育新型农民,培育一批能够切实投身农业和农村发展的各类专业人才。特别是政府要与当地院校展开合作,建立全日制学历与短期培训相结合的乡村建设人才培养班,开展乡村发展的专业人才的培养工作。

任务四
信息时代乡村旅游智慧化发展

> **任务目标**
> 1. 理解乡村旅游智慧化的概念。
> 2. 分析乡村旅游智慧化发展的模式。
> 3. 掌握乡村旅游智慧化发展的策略。

微课：乡村旅游智慧化发展

4.1 乡村旅游智慧化的概念

在党的二十大报告中明确提出"建设现代化产业体系。加快建设制造强国、质量强国、航天强国、交通强国、网络强国、数字中国。"作为实现乡村数字化的重要手段，乡村旅游智慧化就是通过智慧的乡村旅游管理平台，利用物联网、云计算、RFID等高端技术，借助感知系统主动感知、识别、判断并及时发布有关乡村旅游资源、活动、旅游者等各方面的乡村旅游信息，全面实现乡村旅游从管理、营销到服务的整个运营过程的自动化和智能化，使游客的旅游需求得到满足，同时，也为乡村旅游景区、相关旅游管理部门以及乡村旅游企业在监督、管理和发展方面提供便利的一种全新的乡村旅游方式。乡村旅游智慧化也可简称为智慧乡村旅游。

4.2 乡村旅游智慧化发展模式构建

随着旅游信息技术的迅速发展，乡村旅游必须探索智慧型发展模式。要确立智慧型乡村旅游发展模式，首先要明确构建主体之间的关系，即由谁建造，然后再解决如何建设的问题。

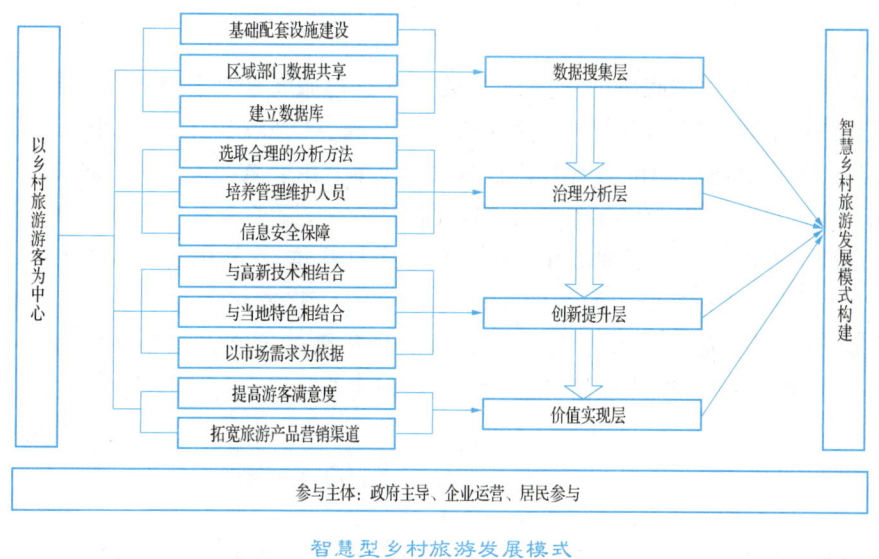

智慧型乡村旅游发展模式

智慧旅游建设在很大程度上依赖于旅游信息。旅游信息经过处理，最终体现在旅游服务上。从旅游信息流的角度，同时结合乡村旅游发展中主要的动力因素，即硬件基础设施、资源禀赋等因素，提出从数据获取层、治理分析层、创新提升层与价值实现层四个层面构建智慧型乡村旅游发展模式。

一、数据获取层

乡村旅游智慧化离不开乡村旅游数据的搜集。乡村旅游数据获取需要完善旅游配套设施与监管设施，建立数据库。随着云计算、射频技术的成熟，旅游数据搜集能力得到了增强。借助移动终端、浏览记录等服务配套设施反馈的信息，将游客行为自动生成网络数据，并在数据库中进行归集，通过对网络数据的监管，获取游客的偏好与行为习惯。

二、治理分析层

治理分析层是在数据获取的基础上，对搜集的数据进行分析处理，来实现管理的科学化与服务的人性化。智慧化建设需要建立有效的数据分析方式，比如建立游客个人档案，游客档案中不仅包括游客的基本信息、旅游消费记录、游客信用度等，甚至还包括游客的家庭成员组成状况、交通记录等，在庞大的数据基础上，借助科学合理分析，实现乡村智慧旅游中的个性化推荐。

三、产品创新层

产品创新层是在数据分析的基础上，实现乡村旅游产品的创新。只有开发吸引力强的乡村旅游产品，对乡村旅游产品进行创新，才能保证乡村旅游持续发展。将智慧旅游中的高新技术应用到乡村旅游中来，创造便利的、能满足游客需求的服务，满足游客多元化需求，创造乡村旅游消费点。

四、价值实现层

将智慧旅游融入乡村旅游的主要目的是提升乡村旅游服务价值，借助提高游客满意度和扩宽旅游产品营销渠道两个方式来实现。游客满意度公式可以简单用下列公式表示：游客满意度＝游客旅游感知价值－游客旅游付出成本。由公式可知，一方面，需要降低游客旅游付出成本。这种成本不仅指经济上的，还包括效率、服务成本。智慧旅游借助于互联网、移动互联网，旅游管理趋于智能化。旅游信息个性化推荐、智能化分类降低了游客信息获取成本，手机快捷支付降低了游客的交易成本，提升了旅游交易效率。另一方面，通过旅游配套设施完善，旅游服务的人性化、智能化来满足游客多元化的旅游诉求，这些都能提高游客的服务感知价值。而扩宽旅游产品营销渠道则主要是指乡村旅游线上线下渠道融合。

4.3　乡村旅游智慧化发展的对策

智慧乡村旅游正常启动并运营，其运营主体主要包括政府部门、乡村旅游社区和乡村旅游企业。下面将从以上三个运营主体着手,全面分析探索乡村旅游智慧化发展的解决对策。

一、乡村旅游管理部门

乡村旅游管理部门是乡村旅游智慧管理的主体,特别是对于智慧乡村旅游的公共设施、公共数据库的建立起着重要的作用。

1. 建立乡村旅游信息资源数据库

乡村旅游的智慧化发展离不开充足的信息资料,为了完善乡村旅游管理体制,提高旅游行政部门对乡村旅游业的管理效率和乡村旅游产业经营者的经营管理效率,以及为游客提供全方位的服务,满足游客的个性化需求,提高乡村旅游服务质量,应当由旅游主管部门牵头,相关管理部门(如交通管理部门、气象局等)、乡村旅游社区和乡村旅游产业共同配合,全面采集并储存乡村旅游信息资源,建立智慧乡村旅游信息数据库。

2. 建立智慧乡村旅游公共应用体系

智慧乡村旅游公共应用体系是智慧乡村旅游应用体系的重要组成部分,该体系主要包括在线乡村旅游信息服务门户网站、乡村旅游营销平台、乡村旅游监督管理系统、智慧乡村行政办公系统、应急指挥和调度系统、灾害防控系统等。

3. 建立乡村旅游智慧管理系统

乡村旅游智慧管理系统以乡村旅游智慧管理平台为核心,通过网络和感知系统,对乡村旅游社区和乡村旅游产业相关信息进行全面感知、监督和管理,高效整合乡村旅游资源,加强乡村旅游社区和乡村旅游企业与旅游管理部门之间的互动,全面了解游客需求、旅游目的地动态和游客投诉建议等乡村旅游信息,实现对乡村旅游科学的决策和管理。

4. 加大人才培养和引进力度

政府部门制定和完善乡村旅游人才培养与引进政策;由政府部门倡导,乡村旅游社区和乡村旅游企业与高等院校联手合作,建立教育培训基地,完善乡村旅游人才培养机制,培养既精通乡村旅游相关知识和信息技术的专业人才,又能熟练运用信息技术方面的实用型人才;同时,由政府部门主导,乡村旅游社区和乡村旅游企业相互配合,邀请信息技术方面的专家,为现阶段受教育程度较低、信息技术使用水平低的乡村旅游从业人员定期开展信息化知识和技能方面的专业培训,全面提高乡村旅游从业人员的信息技术运用水平。

二、乡村旅游社区

1. 完善乡村旅游社区信息发布系统

乡村旅游社区管理部门通过智能视频技术、传感技术等信息技术,同时组织工作人员对乡村旅游社区旅游资源信息进行汇集、分类和整理,并借助网络平台对动态乡村旅游信息进行更新和反馈,完善乡村旅游社区信息发布系统,以满足旅游者对查询信息准确度的需求,提高服务质量,加强旅游管理部门对乡村旅游市场动态的准确把握。

2. 建立客流趋势分析与预警系统

在乡村旅游社区关键位置，如路口、饮食场所、娱乐场所等地方，安置摄像头、传感器等，通过智能视频技术和传感技术，建立客流趋势分析与预警系统，对乡村旅游社区人流密度和行为进行监控和估算，对客流量进行严格控制。客流趋势分析和预警系统与政府部门应急指挥和调度系统相对接，当人数接近或超过乡村旅游社区的最大容量时，及时启动相应的应急预案，对客流进行有效疏导。

3. 建立基于位置与身份识别的服务系统

利用GPS定位系统、GIS地理信息系统、云计算、5G等先进技术，对游客的旅游信息进行储存和整理，并以乡村旅游信息数据库为基础，根据位置与身份的不同将海量的乡村旅游信息个性化，以智能卡、固定终端或移动终端等为载体，建立基于位置与身份识别的服务系统。基于位置与身份识别服务系统的建立，有助于为游客提供信息化、智能化和个性化的服务和深度引导。

4. 建立乡村旅游社区营销宣传平台

与腾讯、新浪、网易等门户网站展开合作，开通乡村旅游官方微博，建设乡村旅游SNS社区，推进微信、米聊等互动服务在乡村旅游营销中的应用，建立并通过智慧乡村旅游互动营销平台，全面宣传乡村旅游品牌特色和各种乡村旅游节事活动；还可通过手机二维码，建立乡村旅游手机门户网，向游客营销推广乡村旅游节庆、会展等各种乡村旅游活动。

三、乡村旅游企业

1. 建立乡村旅游企业服务系统

通过智能视频技术、传感技术、通信技术等现代科学技术，借助智能终端，建立乡村旅游企业服务系统，为游客提供信息查询服务、网上预订服务等基础服务以及评论、服务投诉等扩展性服务，全面提高乡村旅游企业的数字化信息服务水平，为游客进一步了解乡村旅游目的地提供便利，使游客能够提前享受信息化的乡村旅游体验。

2. 建立乡村旅游企业运营管理系统

利用互联网技术，在产业实体与游客之间搭建一个统一的信息发布和共享平台，对乡村旅游企业的运营进行监督管理。乡村旅游企业运营管理系统与服务系统相互连通，在对服务系统提供的服务结果进行监督管理的同时，对产业实体的实时信息及时对外更新，以加强企业基本信息管理和诚信管理，消除虚假信息。

3. 建立乡村旅游智慧营销系统

乡村旅游企业和乡村旅游社区相互合作，作为乡村旅游营销主体，以旅游者为营销对象，以现代科学技术和丰富的乡村旅游信息资源数据库为基础支撑，以乡村旅游智慧营销平台为核心，通过网络终端、手机终端、大屏幕等多种营销渠道，建立乡村旅游智慧营销系统，全面宣传乡村旅游信息资源。

模块四　乡村旅游发展趋势与案例解读

"乡村振兴"时代使命

党的二十大报告中指出："全面推进乡村振兴","发展乡村特色产业,拓宽农民增收致富渠道,巩固拓展脱贫攻坚成果,增强脱贫地区和脱贫群众内发展动力。"乡村振兴战略是新时代我国"三农"工作的总抓手和实现农业农村现代化的重大决策部署,是习近平新时代中国特色社会主义思想的重要组成部分。党的十九大报告提出了"产业兴旺、生态宜居、乡风文明、治理有效、生活富裕"5句话、20个字的总要求。此后,习近平总书记多次对乡村振兴工作进行部署,明确指出"实施乡村振兴战略是一篇大文章,要统筹谋划,科学推进",要求"着力推进乡村产业振兴、人才振兴、文化振兴、生态振兴、组织振兴"。

旅游业关联度高,具有"一业兴,百业旺"的牵引作用。实施乡村振兴战略过程中,要把发展乡村旅游放到更加突出的位置,以问题为导向,用乡村旅游的成果反哺乡村振兴,走出一条乡村旅游促进乡村振兴、带动农业农村现代化、实现农民就地致富的新路子。在新起点下,旅游人要强化自身时代使命,依照乡村振兴战略实施的"五大目标"将乡村旅游发展作为向乡村振兴的重要实现渠道,以生态振兴为前提、组织振兴为引领、文化振兴为基础、产业振兴为支撑、人才振兴为保障,实施乡村旅游创新发展项目,积极探索乡村振兴新模式,打造旅游界乡村振兴典范。

乡村旅游互联网+创新创业

现代乡村旅游转型升级和高质量发展离不开信息技术的支撑。在现代旅游和服务业领域,产品设计和组合、服务方式优化和服务流程再造、营销渠道和营销方式创新、市场画像的精准把控和市场变化趋势的预测等,都离不开互联网、移动终端、大数据等现代信息技术的支撑,尤其是以互联网为依托的平台化经营模式,成为现代商业模式创新的基本模式。因此,以"互联网＋乡村旅游"为基本框架的现代乡村旅游经营模式,是乡村旅游依托现代信息技术走向网络化、平台化、规模化、集群化和实现高质量发展的必由之路。具备现代互联网知识、掌握平台化运营技术、有能力进行商业模式创新,正是返乡创业大学生和返乡能人最大的优势。乡村旅游互联网营销方式作为最常见、最实用的创新方式,主要有以下几种。

一是根据主要客源市场当下的消费热点和搜索的关键词,给旅游泛兴趣人群,精准推送广告,如与幼儿园、中小学研学团体、企业拓展团体、婚庆公司合作等。

二是营造智慧化场景服务,在产品的营销端进行服务内容和场景的升级,让游客感受到经营者的用心与体贴,让体验更便捷。

三是乡村直播,乡村生活体验,新视角营销,换个视角看乡村:如"桃花源向往的生活"、外国人视角、无人机天空视角、艺术家视角、宠物视角等,李子柒的视频就是一个乡村小姑娘的视角看中国的传统乡村生活。

四是讲好乡村故事,把品牌内容生成故事,如今是体验经济的时代,比如某些节目的现代人体验桃花源版块,就是从明星的视角体验乡里人的生活,借此挖掘娱乐点。世外桃源该如何营造,如何让一栋破旧的民居实现价值升华,从节目中我们也看到了一种趋势,那就是乡村旅游并不需要基础设施多么奢华,关键在活动策划的精心布置,反而更有一种原真的生活体验感。

五是多维度活动营销,做一次乡村文化旅游节,要做好精准曝光触达、直播、线上视频、电商平台等营销工作。像100位县长"文旅助农"直播,宜章的县长直播代销东之仙的农产品,就属于县长代言,可以快速达成较好的推广效果。

知识拓展　　　同步案例　　　关键词点击　　　在线练习

创新实践

1. 以国内某田园综合体项目为例,谈一谈其建造特色及项目运营主要特点。
2. 结合当代信息技术的新发展,分析未来乡村智慧旅游发展的新趋势。
3. 综合实训:请以你周边的一处乡村旅游目的地为例,使用问卷调研法对疫情防控常态化背景下乡村旅游者的出游行为特征和旅游诉求进行调研,并针对性的提出乡村旅游目的地优化建设与经营管理的策略。
4. 综合实训:请以你熟悉的或周边的一处乡村旅游目的地为例,试分析乡村旅游发展如何促进乡村振兴战略实施;并从进一步推动乡村振兴的角度,提出乡村旅游发展的建议。

项目二 乡村旅游案例解读与经验分析

项目概述

乡村旅游在迎来发展机遇的同时,也面临着挑战。伴随着乡村旅游热度持续升温,乡村旅游规模不断扩大,乡村业态逐渐丰富,如何让乡村旅游实现振兴乡村文化、提高村民文化获得感,最终实现乡村旅游优质发展,具有重要的现实意义。党的二十大报告指出"增强中华文明传播力影响力。"本项目聚焦国内乡村旅游经营管理示范案例,主要从古镇型乡村旅游发展案例;庄园型乡村旅游发展案例;文化型乡村旅游发展案例;其他类型乡村旅游发展案例四个维度展开解读,分析当代乡村旅游创新开发与经营管理的路径和方法。同时融入四个自信、"乡村振兴"时代使命感、生态文明意识、中华传统文化、创新创业、工匠精神等课程思政元素。

项目目标

1. 掌握古镇型乡村旅游发展特点及开发路径。
2. 掌握庄园型乡村旅游发展特点及开发路径。
3. 掌握文化型乡村旅游发展特点及开发路径。
4. 了解科技型、景区依托型等其他类型乡村旅游发展特点。
5. 贯彻落实党的二十大精神,增强"四个意识"、坚定"四个自信"、做到"两个维护",讲好中国故事、传播好中国声音,展现可信、可爱、可敬的中国形象等。

配套微课

微课:乡村旅游开发与经营管理案例解析

任务一
古镇型乡村旅游发展案例解读

任务目标
1. 掌握遗产型古镇:西递宏村主要特点及开发经验。
2. 掌握活化开发型古镇:乌镇主要特点及开发经验。
3. 掌握沉浸体验型古镇:街子古镇主要特点及开发经验。

1.1 遗产型古镇:西递宏村开发案例解读

一、西递宏村概况

皖南古村落位于安徽省黟县东,以西递村、宏村为代表。西递、宏村古民居村落位于安徽省黟县境内的黄山风景区。西递村已有 950 多年的历史,现有十四世纪到十九世纪的祠堂 3 幢、牌楼 1 座,古民居 224 幢。西递村至今完好地保存着典型的明清古村落风格,有"活的古民居博物馆"之称。宏村始建于公元 1131 年,现存明、清古建筑 137 幢,是中国封建社会后期文化的典型代表——徽州文化的载体,集中体现了工艺精湛的徽派民居特色。2000 年联合国教科文组织将中国皖南古村落西递村、宏村列入世界文化遗产名录。2001 年,皖南古村落成为第五批全国重点文物保护单位之一。2011 年,皖南古村落被评为国家 5A 级旅游景区。

皖南古村风貌

二、西递宏村旅游业发展现状

（一）传统文化资源开发

西递宏村拥有丰富的传统文化资源，"软文化"包括物质生活民俗、社会民俗、精神文化、语言文化，"硬文化"旅游资源为保存较好的古建筑。这些传统文化资源通过数十年的开发，已然形成许多具有地方特色的旅游产品，囊括了餐饮、住宿、购物、游览、娱乐等多个方面。

西递宏村传统文化资源开发一览表

传统文化	旅游资源	旅游产品
"软文化"	物质生活民俗：徽州服饰、特色菜肴、特色小吃 社会民俗：婚嫁习俗、节日习俗、传统工艺和民间艺术 精神文化：民间信仰（祭神、灯会）、民间娱乐、民俗表演等 语言文化：古诗民谣、方言	物质生活民俗旅游产品：徽州服饰、臭鳜鱼、徽州毛豆腐以及黄山烧饼 社会民俗旅游产品：徽州"四雕"（竹雕、木雕、石雕、砖雕）工艺品、歙砚 精神文化旅游产品：大型户外文化实景表演《宏村·阿菊》
"硬文化"	宏村现存140余栋古建筑	南湖书院、承志堂、敬修堂、敬德堂、德义堂、志诚堂、思齐堂、思济堂、思成堂、汪氏宗祠、舒适宗、祠以及宏村其他古民居

（二）生态旅游资源开发

伴随着西递宏村旅游业规模的扩大，古村落为了增加旅游吸引力，满足游客多样化的旅游需求，在原有传统文化的基础上，增加了乡村田园风光的体验。通过对本地生态环境旅游资源进行开发，产生了较多的生态旅游产品，主要以户外徒步、影视、度假休闲和农业生态观光园为主。生态旅游资源的开发和旅游产品的产生，不仅有利于宏村旅游业的可持续发展，而且丰富了当地旅游产品的种类，与传统文化旅游产品形成了互补，让游客在体验徽州古村落文化之余还能够欣赏西递宏村当地的乡村景观。

三、旅游业创新发展路径

（一）聚焦非遗，创新理念

近年来，"在保护中发展、在发展中保护，在传承中利用、在利用中传承"的理念深入人心。黟县尊古信史，围绕创新性发展积极探索古民居活化利用新模式，围绕创造性转化开辟古民居活化利用新路径，不遗余力地全方位、立体化实施遗产保护，做到古民居保护与传承利用良性循环，永续发展。

保护"底色"。筑牢绿色生态屏障，目前，全县森林覆盖率已达84.8%，实现了水清河净、山泉长流。划定西递、宏村、塔川、卢村、协里等田园风光保护核心区，西递村荣获"中国十大最美乡村"，卢村油菜花成为"中国美丽田园"。

发展"特色"。出台《西递、宏村世界文化遗产保护管理办法》，设立世界文化遗产保护管理委员会，创立西递宏村保护基金。目前全县已有44个村列入中国传统村落名录。全县传统村落世界文化遗产片区作为全市三大片区之一被财政部和住建部列为2020年中国传统村落集中连片保护利用示范试点。

传承"本色"。徽州彩绘壁画、余香石笛、徽州三雕及腊八豆腐制作技艺等非遗项目得到保护与传承，通过将非遗与旅游业态结合，赋予非遗新的生命力。

据了解，黟县每年从世界文化遗产地门票收入中单列20%设立文化遗产保护基金（约4 000万元）用于遗产地保护。近10年来，黟县累计筹集10多亿资金，对西递、宏村等古村落实施重点保护，近3年中先后对100多幢古民居进行修缮。

遵循严格的保护规则，西递、宏村的发展日新月异，并带动周边古村落旅游不断兴起。黟县旅游的核心竞争力和品牌影响力日益显现。

（二）依托文化，多元发展

随着申遗的成功，西递宏村旅游产业进入了新的发展阶段。

做大旅游演艺产业。依托地方特色文化资源，推进文化产品的产业化、市场化、规模化开发，投资2.4亿元打造大型室外实景剧《宏村·阿菊》，年均演出200场、观众60多万人次；开发宏村婚俗、西递祠祭、光影秀《西递传奇》、雉山凤舞等民俗演艺节目并在景区进行演出，旅游文化内涵和乡村生态文明建设进一步提升。

做大影视摄影产业。先后培育打造了秀里影视村、守拙园等影视拍摄创作基地，《菊豆》《卧虎藏龙》《武林外传》《邓小平在黄山》等30多部影视剧陆续在黟完成拍摄；连续成功举办15届国际乡村摄影大展，以塔川、南屏、屏山和两江源徒步摄影步道为代表的摄影旅游广受追捧。

做大乡村民宿产业。打造"黟县民宿"品牌，逐步形成了西递、宏村、南屏、碧山、塔川、龙江、美溪、柯村8个民宿群（圈）。目前全县共有889家民宿，精品民宿115家，投资规模超千万元的民宿有31家，塔川书院、猪栏酒吧、拾庭画驿等一大批精品民宿作为黟县民宿的杰出代表享誉海内外。2019年全县民宿累计接待游客220万人次，民宿带动旅游综合收入近20亿元。

此外，做大研学旅行产业和户外休闲产业。成功举办首届中国黄山（黟县）青年写生艺术季，年接待学生40万余人。建成西递、宏村、南屏、秀里、守拙园五大研学游基地，西递景区获评全国研学游基地。推动旅游业与体育赛事融合发展，连续成功举办15届国际山地自行车公开赛，年吸引运动员及游客200多万人次。中国黄山（黟县）国际山地自行车节、"黟县骑行线路"分别成为中国体育旅游十佳精品赛事和精品推介项目。

（三）优化模式，互利共赢

党的二十大报告指出"巩固和完善农村基本经营制度，发展新型农村集体经济，发展新型农业经营主体和社会化服务。"要"深化农村土地制度改革，赋予农民更加充分的财产权益。"西递宏村在旅游发展创新中，积极探索现代商业开发模式，实现企业、政府与村民各主体间的和谐,促进旅游业良性发展,保证旅游收益分配的公平性,构建了新的收益分配模式。

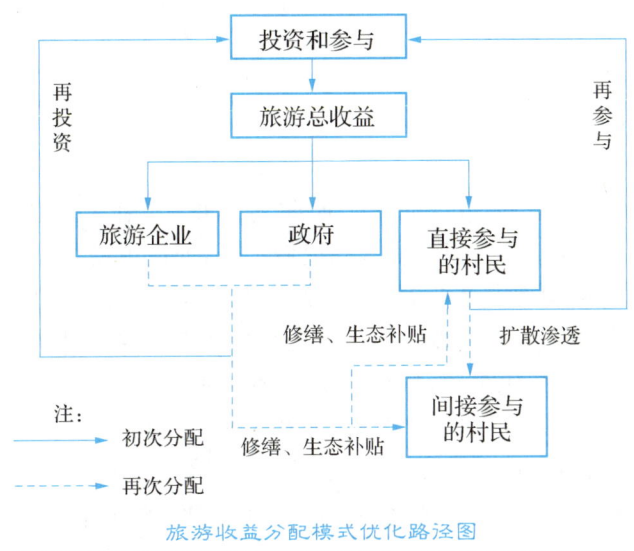

旅游收益分配模式优化路径图

在新模式实施过程中,政府将产权归还村民,村民凭借产权、资本和劳动力等形式入股企业,直接参与到旅游业的发展中。政府归还产权后,主要通过税收获益;当地村民通过股权、工资、自主经营等形式获益。

西递宏村的旅游开发企业主要负责乡村旅游资源的开发和保护,通过多元化的旅游产品吸引游客前来参观;在景区的正常运营中,对当地村民进行培训,为其提供就业岗位,增加村民对旅游业的参与程度;同时,在日常管理中对游客的不文明行为进行监督,避免不文明的行为对宏村生态环境造成破坏。

当地政府应转变自身的职能,将旅游资源的产权归还村民,在旅游业中主要起监督和协调的作用:监督旅游企业的开发行为,避免旅游资源过度使用现象的发生;协调各个主体之间的利益关系,防止矛盾的激化。

村民获得产权后,以产权、资本或劳动力等形式入股企业,将自身的利益置于旅游业的利益之中,积极参与到旅游业的发展中。

四、案例总结

遗产型古镇旅游要实现更好的发展,需要在科学保护遗产资源的前提下,清晰界定各利益相关者在旅游发展中的定位和作用,共同推动古镇旅游公平、可持续的发展。西递宏村旅游采用全新的体制、机制,整合景区资源、创新营销方式,促进古村旅游发展迈向一个全新层次,引领了旅游市场新走向。其依托独特的资源禀赋,围绕文化遗产和田园风光,初步形成了以古村落观光旅游为基础,逐步向高端度假、休闲体验、户外运动、文化演艺、摄影写生等多元化的旅游业态发展格局,走出了"小而精、精而特、特而强"的乡村全域旅游创新发展道路,无疑为遗产古镇类旅游健康可持续发展提供了良好的借鉴经验。

1.2 活化开发型古镇:乌镇开发案例解读

一、乌镇概况

乌镇位于浙江省嘉兴市桐乡市,地处江浙沪"金三角"之地、杭嘉湖平原腹地,距杭州、苏州均为60公里,距上海106公里。属太湖流域水系,河流纵横交织,京杭大运河依镇而过。乌镇原以市河为界,分为乌青二镇,河西为乌镇,属湖州府乌程县;河东为青镇,属嘉兴府桐乡市。新中国成立后,市河以西的乌镇划归桐乡市,才统称乌镇。

乌镇是首批中国历史文化名镇、中国十大魅力名镇、全国环境优美乡镇、国家5A级旅游景区,素有"中国最后的枕水人家"之誉,拥有7 000多年文明史和1 300年建镇史,是典型的中国江南水乡古镇,有"鱼米之乡、丝绸之府"之称。乌镇有六千年历史,是全国二十个黄金周预报景点及江南六大古镇之一。1991年被评为浙江省历史文化名镇;2013年起,举办乌镇戏剧节;2014年11月19日成为世界互联网大会永久会址。

乌镇风光

二、旅游开发成功要素

(一)古建保护,修旧如旧

乌镇的具体做法可归纳为"迁、拆、修、补、饰"五个字。"迁",搬迁历史街区内必须迁移的工厂、大型商场、部分现代民居;"拆",拆除不协调建筑;"修",用旧材料和传统工艺修缮破损的老街、旧屋、河岸、桥梁等;"补",恢复或补建部分旧建筑,填补空白,连缀成整体;"饰",各类电线、管道全部地埋铺设,空调等现代设施全部遮掩。这"五字法"很好地恢复和保持了古镇的原真风貌,是乌镇的创意之举。

(二) 水乡景观,氛围营造

乌镇在旅游线路设计上的策略是采取以线带面、逐步修复的手段,一条街,一条河,线路合理、连贯、封闭,使游人远离现代都市气息,眼中所见的全是久违了的明清小镇民居。古屋,石桥,静静流淌的小河,构筑清丽、闲适、宁静的氛围,充分满足游客探古寻幽的旅游诉求。

(三) 巧设活动,活化节事

乌镇不断完善和充实景区品牌文化内涵,深层次挖掘民间传统文化,通过节庆活动的举办进行节事活化。如以3月8日国际妇女节为契机的古镇丽人节,综合当地传统的瘟元帅会、蚕花会、踏白船、香市等特色民俗的水乡狂欢节,中国传统的中秋节、春节等,各种大型庆典活动和小型的民俗体验活动,全面展示当地的传统风情。

(四) 工艺传承,互动展示

古代乌镇地处两省、三府、七县交接处,治安环境十分复杂,所以,明清时在乌镇特别设立浙直分署和江浙分署,虽是小镇,但在实质上却行使着相当于府衙的职能,发展了各种传统工艺。这些传统工艺是乌镇居民智慧的结晶,也是其文化的体现,因此非物质文化遗产成为乌镇旅游开发的重要内容。景区专门开设30余个展馆、工场和作坊,如高公生糟坊、徐昌酱院、乌香堂、乌陶坊等,游客置身延续百年传统的老作坊,亲自参与古老的工艺品的制作流程,仿佛自己也已回到那遥远而古老的年代。

(五) 传统艺术,注重体验

水上社戏、高秆船、花鼓戏、评书楼、皮影戏、露天老电影等各种传统艺术展演,传扬了传统艺术。书场戏台等分布于景区的不同节点,游客可以驻足观看,也可以参与体验,使游客了解了传统艺术,也体验了当地老居民茶余饭后娱乐放松的方式。

(六) 民风民俗,鲜活呈现

传统的生活方式和民间传统的寿俗、礼俗、婚俗、衣俗等,既是传统文化的凝练,也为人们开启了对古镇生活的体验路径。打更体验、拳船表演、堂会表演等,通过演艺、体验、互动等多种形式展示民间传统生活方式,让茅盾笔下的"老通宝家乡风情"鲜活地展现出来。

(七) 主题商业,情感体验

乌镇的商业模式除了传统地分布在民宿周边,通过购物加深游客对于水镇风情的情感体验以外，最大的特色是导入主题式的商业购物理念，设立了女红街，引入创意性的以女红工艺为主的商业。经营中对于店铺严格要求，必须提交可行性方案，经过审批后，方可开业。同时，为了鼓励店铺的创意性，设置一定的创意奖励基金，一方面提高了商业的竞争力，另一方面也控制住了店铺之间的恶性竞争。

（八）民宿客栈，主客共赢

乌镇采取分区开发的模式，在东栅依然保留着原住民，进行传统的观光旅游，而在西栅则买断了原住民的民居产权，打造理想中的水乡，供游客体验度假和观光休闲。而西栅休闲民宿开发中，则吸纳原住民作为公司工作人员，给予部分的餐饮经营权，使其成为民宿管家，形成特色经营。乌镇以此方式盘活了民宅的使用价值，既实现了规范化经营，也实现了传统文化保留，发挥了原住民的积极性。

三、案例总结

（一）精准定位，注重差异

乡村旅游区在发展初期一定要找准自己的定位，准确的定位才能打造差异化的旅游产品，更好地吸引受众。乌镇的建设没有急于将眼光放在它本身固有的"小桥流水人家"江南小镇形象，而是谋定而后动，首先对景区做好完整的规划，找准自己的特色定位。乌镇的一期开发在东栅，因为那里有茅盾故居，但它没有局限在这个故居的开发和打造上，而是由点到片，从这个文化起点上又拓展了整个区域茅盾故里的形象。之后乌镇戏剧节又开始入驻西栅，乌镇戏剧节的筹划也花了四五年的时间，从总体上对剧场的布局和未来发展有很好的规划和定位后才开启了第一届乌镇戏剧节。

（二）活化产品，创新业态

江南水乡很多，"文化＋旅游"的模式也很多，但乌镇没有跟风，而是根据自己的形象和品牌定位选择了一个小众的戏剧节，它不仅符合乌镇的发展需求，还用戏剧节良好的口碑和每年大量的营销推广为乌镇做了很好的广告。以乌镇的传统建筑和文化为基础，注入新的文化样态，发展活化了的综合性文化旅游产业。

（三）控制商业，塑造品质

旅游产业的发展不能只注重商业化，乌镇在开发过程中一直在谨防过度商业化，除了小镇整体的规划和商业模式，还在努力拓展新的文化产品形式。文化一直是乌镇最吸引人的魅力所在，乌镇让文化成为旅游产业的凝聚力量，从矛盾故里的文化内涵，到乌镇戏剧节的成功举办，都弱化了乌镇商业化的旅游观光形象，乌镇的模式让我们看到开发和保护并不是对立的关系。

乌镇的成功绝不是偶然，其运用全新的发展模式实现了自身的提升和转型，借助本体优势与专业的管理方法，充足的前期投入与正确的运营方向找到了适合自己的全新发展模式。更在不断的实践中丰富活化了古镇旅游的内涵,丰富了古镇发展模式,让古镇旅游成为我国旅游产品中一颗璀璨的明珠。

1.3 沉浸体验型古镇:街子古镇开发案例解读

一、街子古镇概况

街子古镇,位于四川省成都市崇州,在崇州城西北25公里的凤栖山下,与青城后山连接,有以晋代古刹光严禅院为中心的32座寺庙等古迹。街子古镇,五代时名"横渠镇",因横于味江河畔而得名。境内有晋代古刹——光严禅院、凤栖山旅游风景区、千亩原始森林、千年银杏、千年古楠、清代古塔、清末民初古建一条街、宋代民族英雄王小波起义遗址、唐代一瓢诗人——唐求故居,有古龙潭、五柜沱、云雾洞等,全镇文物古迹二十余处,享有"青城后花园"之称。

悠久的人文历史造就了街子古镇深厚的文化自信,当下,街子古镇正以构建全域体验经济为核心,以"音乐+康养"为产业发展模型,打造"民乐文创谷·音乐康养地""中国音乐·康养第一镇",在变革中砥砺前进。

街子古镇

二、旅游开发特色

(一)依托民乐文创,打造康养胜地

在成都努力建设"中国音乐之都"的大背景下,街子古镇与龙泉驿区洛带镇、彭州市白鹿镇、崇州市街子镇、大邑县安仁镇一起被确定为特色"音乐小镇"。街子古镇在挖掘提炼街子历史文化特色时,以传承发扬街子农耕文化和川西民歌为基础,聚焦传统乐器制造产业,通过打造音乐民宿、音乐人家、特色音乐街区,以民乐文创主题吸引着来自各地的民间音乐人,发展起民族音乐乐器制作产业。

(二)借助"互联网+",开展互动体验

在越来越多古镇内外修补,力求回归千年前的模样时,很难想象会有一座古朴的传统小镇会主动拥抱现代先进的科学技术,为游客创造一次最为便捷和舒适的旅游体验。2018年4月,由街子古镇引进的知名人工智能研究团队所打造的横渠汇无人智慧超市以实体门店与网络销售相结合的方式正式对外试营业。该项目是以移动互联网为依托,运用大数据、人工智能、物联网等技术手段,收集并分析街子古镇旅游客群的需求及相关商品数据,于线下提供更为精准的销售服务。同时,该超市整合了街子古镇乃至崇州的特色产品资源,利用线上营销方式将产品远销马来西亚、新加坡、菲律宾等地。这种提升运营效率及用户体验的创新零售模式,是"互联网+"模式在古镇上的最新运用。

(三)聚焦全域旅游,塑造沉浸体验

经过专业的规划设计,规划出十里花香、石器时代、神农五谷、仙风道韵、田园新歌等八大特色鲜明的观光区,并结合该规划引进陶巴巴家庭农场、七色玫瑰园、金惠园国标垂钓中心、青城国际马术俱乐部、神农五谷等项目,并差异化设置了亲子游戏、户外运动、音乐农事体验、创意手工、科普教育等活动,为游客提供了更加新颖的沉浸式玩赏体验。此外,整个古镇还按照音乐核心区、康养聚集区、农业产业区以及旅游商业区进行了功能划分。其中音乐核心区将依托音乐厅、音乐特色街区承担音乐研究、演出、教学、培训、体验等功能;康养聚集区将联合大型康养产业,引进高端体验度假医养项目,承担音乐治疗、疗养及配套的康养服务;农业产业区则将通过农耕音乐配合农户进行特色展示,让游客亲身体验川西的农耕文化和民俗音乐;旅游商业区将以更为先进智能的服务和更具特色的吃穿住行,优化互动沉浸式体验。

三、案例总结

全球经济形态历经从以产品为中心,到以服务为中心,再到如今以体验为中心的转变,而体验经济最核心的就是沉浸式体验。沉浸式体验实际上是文化IP的挖掘,加上VR等科技的应用及虚实结合的空间营造,共同打造出沉浸式的叙事环境,让用户体验到感官的震撼和思维的认同。街子古镇通过沉浸式旅游项目和产品打造,实现了"一村有一品、一团一特色、处处有景点、村村是景区、季季景不同"的乡村旅游新局面,促使了街子古镇在满足游客个性化衣食住行需求的同时,能提供更具特色的音乐生活体验,在各大旅游景区中以"民乐文创谷,音乐康养地"的名片脱颖而出。未来,街子古镇将继续深入发展,在这样的体验经济下的小镇能创造使更多人参与、值得回忆的活动,其难以忘记的体验不再是一次单纯的小镇观光,川西特有的民间音乐和文化将以新的方式豪迈地直抵人心。

任务二
庄园型乡村旅游发展案例解读

任务目标

1. 掌握特产型庄园：志辉源石葡萄酒庄园主要特点及开发经验。
2. 掌握畜牧型庄园：飞牛牧场主要特点及开发经验。
3. 掌握休闲型庄园：彭山庄园主要特点及开发经验。

2.1 特产型庄园：志辉源石葡萄酒庄园开发案例解读

一、志辉源石葡萄酒庄园概况

志辉源石酒庄，国家文化产业示范基地。位于国家批准的"贺兰山东麓葡萄酒原产地域产品保护"的核心区域，宁夏回族自治区银川市西夏区镇北堡镇昊苑小产区。酒庄占地2 100亩，其中葡萄种植园2 000亩，酒堡占地面积50亩，园区总建筑面积20 000平方米。酒庄整体建筑风格上，以汉文化为源，吸收汉代的思想精髓，依托贺兰山自然地貌，打造了一座古朴典雅的中式园林。

志辉源石酒庄依贺兰山而建，酒庄的建造秉承"天人合一""师法自然"的中国园林建园理念。返璞归真、虚静恬淡的中国园林美学标准与葡萄美酒的气息巧妙结合，营造了中国园林中独树一帜的酒庄园林风格。2014年12月，宁夏志辉源石酒庄与海南亚龙湾、青海塔尔寺、贵州遵义、云南丽江玉龙雪山等知名文化旅游基地一同入选第六批国家文化产业示范基地。

酒庄风貌

二、旅游开发特色

（一）地方话语与文化符号的呈现

酒庄品牌文化是借助于载体进行呈现的，其存储媒介所表现出来的是一种记忆符号。酒庄在进行旅游展演时，通过酒庄工作人员向游客陈述的解说词，再与酒庄内用于凸显文化的物质载体字画和文物等，将自身对于酒庄的记忆以客观的形式传递给游客。地下酒窖内和品酒大厅里陈列着许多书法字画、有牌匾、史记、汉简体、西夏文字等烘托了一种文化氛围。酒庄非常重视文物价值，对于这些"物"的收藏，都给予了"文化"的符号。在酒庄这一记忆的场所内，这些"物"承载着文化记忆，展示在众人面前，并强化众人对于酒庄的记忆。

（二）多种渠道与文化推广的助力

作为新兴媒体的电视、电影，借助其影响巨大和逼真的记录功能，成为现代社会保存记忆的重要媒介。电视、电影因其传播速度和广泛的受众面积，更易于人们接受并迅速转化为自身的记忆。2018年9月16日，央视综合频道播出的宁夏成立60周年大型政论片《家园》，第一集《风生水起》中用5分钟10秒的时间介绍了宁夏贺兰山东麓的"紫色名片"。其中，源石酒庄出现的镜头占2分40秒。这两分多钟的镜头，涵盖了酒庄的建筑，酒庄人和酒庄酒，突出了"创新"一词。

（三）经营策略与消费体验创新

葡萄酒讲究"七分种植，三分酿造"，这样才能出好酒。源石酒庄对种植过程的严格管理，科学把控，保证了葡萄酒的优质品质。游客参观酒庄建筑、葡萄园，深入酿造车间，游览地下酒窖都是"赏"酒必不可少的步骤。酒是酒庄的主体，蕴含着酒庄的文化，蕴藏着酒庄人的理念。在发展酒庄旅游的过程中，酒庄鼓励游客通过进入酒庄深度体验的方式，认可产品，认可酒庄文化的基础上进行产品的购买，这是酒庄最主要的经营策略。

（四）品牌培育与记忆实践融合

在品牌文化培育上，酒庄人对于酒庄历史、文化的记忆，将记忆通过描述和展现过去的事件，使人记忆过去。对于过去的重演，是记忆的一种实践。记忆的实践是培育酒庄品牌文化的一种方式，增添了品牌文化的活力。葡萄酒是三产融合的产业，第一产业是农业种植，第二产业是酿造，第三产业是文化旅游以及服务推广。这就注定葡萄酒人的身份不是单一的，不同的场所身份会发生变化。在葡萄园里，就是劳作的农民；在酿造车间，就是一名工人；在市场上，就是一个商人。每一种身份包含着主动与被动的选择。身份的转换，为酒庄品牌文化增加内涵，实现了品牌文化的良性互动，有利于品牌文化的长效发展。

三、案例总结

志辉源石酒庄历史和文化作为记忆的一种展示,是酒庄品牌文化生产过程和生产方式的呈现;而酒庄从业人员通过特色实践方式使酒庄品牌文化获得新生,培育并发展了酒庄品牌文化;酒庄文化符号和地方话语的打造对酒庄品牌起到再生产的作用。葡萄种植、车间管理、卫生安全、酿酒技艺、市场推广、酒庄理念等方面都是酒庄品牌的体现。酒庄品牌文化通过个人记忆和集体记忆的方式,一方面强化自身记忆,一方面通过传播渠道和手段重构记忆。在渠道推广上,酒庄积极运用多媒体融合技术,开展线上线下多渠道推广,加强了葡萄酒品牌文化的宣传力度。从志辉源石的案例中可以看出,葡萄酒的三产融合,具有天然优势,从种植、酿造、营销到旅游,每一环节都可以自然引入,作为一家开放型酒庄,志辉源石以葡萄酒庄园旅游为载体,传播了贺兰山东麓乃至中国葡萄酒的文化,成为宁夏全域旅游不可或缺的元素,也是乡村旅游发展中的一处亮点。

2.2 畜牧型庄园:飞牛牧场开发案例解读

一、飞牛牧场概况

我国台湾地区飞牛牧场是一家以乳牛养殖为主的休闲农场、地处我国台湾地区台中苗栗县。飞牛牧场总面积约 120 亩,包括了牧草种植、乳牛养殖及约 50 亩的营业面积,飞牛牧场分为农业经营体验区、休闲活动区、农业景观及自然生态三个区,其中,农业经营体验区分为牧野风情区和飞牛广场——大草坪亲子活动区,休闲活动区分为游客服务中心区和农民研习训练区。有机蔬菜展示区,农业景观及自然生态区则分为蝴蝶中心,休闲农场研究发展及计划保留区。

农业经营体验区里的牧野风情区专供牛只牧放,并且设置了马舍及储料舍,用实木围篱在边缘步道设置了喂食平台,为游客提供触摸机会,而飞牛广场大草坪亲子活动区则是一片草地,是牧场视野最开阔处,此处是为游客提供放风筝及举办各种户外活动的场所。

休闲活动区客服中心区面积约 4 亩,此处提供门区管理、停车、用餐、教育解说及其他服务功能设施,该区集中了牧场中主要建筑,为配合牧场自然风光,其设施以自然材料为主,修葺了集中式住宿系统,同时提供乡土性餐饮服务会议室等服务,有机蔬菜展示区则主要展示有机蔬菜种植生产过程,农民研习训练区则是提供蝴蝶养殖、中药药草繁殖等农业发展实地训练学习的场地。

农业景观及自然生态蝴蝶中心包括温室及网室蝴蝶生态展示园、自然教室网室繁殖场、标本馆、幼虫培养室、诱蝶植物园、森林观赏步道、赏鸟设施等,休闲农场研究发展及计划保留区则是保留的发展空间。

牧场草坪

二、旅游开发特色

牧场转型之后,为何能历经四十多年经久不衰,游客好评不断,重游率不断攀升?主要秘诀在以下三个方面。

(一)聚焦主题,完善功能

飞牛牧场两个字的含义是"飞"代表蝴蝶,"牛"代表乳牛,飞牛牧场不仅在核心优势上进行准确分析,还在农场主题上清晰明确。通过三生(生产、生态、生活)一体与三育(培育、保育、教育)并重的发展策略,坚持可持续经营,寓教于乐,从而为游客们提供身、心、灵全方位的休闲体验。

餐饮方面,飞牛牧场以自产自销的方式,红谷仓、乐活飞牛餐厅等,都尽可能地选用牧场有机蔬菜,从原材料为游客们保证健康美食。

住宿方面,牧场原墅、牧场原憩等不同标准为游客们提供多种住宿服务,满足不同的市场需求。

观赏方面,广阔无垠的草原美景,缓坡上自由吃草、闲逛的奶牛,品种繁多的蝴蝶,成片的鸭群大游行,趣味十足的乳牛雕像广场等,营造出自然纯净的生态美景。

购物方面,飞牛牧场的商店不仅考虑到游客们购物的个性需求,还依据商店所处功能区售卖对应的特色产品。同时,牧场对商店的装修和命名也因此而发生变化。

体验方面,飞牛牧场从彩绘肥牛、制作牛奶蛋糕等DIY活动到挤牛奶等牧场参与活动,让游客们能亲近自然,学习各种生活技能和动植物知识。

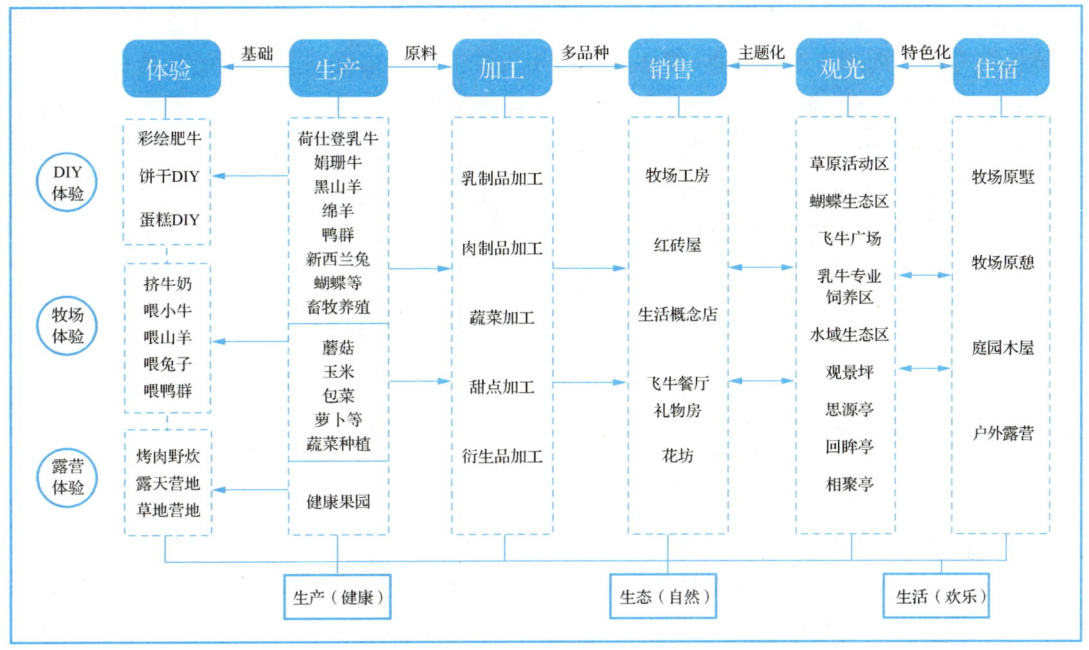

多重产品体验结构图

(二) 产销一体,六产融合

飞牛牧场从蔬果有机种植,乳制品、甜点、衍生品加工,都坚持原料自产自足。同时,在园区内开设不同类型的商店,在生产加工过程融入 DIY 体验活动,既实现了产销对接,又实现了产业升级。

飞牛牧场的一、二、三产形成"1×2×3"的数乘效应,从生产体系、加工体系、销售体系,再到观光体系,每个环节互为铺垫,例如,牧场蔬果区的有机蔬菜种植,肥料为牧场牛羊等的粪便;DIY・露营・烤肉区及中心服务(餐饮区)、乳制品加工坊等所需肉类、蔬菜等原料,又是蔬果区和生态区所提供,生产、加工、销售、观光的闭环循环,不仅形成了完善的产业链,还实现了生态资源的可持续发展,更加突出牧场主题特色。

(三) 细化市场,持续创新

针对不同市场受众,飞牛牧场从牧场住宿、牧场餐饮,再到牧场体验活动,飞牛牧场精心设计不同类型、不同层次,满足不同年龄游客的旅游吸引物。孩子们能在这里探索世界、寻觅自然界动植物的奥秘;大人们能在这里找到童真,唤起儿时纯净的美好;老人们能在这里品尝到健康美食,感受儿孙承欢膝下的快乐。同时,牧场结合自然景观和小动物,让游客们在点滴体验中,真正学习懂得"尊重自然、爱护自然"。

三、案例总结

飞牛牧场农业休闲观光项目摒弃了传统农业单一的生产模式,继而发展成集生产、生活、生态等多功能于一体的都市型现代农业,通过对农产品的综合开发和特色经营,延伸产业链使第一产业向第三产业转移,发挥农业的多种功能。以前期科学的调研为依据,客观地对各种资源进行评价,确定园区产业发展的方向,透过生产、生活、生态三个界面进行转换,衍生出一些有特色的产品和有创意的体验服务以便创造出更多的附加价值。通过持续的经营和引导都市消费促进经济的增长,在建设农业休闲观光项目园区时确保开发与保护达到和谐统一,在促进园区可持续性发展的同时实现了社会、经济、生态的可持续发展。

2.3 休闲型庄园:彭山庄园开发案例解读

一、彭山庄园概况

彭山庄园(彭山景区)位于湖南省澧县澧南镇境内,是国家AAAA级旅游景区、全国森林康养试点基地、国家五星级休闲庄园、中国最美休闲庄园。庄园由森林康养公园、湿地科普公园、城头山地质公园和有机农业基地、花卉园艺基地组成,拥彭山之胜,揽九澧之秀,具有得天独厚的休闲、旅游、生态、康养资源,1 000亩湿地、2 000亩水域、3 000亩山林,连片山林3万多亩,可谓集山、水、洲之大成,是一幅波澜壮阔的山水画卷。

彭山庄园

二、旅游资源及产品

彭山庄园周边有澧州古城、澧州城头山等4A级风景区,湖南涔槐国家湿地公园等旅游资源。彭山也位于常德旅游大三角的枢纽位置,与城头山遗址公园、千年古刹钦山寺、澧县文庙并称为"澧县四大景观"。总体来说,旅游资源集聚效应良好。

2002年以来,彭山景区内逐渐开发了原乡梦体验区、生态氧吧、户外游乐、亲水、民俗文化、禅修文化共六大功能体验区,集观光旅游、餐饮住宿、休闲游乐、科普教育、民俗文化、水果采摘等功能于一体。重点突出农业观光体验、休闲娱乐、科教等内容,打造城郊农业休闲旅游业态。

三、旅游开发特色

（一）以共赢促发展

彭山庄园就是一个平台，本着合作共赢的目的，彭山在开发之初就采用了新的模式。彭山脚下有两千亩水域，准备增设游轮项目的运营。一条游轮需要三百万投资，购买后如何保证客源生生不息呢？开发方找到10家旅行社，让每家出资30万，然后可以享受游轮10年免费使用权，并且还赠送30万元门票。就这样，庄园不仅解决了游艇的投资问题，还解决了项目的客源问题。更重要的是，旅行社带来的人群，在庄园内还会产生大量的餐饮、商品购买以及其他项目消费。

还有游乐场及其他营业项目，庄园采用招商的模式，由别人投资、经营，庄园统一管理、分成。如此庄园既减少了投资，又能充分调动各项目的主动性，实现合作共赢的局面。

（二）以活动显文化

大量的游客吸引来了，彭山庄园就要想办法怎么留住游客，增加消费，如何让游客满意。一些主题鲜明的活动渐渐形成了庄园文化的一部分。

1. 周末彭山汇——每个周末，聚集一群上班族在一起吃喝玩乐看表演，放松心情、释放压力，过一个愉快的周末。

2. 彭山约饭——这是一个神奇的组局社交平台，吃一些稀奇古怪的食物，交一群各行各业的朋友。让你的每次就餐都有人陪伴，让饭局有的聊、有的玩、有的看，让吃货的生活变得简单精彩。

3. 节庆活动，如"端午屈原祭祀大典、共品一个千斤粽子"——澧州是屈原行吟澧水时的核心地带，彭山每年端午举办屈原祭祀大典，不仅宣传了庄园的屈子文化，同时也向广大游客展示了中华传统礼仪，弘扬民族文化。

各种节庆活动、吃酒节、诗歌、散文、摄影大赛等相继举办，不仅为庄园带来更多的人气和消费，也提炼了庄园的文化，提升了底蕴。

（三）以融合优产业

彭山庄园的产业是有机相结合的，有机农业基地既是观光体验，又是种植基地。种植的"城头山紫米"已获得国家有机产品、地理标识产品双认证，自然也就成为庄园热卖的特产。同时基地种植的水稻用来酿酒，酿出来的酒放在彭山古迹"雷鸣古洞"洞藏，使得该古洞成为热门景点的同时，游客也因体验而产生购买，由此又形成了庄园热卖的特产。

彭山还种植有四季不断的特色有机水果、有机蔬菜，可以供游客体验采摘、购买等。一系列的产业及产品，充分诠释了休闲农业新发展模式，即生产、观光、体验、产品、服务等深度融合。

（四）以文化铸品牌

彭山庄园出版发行了20多万字的综合文集《彭山探幽》，深度解读了彭山的历史人文、名胜景点。同时编辑出版庄园报刊《彭山之恋》，征集并发布了彭山散文集、诗歌集。还自行拍摄了澧县本土原创 MV《彭山之恋》，首发日当天点击量便突破 30 万，在本土及周边地区掀起一股热潮。彭山庄园官网、微信公众号、各网络平台等一应俱全，内容精彩，活动丰富，积累了大量粉丝，达到了资源整合、营销整合后的品牌传播效果。

四、案例总结

党的二十大报告提出"构建优质高效的服务业新体系，推动现代服务业同先进制造业、现代农业深度融合。"作为一个多产业融合的综合体，休闲农庄一"出生"就决定了其平台化的使命。目前国内的综合性休闲农庄，很多都存在资金缺乏、人才匮乏、经营压力和成本过大等难题，严重制约了未来健康发展，这些从本质上来看，都是平台化缺失的后果。彭山庄园的模式，或许有特殊性，但其平台化、共享化的经营思维，对于绝大部分庄园而言，都有着诸多可借鉴的共性。未来的竞争不再只是个人的运营能力，更多的是跨资源的整合能力。因此，作为乡村旅游人，更应该考虑如何抱团起来，彼此之间交换资源、交换产品、交换客户，用共享和互联的方式，创新运营管理模式，最终实现乡村旅游庄园的健康、可持续发展。

任务三
文化型乡村旅游发展案例解读

任务目标
1. 掌握民族文化型乡村：西江千户苗寨主要特点及开发经验。
2. 掌握特色文化型乡村：黄龙岘主要特点及开发经验。
3. 掌握工艺文化型乡村：震泽丝绸小镇主要特点及开发经验。

3.1 文化型乡村：贵州西江千户苗寨开发案例解读

一、西江千户苗寨概况

西江千户苗寨地处贵州省黔东南苗族侗族自治州雷山县境内，距离县城雷山 36 km，距离黔东南州州府凯里市 35 km，距离省会贵阳市约 260 km。苗族历史上历经 5 次大规模迁徙，西江苗寨是苗族第三、四、五次迁徙陆续到达的集结地。西江苗寨由 10 余个依山而建的自然村寨组成，是目前中国最大的苗寨，现有户籍人口 1 460 多户，近 6 000 多人，苗族人口占 99.5%，"千户苗寨"名称由此而来。

西江千户苗寨地处河流谷地，白水河穿寨而过，寨的上游地区开垦出来大量的梯田。由于受到地形限制，当地的苗族建筑以木质的吊脚楼为主，上千户吊脚楼跟随着地形的起伏变化，十分壮观。在西江，村民们按照自己的信仰和习俗，在每个村寨的坡头都种植了成片的枫树林作为护寨树，成为西江重要的自然景观之一。作为全世界最大的苗族村寨,西江千户苗寨有着深厚的苗族文化底蕴,苗族建筑、服饰、银饰、语言、饮食、传统习俗在这里得到了较好的保存和延续。传统的农耕文化、优美的苗家风光和独特的苗族风情吸引了国内外的众多游客。

千户苗寨

二、旅游开发特色

(一)以"共生共建共荣"为发展根本

在开发旅游之前,村民是西江苗寨最大的社区主体。旅游开发后,随着商户、游客的大量进入,"多元共生"成为西江苗寨最大的社会特点。这些主体在西江都以旅游为生计之源,形成旅游兴旺则大家兴旺、旅游衰败则大家衰败的"旅游命运共同体"格局。因此大家结成了必须围绕旅游凝心聚力的紧密关系,这种关系有的转化成为具有刚性约束力的规章制度,有的转化成为新的村规民约,有的则转化成为思想要求和礼俗规范,形成维护西江苗寨景区建设、苗族优秀传统文化保护、脱贫致富责任担当等的社会共识和文化条件。

(二)结合民族文化开展高效市场化运作

就本质而言,旅游业其实是一种市场化的经济活动。市场强大的调节作用和对各种资源要素的优化配置,对旅游做大做强尤为重要。2009年随着国有旅游企业西江千户苗寨文化旅游发展有限公司的成立,西江旅游发展就走上了全面的市场化、企业化运作轨道。经过十年时间,旅游的充分市场化发展促使西江苗寨在品牌塑造、综合收入、游客量等方面成效显著,为村寨繁荣及其群众的脱贫致富打开了良好的发展局面。

(三) 以村民自治助推景区社会治理科学化

党的二十大报告指出"完善社会治理体系。健全共建共治共享的社会治理制度，提升社会治理效能。""建设人人有责、人人尽责、人人享有的社会治理共同体。"十余年来，西江景区深化村民自治实践，由执法部门、景区公司、村两委、民间组织齐抓共管，为景区的共同治理出力；治理方式上也重心下移，在化解西江苗寨旅游发展出现的各种矛盾纠纷中，既有以讲求法律神圣庄严的法理治理，也有接地气有温度的民间情理治理；治理资源除了运用国家的法律法规以外，还充分运用乡土社会的"村规民约"，对有碍旅游发展的失范、失当、失德行为进行规训与处罚，无论哪一个主体，如有违犯均平等相待，一视同仁。这些做法，十年来让西江苗寨基本做到了"小矛盾不出村，大矛盾不出镇"的良好治理局面。

(四) 旅游发展红利惠及全民

旅游是高度市场化的产物，由于诸多原因，在旅游发展的过程中，民族地区居民百姓进入市场、参与市场的意识和能力有一个长期培育、发展、成熟的过程，在确保旅游发展"市场效率"的基础上，如何确保全体村民在旅游开发过程中实现人人都受益，户户都获利，共享旅游发展红利，进而实现全民奔小康，对旅游开发者无疑是极大的挑战。西江苗寨景区管理者通过制度创新，设立了民族文化保护发展的利益共享机制，以门票收入的18%作为民族文化奖励经费发放给西江村民，让每户每年都获得超过万元的收益，确保了旅游发展利益的全民共享。

(五) 民族文化传承与科学发展

在乡村旅游的带动下，西江苗寨传统文化彰显出现代的魅力，村民文化自觉意识不断高涨。从2008年起，西江苗族博物馆得以建立，有20多户家庭博物馆挂牌；村寨连续打造出了"古歌堂""鼓藏堂""刺绣坊""银饰坊""米酒坊"等20多个苗族文化点；2008年起，西江村两委在各种节庆期间举办了丰富多彩、接地气、有温度的民间文化活动，在2017年"吃新节"的"千人齐唱苗族古歌"中，再次掀起了社区对民族文化传承与保护的高潮。

(六) 文化引领品牌创新与优化

为合理利用民族传统文化，西江苗寨先后打造出20多个静态、动态、互动的文化体验点，让游客参与其中，不仅强化了旅游体验，延长了游客逗留时间，还提升了村民的旅游收入。同时西江苗寨以创新式传承、发展、挖掘出游客喜闻乐见的"高山流水""五壶四海"等苗族传统酒礼酒仪，将苗族刺绣、银饰锻造、蜡染制作等苗族传统文化融入现代审美样式，开发出游客易于接受的文化旅游产品。通过古歌演唱、迎宾表演、民俗展示等活动的参与，不仅直接让村民受益，还带动了苗族文化的传承与活化。

三、案例总结

文化保护是西江苗寨确保持续发展的关键。十余年来，西江苗寨坚持"发展式"的保护理念,着重激活苗族优秀传统文化的内在基质和创造活力,以旅游开发促进文化的价值再生、价值联动。以苗族特色文化资源为载体,以旅游开发为发展导向,在经济、社会、文化、经营、脱贫等方面产生规模化效应所形成的一系列经验和可以操作的运行体系,形成了独特的"西江模式",让世人称奇。

历经十年,西江苗寨以民族特色文化资源为依托;强烈的市场化运作;党政强力推动,多主体共同参与;共生共建共享的发展之道;建立民族文化利益保护发展的共享机制以及景区社会治理善用民间智慧等做法,通过旅游全面带动,促进了西江苗寨经济、社会和文化的全面发展,实现了西江苗寨从苗族传统村落向现代村落的巨大转变。从这个意义上来说,西江苗寨为西部民族地区提供了旅游带动地方发展的一种崭新模式,这个模式蕴含着丰富的、可以值得借鉴和参考的乡村旅游发展智慧。

3.2 特色文化型乡村:黄龙岘开发案例解读

一、黄龙岘概况

黄龙岘位于南京市西南,地处江宁西部美丽乡村示范区核心区域,村庄面积0.91平方公里,四周茶山、竹林环绕,乡村田园环境优美,生态禀赋得天独厚。八年前,这里还是个偏僻落后的小山村。2012年交通建设集团率先修建了江宁西部美丽乡村生态景观道路,至此,"养在深闺无人识"的黄龙岘因其独特的山水林田茶资源被撩开了面纱,实现了由过去封闭落后的小山村到全国知名美丽乡村示范村的"蝶变"。

黄龙岘风光

二、旅游开发特色

作为茶文化特色村落,黄龙岘茶文化村乡村茶旅的发展在一定程度上已经推动着黄龙岘逐步走上振兴之路,包括五个方面:茶旅融合发展实现产业兴旺、茶旅环境整治塑造生态宜居、茶旅发展意识助推乡风文明、茶旅运维模式折射治理有效、茶旅农户经营带动生活富裕。这也对应了乡村振兴战略的总要求——"产业兴旺、生态宜居、乡风文明、治理有效、生活富裕"。

(一)茶旅融合发展实现产业兴旺

黄龙岘乡村茶旅的发展为当地的产业注入了强大动力。随着乡村茶旅的发展,黄龙岘知名度逐渐提高,远离工厂,污染少,不喷洒农药,采用物理方法防治病虫害的黄龙岘茶越来越被市场所认可。如今每逢清明节前后,黄龙岘茶园都呈现着一片忙碌的景象,采茶的茶农与前来体验采茶的游客交相辉映。随着黄龙岘茶旅融合发展的深入推进,全村有80%以上的农户参与了餐饮、民宿及茶社等经营。在黄龙岘旅游人气最旺的茶文化风情街的两边,呈现了众多黄龙岘当地村民开办的茶社、餐饮及住宿,其中有餐馆28家、茶社3家、住宿8家,自主经营所产生的营业收入归村民自己所有。

(二)茶旅环境整治塑造生态宜居

黄龙岘乡村茶旅的发展对当地的生态环境有很大改善。2013年,黄龙岘以发展乡村生态旅游为目的,开始创建农村环境连片整治示范村,以环境连片整治为契机,推进了农村水环境治理、垃圾收集和无害化处置,使得黄龙岘村庄功能完善到位,农村环境质量得到改善和提升,营造出了一个健康、文明、清洁、美丽、舒适的生态家园。通过公共基础设施的建设,完成了黄龙岘的"四化改造",道路实现了植物绿化、村庄实现了路灯亮化、沟渠实现了排污净化、环境实现了生态美化,打造出了一个全新的黄龙岘茶文化旅游村,这对黄龙岘乡村茶旅发展产生直接的促进作用,使黄龙岘乡村茶旅的发展拥有了良好的自然环境基础。

(三)茶旅发展意识助推乡风文明

乡风文明是乡村振兴的保障。黄龙岘的乡风文明体现在黄龙岘村民及党员领导干部的茶旅发展意识的增强。在党员干部层面,党员干部们解放思想、实事求是,没有固执地将农业生产向工业生产转变,也没有盲目将传统农业生产向设施农业转变,而是领导村民采用为城市提供旅游等服务产品的方式发展当地经济。在村民层面,村民们不再墨守成规,对乡村活动的认识不再只是农业生产,而是明白可以通过乡村茶旅的发展拓宽茶产业链,通过新兴生产方式获取农业农村的附加价值。如黄龙岘旅游开发需要土地,村民就将个人承包的土地折价入股给黄龙岘旅游开发公司;需要新建公共设施,村民就将自家住房进行改造,用于开办农家餐馆或农家住宿,村民们的茶旅发展思想呈现出多样化、特色化、现实化。

(四)茶旅运维模式折射治理有效

在黄龙岘乡村茶旅的开发模式上,2013年黄龙岘茶文化村是在江宁区委区政府的关心和指导下,由江宁交通建设集团携资下乡,与江宁街道共同成立黄龙岘建设开发有限责任公司全力打造形成的,这种街道(政府)、企业共建乡村旅游的模式取得了较好的社会效益和经济效益。在黄龙岘乡村茶旅的管理模式上,黄龙岘茶文化村党支部为基础,先后成立了茶叶合作社、农家乐行业协会、茶叶品质研究所、村管理办公室、物业管理公司,形成了符合黄龙岘特色的"1+6"的运作管理模式,从各个方面对黄龙岘实施优化打造,使黄龙岘完成了完美蜕变。另外,在乡村茶旅环境维护的过程中,黄龙岘还形成了村民环保组织,建立健全了村庄管理机制体制,明确村主任为保洁队长,建立了村庄保洁考核奖惩办法,制定了村庄日常保洁岗位责任制,签订了责任书,引导广大村民积极参与村庄环境卫生管理,与村民座谈并商讨制定《村民公约》,形成了村庄环境社区与村民齐抓共管的局面。

(五)茶旅农户经营带动生活富裕

黄龙岘乡村茶旅的发展带动了当地村民自主创业经营农家乐餐饮、民宿,并随着黄龙岘茶文化村知名度的提高,在周末和节假日,黄龙岘的餐饮、民宿等经营场所的生意相对都较好,一些餐馆时常会出现爆满的现象,一些经营户平均月收入能达到6万元以上,乡村茶旅极大地带动了当地百姓致富,增加了村民的收入来源。

生活富裕是乡村振兴的根本。黄龙岘农民生活富裕体现在黄龙岘农村劳动力转移就业和农民增收。农民将原来自己承包的农地以折价入股的方式给村集体经营茶叶种植,村民生计手段更加多元,有的农民转移就业进行自主创业经营餐饮、民宿或茶社,通过乡村茶旅吸引人气前来消费,使得当地村民个人收入得到增加。

三、案例总结

党的二十大报告中提出"坚持大抓基层的鲜明导向,抓党建促乡村振兴,加强城市社区党建工作。"黄龙岘乡村茶旅是在江宁区委区政府的统筹下,由江宁街道和江宁交建集团共同开发建设的。在旅游开发过程中通过环境连片整治,修建"四道一潭四十景"等旅游景点,鼓励农户自主创业经营民宿、餐饮、茶社等项目,并依靠当地特色茶产业,挖掘当地茶文化,延伸茶产业链,茶旅融合发展。在黄龙岘茶文化村党支部为带头指挥下,先后成立了茶叶合作社、农家乐行业协会、茶叶品质研究所、村管理办公室、物业管理公司,形成了符合黄龙岘特色的"1+6"的运作管理模式。黄龙岘乡村茶旅发展取得一定成效,促进了黄龙岘的乡村振兴。黄龙岘"政府主导统筹+国企主导开发+农民主导经营"的"1+X"产业融合发展模式,值得其他乡村旅游点借鉴与学习。

3.3 工艺文化型乡村:震泽丝绸小镇开发案例解读

一、震泽丝绸小镇概况

震泽,太湖边一个曾经不知名的小镇,千百年来依靠养蚕织丝,并不断推陈出新精工细作,逐渐成为远近闻名的蚕丝之乡、蚕丝被家纺名镇。震泽,位于苏州吴江西南部,与浙江毗邻,古称这里是"吴头越尾"之处。它的名字曾是太湖别称,自唐朝起,震泽人就开始种桑养蚕、缫丝、织绸,明清时期更是鼎盛一时。近年来,震泽围绕"创新、协调、绿色、开放、共享"五大发展理念,紧盯"宜业、宜居、宜游、宜文"目标,延续蚕桑文脉,并不断推陈出新,发展壮大蚕丝产业,2013年荣获"中国蚕丝之乡"的称号,2016年被住房建设部列入第一批中国特色小镇名单。"做精一根丝,做美一根丝"是震泽丝绸人的信念和梦想。震泽已聚集200余家丝绸企业,拥有种桑养蚕、煮茧缫丝到织服成被的完整产业链。全镇规模以上丝绸企业达到8家,行业年销售年均增速保持在20%左右,全国市场占有率达到30%,销售突破14亿元。

震泽风貌

二、旅游开发特色

(一)精准定位,多维打造特色小镇

丝绸家纺产业是震泽的重点特色产业,震泽围绕产业定位突出"特而强",小镇功能力求"聚而合",建设形态力求"精而美"的建设目标,一手抓产业提升,一手抓内涵建设,努力把震泽丝绸产业打造成为创新创意领先、人才匠人汇聚和先进技术装备的现代化纺织工业。

抓好传承,深化融合发展。以丝为"媒",让更多的资源和业态汇聚震泽。结合古镇特色和生态优势,推动震泽丝绸向产业上游和价值链高端延伸。紧扣水乡古镇联合申遗契机,特色化、精细化地保护和开发好古镇,建设没有围墙的旅游社区。

立足生态,提升蚕桑农业。震泽积极推进乡村振兴,建设好省级特色田园乡村——众安桥谢家路,打造以精品稻米与特色蚕桑为主题的"水韵桑田村"。推动震泽蚕桑文化园优化运营管理,深入发展"蚕桑+丝绸+旅游"的全景旅游体验新模式。

(二)赋能丝绸,加速高质量发展

打造三大"版块",占领丝绸旅游高地。一是打造"蚕丝古镇"旅游休闲生活版块。依托国家4A级景区、丝绸主题民宿、民国风情弄堂等优势,打造原汁原味的古镇风情。二是"水韵桑田"特色田园乡村版块。以众安桥谢家路自然村获省级特色田园乡村试点单位契机,打造农业＋文旅＋社区的综合发展模式,做足"蚕式慢生活"。三是"丝业遗存"匠心创意定制版块。依托丝创园和丝绸企业总部,把苏州古老的刺绣、漳缎、缂丝、宋锦引入震泽。与设计名校共建震泽实践基地,开发一系列丝绸文创产品,并依托"互联网＋丝绸＋旅游",打造一批丝绸家纺名企、名店。

(三)重视集群,打响区域品牌

雄厚的丝绸产业基础,品牌效应集聚。震泽聚集了太湖雪、辑里、山水丝绸、慈云等一大批业内知名企业,是苏州丝绸现存丝绸产业链的核心区域,成为江苏省内首家"蚕丝被联盟标准"发布单位,首个省级丝绸优质产品生产示范区,荣获江苏省区域名牌。

三、案例总结

丝绸产业在古镇震泽繁荣了千年。因为丝绸,这座古镇有了丝一般的品质,有了绸一样的华丽,有了让人经久不忘的故事。如今,一张用丝织就的全新规划蓝图,穿过历史的尘烟,让蚕丝之乡焕发出更多生机。从葱郁的桑园到精致的古镇,再到丝绸企业……震泽将一根蚕丝定为发展的主线,一条集农业观光、文化体验、工业旅游、美食享受、生态休闲等元素于一体的全域旅游产业链已经形成。如今,"生产、生活、生态"三生合一的发展模式,让震泽跻身江浙水乡古镇联合申遗名录;一条串联震泽丝绸历史"活化石"的"新丝路"已开工启动;首个丝绸主题精品酒店开门迎客;山水丝绸缂丝文化园等企业园区竞相开花,今天的震泽,当年的小小乡村,因文化而缘起,因文旅产业而充实,也将因创意而腾飞。

任务四

其他类型乡村旅游发展案例解读

任务目标

1. 了解科技型乡村:兴隆热带植物园主要特点及开发经验。
2. 了解景区依托型乡村:北京十渡镇主要特点及开发经验。

4.1 科技型乡村:兴隆热带植物园开发案例解读

一、兴隆热带植物园概况

兴隆热带植物园,位于海南兴隆华侨旅游经济区,隶属于农业部中国热带农业科学院香料饮料研究所,占地面积42公顷,距海口市176公里,距三亚市97公里,是海南最早对外开放参观的热带植物园。兴隆热带植物园划分为五大功能区:植物观赏区、试验示范区、科技研发区、立体种养区和生态休闲区;收集有12类植物:热带香辛料植物、热带饮料植物、热带果树、热带经济林木、热带观赏植物、热带药用植物、棕榈植物、热带水生植物、热带濒危植物、热带珍奇植物、热带沙生植物和蔬菜作物等。

二、旅游开发特色

(一)结合科技主题,不断优化主题设施

园区配套建有科普广场、中非咖啡文化馆、科普体验馆、科普品尝体验棚、科技产品展销厅、热带香料饮料作物综合利用技术研发中试基地、科普休息凉亭、科普宣传舞台、科普宣传栏、科普展示牌、旅游厕所、停车场等科普设施。开发科普展品500个;建成了包括热带植物、生态环境、生物资源利用、特色农产品加工等专业化科普场所,年接待能力达200万人次。园区内完善的软硬件设施为开展科普旅游提供了基础保障。

(二)聚焦生态科技,开展特色研学项目

1. 全员化科普讲解服务

兴隆热带植物园主要向公众科普宣传热带雨林特征、热带植物资源、热带作物种植生产以及热带环境特征等知识,向公众普及植物对人类的贡献和保护植物的重要意义。科普讲解员不仅有导游的亲和力,同时具有演讲者的口才和科学人的严谨,通过科普讲解员生动有趣的讲解,使大家更深入地了解热带植物和生态环境知识,不断树立热爱大自然、保护地球家园的情操和培养对环境负责的精神,积极参与到保护自然环境的行动中。特别是节假日期间,植物园所有的科技人员都走出实验室,研究员、副研究员、博士、硕士纷纷来到一线为游客们进行科普服务。

2. 创新化博士科普大讲堂

为促进科学研究与科学普及融合发展,开设"博士科普大讲堂"科普平台,将深奥的科学研究成果通过"博士科普大讲堂"以浅显、有趣、生动、科学的途径传播给广大公众,在实践中实现科学技术再创新。比如,"走进热带雨林神秘的植物王国"科普专题,让参与者感受热带雨林的神奇,了解美丽的空中花园、神奇的老茎生花、寂静的绞杀、独特的板根现象等热带雨林特征,认知热带雨林的功能,通过"寓教于乐"的活动方式让大家热爱大自然和保护大自然。

3. 主题性科普体验DIY活动

园区内建有300平方米的科普体验馆,设有巧克力制作、咖啡研磨、香薰产品制作、东南亚食品制作等体验区。在这里,不仅可以系统学习从可可豆到巧克力的华丽变身过程,以及巧克力的加工、营养、品评等科学知识,而且还可以亲手制作独一无二的巧克力,领略巧克力制作的奇妙之处。

(三）注重宣传报道，扩大旅游科普影响

在热带植物知识普及和科普活动宣传方面，以2016年为例，植物园通过自媒体（微博、微信、微视）和官网开辟科普专栏，发表科普文章80余篇；通过中新网、新华网、新浪网、搜狐网、《海南日报》《海口日报》等多家网络媒体和报社对科普活动进行集中报道，发表新闻稿20余篇；通过央视栏目《远方的家》、吉林卫视《老有乐啦》、海南综合频道《直播海南》、万宁电视台《万宁新闻》等进行专题和直播报道，取得了良好的宣传效果。首创"科学研究、产品开发、科普示范三位一体"发展模式，建立了热带香料饮料作物科技集成示范园等科普平台，借助海南国际旅游岛建设的整体优势，大力普及热带香料饮料等特色作物科普知识，形成集"研发——生产——加工——销售"为一体的热带香料饮料作物产业链，极大促进并带动了相关产业的发展，实现了"小作物大产业"发展目标。

三、案例总结

"科技创新、科学普及是实现创新发展的两翼，要把科学普及放在与科技创新同等重要的位置"，习近平总书记的这一重要讲话，对于在新的历史起点上推动我国科学普及事业的发展，意义十分重大。随着生活水平的不断提高和知识经济时代的到来，人们对旅游产品的需求层次也越来越高，不再仅仅满足于简单的游览观赏活动，而是着眼于在旅游中获取更多的知识，为科普旅游发展提供了新的空间。兴隆热带植物园积极开展科普研学教育，将优质的植物资源与科普研学教育相结合，打造了"博士大讲堂"科普研学品牌，先后开发出"植物生长的秘密""可可文化与巧克力制作""奇妙的微生物""有趣的昆虫世界"等一系列集科学知识性与趣味体验性相结合的30多项科普活动与研学课程，并受到了广大学子的欢迎。依托"科学研究、产品开发、科普示范"三位一体发展模式，兴隆热带植物园如今已经成为一个集热带植物资源保存、技术示范、休闲旅游、科普教育等多功能为一体的综合性热带植物园。兴隆热带植物园具有广义的乡村旅游目的地的属性，其将旅游与科技产业结合打造，创新科普的开发模式值得借鉴、学习。

4.2 景区依托型乡村：北京十渡镇开发案例解读

一、北京十渡概况

十渡镇隶属北京市房山区，地处北京西南，太行山东北端、华北平原西北山区，距市区80千米。十渡镇因地制宜，将十渡国家地质公园的风景区资源作为依托优势，大力发展乡村旅游业，被北京市政府批准为市级旅游专业镇、市级风景名胜区，被国家计委批准为小城镇经济综合开发区。目前，民俗旅游业已成为十渡镇的支柱产业，民俗旅游经济初具规模。

十渡镇风光

二、旅游开发特色

(一) 功能定位：依托景区山水休闲意境，多业态组合旅游开发

十渡的景点旅游是旅游增长的主要推动力，但是乡村旅游收入已占到总收入的三分之一左右，成为该区旅游增收的重要增长点。

十渡镇乡村旅游内容上选择了民俗村为主，功能上选择了景区配套服务功能为主，乡村旅游发展了以"山上舍羊植树栽果，山下养鱼垂钓餐饮，田中精种观光采摘，户中民俗住宿旅游"为特色的多业态乡村参与体验，完成了对依托景区吃、住、行、游、购、娱六方面的旅游配套功能补充。

(二) 发展战略：景区规范个人经营，塑造旅游整体形象

政府出台《北京市房山区十渡风景区经济社会发展总体规划》，提出"精品带动、人才兴业、依法治旅、持续发展"的战略指导方针，要求各村因地制宜，制定乡俗旅游的具体规划（年限不得低于 5 年），并需要通过风景区管理委员会批准后，方可付诸实施，有效减少了乡村旅游的低水平发展和农户之间、乡村之间的无序竞争。风景区制定出台了《十渡风景区管理规定》对民俗旅游管理队伍、经营队伍、导游队伍三支队伍建设提出要求，开展了双文明之星、十小标兵户、星级民俗宴定点饭店等争创活动，出台了马业管理有关规定，举办了民俗旅游从业人员培训班，提高民俗旅游整体服务质量。

(三) 品牌战略：区域大旅游战略，共创民俗旅游知名品牌

十渡镇实施项目之间、部门之间深度合作，区域资源联合，共同打造区域大旅游品牌

的战略方针。项目合作方面,推出了十渡民俗旅游节系列活动,面向中外游客推出民俗览胜、民俗饮食大观、观光采摘月、地质科考游、古生物学启智游、十渡山乡过大年等十余项民俗旅游系列活动。部门协作方面,与房山区妇联共同建立了西庄村"青山野渡、巧姑靓嫂"旅游示范基地,统一挂牌,统一价格标准,统一服务行为,统一对外宣传,提高了民俗旅游的品牌知名度。同时,区域资源组合,开展与旅行社的"黄金周"旅游促销活动,京津冀等周边城市十渡民俗旅游宣传活动等。

三、案例总结

北京十渡镇内容定位是以民俗旅游为主,功能定位是以景区配套服务功能为主的乡村旅游,由早期农民的自发行为走向规范化规模化发展,是我国乡村旅游的典型发展轨迹。十渡国家地质公园的景区吸引力为乡村旅游发展提供了契机,与景区关系准确的互补性定位为其提供了发展空间,政府和景区合理管理为其规模化发展提供了保障,区域的大旅游营销战略为其品牌化提供了前景,其作为景区依托型乡村旅游经典案例,值得借鉴和学习。

课程思政小红星

四个自信

四个自信即中国特色社会主义道路自信、理论自信、制度自信、文化自信,"四个自信"是一个有机统一体,既相对独立,又相辅相成。党的二十大报告中提出:"必须坚持自信自立。""我们要坚持对马克思主义的坚定信仰、对中国特色社会主义的坚定信念,坚定道路自信、理论自信、制度自信、文化自信。"

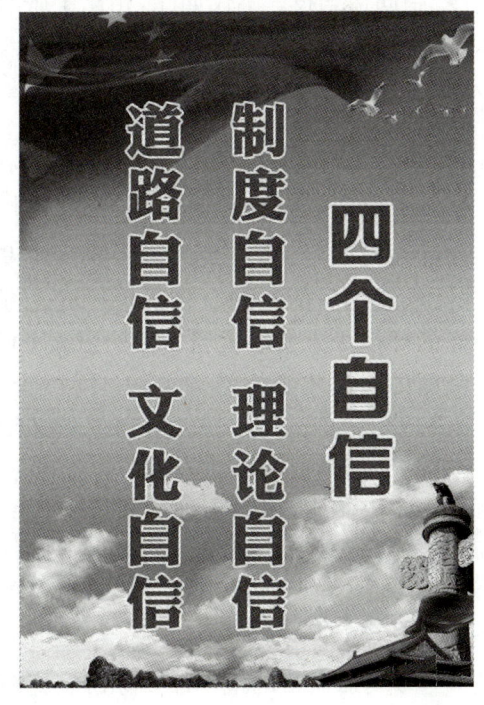

道路自信是对发展方向和未来命运的自信。坚持道路自信就是要坚定走中国特色社会主义道路,这是实现社会主义现代化的必由之路,是为近代历史反复证明的客观真理,是党领导人民从胜利走向胜利的根本保证,也是中华民族走向繁荣富强、中国人民幸福生活的根本保证。

理论自信是对马克思主义理论特别是中国特色社会主义理论体系的科学性、真理性的自信。坚持理论自信就是要坚定对共产党执政规律、社会主义建设规律、人类社会发展规律认识的自信,就是要坚定实现中华民族伟大复兴、创造人民美好生活的自信。

制度自信是对中国特色社会主义制度具有制度优势的自信。坚持制度自信就是要相信社会主义制度具有巨大优越性,相信社会主义制度能够推动发展、维护稳定,能够保障人民群众的自由平等权利和人身财产权利。

文化自信是对中国特色社会主义文化先进性的自信。坚持文化自信就是要激发党和人民对中华优秀传统文化的历史自豪感,在全社会形成对社会主义核心价值观的普遍共识和价值认同。

推动乡村旅游创新发展,要牢记初心使命、坚定"四个自信"、抢抓历史机遇,进一步巩固脱贫攻坚成果;要加快乡村产业规模化、绿色化、标准化、品牌化发展,加大乡村旅游改革力度,科学实施旅游规划,补齐乡村旅游公共服务短板,严守生态保护红线,切实发挥党组织领头雁作用。以乡愁聚人气,以乡贤扬正气,将乡村的优美环境、人文风俗、历史文化、特色资源等进行集聚、整合、提升,使乡村旅游成为乡村振兴的内生动力。

乡村旅游目的地创新建设

乡村旅游目的地品牌反映的是游客对于一座城市特定的联想和体验,代表着一种趋同的共性认知,这种认知的建立甚至不完全依赖于城市的资源形态和资源投入,而取决于游客的"需求"和"看法",让众多资源禀赋不同的目的地能够在一个相对公平的"认知维度"中同台竞技。不仅如此,相比于旅游产品的改变,品牌认知的改变还具有更直接、更快速、更高产出比的特点。那么,如何科学开展乡村旅游目的地建设,继而形成优质的品牌呢?可以从以下方面开展创新。

一、提升精美品质

要增加乡村旅游目的地的附加值,必须走精品建设之路,注重目的地建设的品质。增加乡村的附加值,就必须把乡村建设得更美,让乡村更能吸引眼球留住人。要有美丽的"衣裳",目的地的衣裳就是环境。绿树成荫,绿水环绕,风来碧波起,日出绿影灿,这样的环境令人赏心悦目。要有壮丽的骨骼,于人,骨骼就是身架子,美丽的身架子配上美丽的衣裳才能美美与共;于乡村,骨骼就是各种建筑和景观,要有一定的震撼力、冲击力和较强的吸引力,其风格和色彩必须与环境相协调。品质目的地必须能"品",能够细细"品",而且要"品"之有味。一个乡村景观,造型别致,不但美感十足,而且深有奥妙,让人不忍离去,不但仔细玩味,而且非要合影留念。乡村这样的东西多了,就能让人停得下,留得住。

二、打造多元业态

乡村旅游目的地不仅要让游客愿意来,而且要愿意消费,靠什么?丰富的业态是重要方面,业态多了,消费就越多。要提高附加值,必须丰富业态。

以下几种主要业态,乡村旅游目的地要尽量配套。

一是餐饮。一般而言,游览时间超过两个小时的目的地,就应考虑餐饮配套。

二是住宿。乡村目的地适当配套住宿设施既能提高经济效益,也能方便游客。

三是娱乐。游客住下后,就有了晚上的闲暇时间,因此,配套娱乐业态,发展夜间经济大有可为。

四是购物。乡村目的地应配套购物场所及购物街区,经销旅游纪念品、土特产品等商品。这样,加上本身的观光,物业配套,相互拉动,游客满意,乡村盈利。

三、塑造鲜明特色

特色是一个乡村目的地区别于其他乡村的特别之处。特色一旦形成,就会成为核心影响力,就能极大地提升吸引力,成为亮点和卖点。因此,特色是构成乡村旅游目的地附加值的核心要素之一。

特色必须鲜明。可以是鲜明的属地特色,包括地方文化、地方风俗、地方工艺、地方美食;可以是鲜明的属性特色,要么以秀扬名,要么以奇著称,要么以险惊世;可以是鲜明的类型特色,要么在观光产品中出类拔萃,要么在娱乐产品中做到极致,要么在休闲养生产品中高人一头;可以是鲜明的风格特色,设计风格、用材风格、建筑风格、色彩风格自成一体。

特色要做到极致。一般性的特色很难形成强大的吸引力,必须做到极致。极致就是顶峰,即在一定的地域范围、一定的类别范畴,它是第一,甚至是唯一,别人很难模仿,很难超越。这种极致,可以体现在对资源的发掘和利用上,可以体现在对文化的挖掘和表现上,可以体现在风格和手法的运用上,也可以体现在创意和构思的奇思妙想上。这样的乡村旅游目的地才能给游客留下深刻印象。

注入时代精神。做好乡村目的地文化打造,不能只盯着过去的、历史的文化资源,还要为目的地注入时代精神。近年来,党中央领导全国人民开展了一系列波澜壮阔的伟大斗争,如抗震救灾、抗洪救灾,特别是同新冠肺炎疫情的伟大斗争,打赢脱贫攻坚的伟大战役,创造了许多新的时代精神。要把这些时代精神作为新的文化资源,建设具有时代意义的乡村文化。

四、提供精致服务

乡村目的地要有附加值,不但要有良好的硬件,更要有良好的服务。良好的服务,可以拉近与游客的距离,建立与游客之间良好的感情。

要有完善的服务设施。服务设施是搞好服务的前提。大部分游客到乡村旅游主要是为了休息、休闲,放松身心。因此,乡村目的地要着重考虑游客休息休闲的需求,完善各类休息设施,合理布局休息区、歇脚凳、茶吧等,让游客的脚步慢下来,心情放松下来。旅游也是生活,因此,目的地要有足够的生活设施。要有良好的服务技能,服务技能是搞好服务的基础。乡村旅游目的地应把提高员工的服务技能作为基础性、关键性的工作来抓,制定科学的服务规范和服务流程,开展各种培训和岗位练兵。要多培养一专多能的多面手,关键时刻能顶得上。要培养行业业务尖子、服务能手,练就绝活绝技,提高人才的影响力和目的地的招徕力。

最后是要有真诚的服务态度。要树立全员服务意识、全程服务意识,实行首问负责制。要留心观察游客的需求,诚心解决游客遇到的问题,每一项服务都要让游客感觉舒心。这样的旅游目的地才能让游客提升体验。

知识拓展

同步案例

关键词点击

在线练习

 创新实践

1. 以周边的某休闲农庄为例,谈一谈其在三产融合发展方面的特色及做法。
2. 以国内某古镇为例,谈一谈如何在传承文化基础上科学进行乡村旅游开发。
3. 综合实训:请根据所学,结合下表对古镇型、庄园型、文化型、科技型、景区依托型乡村旅游目的地进行对比分析,并通过对比提出不同类型乡村旅游目的地发展建议。

目的地类型	旅游资源特点	旅游产品特点	旅游服务特点	开发特色	发展建议
古镇型					
庄园型					
文化型					
科技型					
景区依托型					

主要参考文献

[1] 张海鹏,部亮亮,闰坤.乡村振兴战略思想的理论渊源、主要创新和实现路径[J].中国农村经济,2018.

[2] 张祝平.乡村振兴背景下文化旅游产业与生态农业融合发展创新建议[J].行政管理改革,2021.

[3] 蔡新良,虞洪.乡村振兴视角下民族传统文化资源的旅游创新转化研究[J].农村经济,2019.

[4] 刘玉芝.新冠肺炎疫情下山东乡村旅游转型和升级发展研究[J].甘肃农业,2020.

[5] 张建洁,杨星.新冠疫情下乡村旅游面临的机遇、挑战及行动策略[J].辽宁农业科学,2020.

[6] 吴庆海.山东省乡村旅游信息化问题研究[D].泰安:山东农业大学,2016.

[7] 文仆.桂林市乡村旅游产业智慧化发展评价及指数研究[J].中国农业资源与区划,2018.

[8] 陈莹盈等.福建乡村旅游智慧化建设的影响因素及其阶段特征[J].厦门理工学院学报,2019.

[9] 杨柳.田园综合体理论探索及发展实践[J].中外建筑,2017.

[10] 雷黎明.农村发展的新产业新业态[J].当代农村财经,2017.

[11] 吴敏,张智慧.田园综合体共生发展模式研究[J].合肥工业大学学报(社会科学版),2017.

"十四五"职业教育国家规划教材

乡村旅游创新开发与经营实务

主　审　吉根宝
主　编　张　骏　卢凤萍
副主编　陆明华　顾至欣　陶潇男
　　　　郑菲菲　于秀梅

XIANGCUN LÜYOU
CHUANGXIN KAIFA
YU JINGYING SHIWU

南京大学出版社

图书在版编目(CIP)数据

乡村旅游创新开发与经营实务 / 张骏，卢凤萍主编
. — 南京：南京大学出版社，2021.8(2025.2重印)
ISBN 978-7-305-24699-9

Ⅰ.①乡… Ⅱ.①张… ②卢… Ⅲ.①乡村旅游—旅游资源开发—中国—教材②乡村旅游—旅游企业—企业经营管理—中国—教材 Ⅳ.①F592.3

中国版本图书馆 CIP 数据核字(2021)第 141089 号

出版发行	南京大学出版社
社　　址	南京市汉口路 22 号　邮　编　210093
书　　名	**乡村旅游创新开发与经营实务** XIANGCUN LUYOU CHUANGXIN KAIFA YU JINGYING SHIWU
主　　编	张　骏　卢凤萍
责任编辑	刁晓静　　　　　　　　编辑热线　025-83592123
照　　排	南京开卷文化传媒有限公司
印　　刷	南京新洲印刷有限公司
开　　本	787 mm×1092 mm　1/16　印张 16.75　字数 560 千
版　　次	2021 年 8 月第 1 版　2025 年 2 月第 4 次印刷
ISBN	978-7-305-24699-9
定　　价	48.00 元

网　　址：http://www.njupco.com
官方微博：http://weibo.com/njupco
微信服务号：njuyuexue
销售咨询热线：025-83594756

＊版权所有，侵权必究
＊凡购买南大版图书，如有印装质量问题，请与所购
　图书销售部门联系调换

乡村旅游创新开发与经营实务

主编 张 骏 卢凤萍

模块一

乡村旅游开发与建设

南京大学出版社

前　言

党的二十大报告中指出"全面推进乡村振兴"。当前，全面建设社会主义现代化国家，最艰巨最繁重的任务仍然在农村，而乡村旅游是乡村振兴战略实施的重要途径，在建设美丽乡村、传承传统文化、促进农业提质增效、带动农民就业增收等方面发挥着新引擎的作用。

本教材的编写，贯彻落实党的二十大精神，注重培育"大国三农"情怀，"乡村振兴"担当，着力通过乡村旅游规划、产品、管理、服务等相关知识和技能的培养，通过人才培养，助力乡村振兴战略的实施。

教材建设充分体现了校企合作、产教融合，编写团队与"田园水韵建设开发有限公司"等知名乡村旅游企业密切合作，在服务钱家渡、黄龙岘等多处国家级、省级乡村旅游重点村建设的同时，与行业人员通力合作，行企全程参与，同步建设本教材，教材建设与行业服务相结合，与真实的典型工作任务相融合，将高品质乡村旅游目的地建设的方法、路径、趋势等均纳入教材。还邀请了各地乡村旅游学者、行业管理者和工作人员广泛参与教材资源建设，保障教材契合行业发展的需求和人才培养的规律。具体而言，本教材具有以下特点：

关注实践运用，体现职业教育特点。 本教材的编写，打破以知识体系和理论框架为逻辑的架构方法，着眼于乡村旅游管理者、经营者、从业者的实际运用，构建"乡村旅游开发与建设""乡村旅游业态与产品""乡村旅游管理与服务""乡村旅游发展趋势与案例解读"四大模块，以分册教材的新形态呈现，为学习提供便利。教材构建了模块、项目、任务的完整教学体系，涵盖了乡村旅游从开发到管理、经营、服务的各典型工作任务，针对度高，实践性强。每一项目后的知识拓展、工作评估、在线练习、创新实践等环节的设置有利于加深理解，拓展思维，促进知识向能力的转化，开展学习成效检验等，形成了闭环设计。

着眼行业发展,反映新思路新理念。乡村旅游发展日新月异。本教材契合行业发展,不但全面融入乡村旅游新业态、新产品、新标准、新规范、新技术等内容,而且专门设立"乡村旅游发展趋势新思考"的项目,引导学习者将乡村振兴、智慧乡村建设、田园综合体打造等新发展趋势与乡村旅游工作实践相结合。同时本教材还关注典型案例的介绍和分析,设置了"乡村旅游案例解读与经验分析"项目,通过校企合作编写,对各类型乡村旅游目的地开发与经营管理的成功经验进行解析,介绍和吸收先进理念,剖析发展方法途径,促进学习者对乡村旅游的深入了解,培养引领乡村旅游行业新发展的能力。

融课程思政元素,重创新创业要求。坚持"立德树人",注重"课程思政"建设,全面融入党的二十大精神,通过乡村旅游的介绍引领学习者了解党领导下我国乡村的巨大发展,培育爱国爱党精神信念;通过具体任务的开展,培育职业道德、工匠精神、生态意识等,树立"大国三农"的情怀,增强"乡村振兴"的责任担当。全书在各项目中均有机融入党的二十大精神,尤其在各项目后首创"课程思政小红星"板块,结合党的二十大精神,对重点课程思政内容进行具体分析。乡村旅游目的地还是创新创业的"主阵地",本教材融入了创新创业的理念,在每个项目中均设计了"创新创业加油站"板块,有利于学习者增强创新能力,实现乡村旅游创业梦。

信息化资源丰富,助力教与学活动开展。本教材建设了丰富的课程资源,有利于教学实施和学习活动开展。其一,以全国各地的乡村旅游点实地授课、教师讲授等多种形式,拍摄制作高质量微课,可供扫码学习。其二,设计了关键词解读的"听重点"环节,在线答题的"做练习"环节等,有利于巩固所学内容。其三,建设配套在线开放课程,且入选了职业教育国家在线精品课程。在中国大学MOOC等平台上线,可直接搜索加入课程学习。此外,本教材还建设了相配套的课程标准、课件、试题库等系列资源供选用,有利于混合式教学的开展。

本书的编撰过程中查阅、参考了大量相关资料,谨向相关作者表示诚挚的敬意。美丽田园,抹不去的乡愁,乡村旅游的发展前景广阔,未来可期,党的二十大为中国发展指明了前进方向,乡村振兴的道路必将越走越宽阔!

目　录

项目一　乡村旅游开发准备 ··· 001
　任务一　明确乡村旅游概念与类型 ··· 002
　任务二　乡村旅游开发与运营前的工作 ······································ 006
　任务三　分析乡村旅游开发经营模式 ··· 009
　课程思政小红星："大国三农"情怀 ·· 013
　创新创业加油站：乡村旅游创新创业模式 ···································· 014
　创新实践 ·· 015

项目二　乡村旅游资源调查 ··· 017
　任务一　掌握乡村旅游资源类型 ··· 017
　任务二　开展乡村旅游资源调查 ··· 020
　任务三　评价旅游资源调查结果 ··· 023
　课程思政小红星："实事求是"精神 ·· 025
　创新创业加油站：乡村旅游资源的创新开发 ································· 026
　创新实践 ·· 027

项目三　乡村旅游规划编制 ··· 029
　任务一　制定乡村旅游规划技术路线 ··· 029
　任务二　开展乡村旅游规划功能分区 ··· 033
　任务三　编订乡村旅游发展系列规划 ··· 035
　课程思政小红星：法治精神 ··· 037
　创新创业加油站：乡村旅游规划的创新设计 ································· 038
　创新实践 ·· 039

项目四　乡村旅游景观打造 ··· 040
　任务一　乡村旅游景观整体风貌提升 ··· 041
　任务二　乡村旅游景观构成要素设计 ··· 043
　任务三　乡村旅游景观艺术手法运用 ··· 047

课程思政小红星：生态文明 ·· 049
　　创新创业加油站：乡村旅游景观设计创新 ································· 050
　　创新实践 ·· 051

项目五　乡村旅游设施建设 ·· 052
　　任务一　建设乡村旅游基础设施 ·· 053
　　任务二　建设乡村旅游服务设施 ·· 055
　　课程思政小红星：工匠精神 ·· 058
　　创新创业加油站：乡村旅游设施建设创新 ································· 059
　　创新实践 ·· 060

主要参考文献 ·· 061

信息化资源目录

项　　目		信息化资源	页　码
模块一　乡村旅游开发与建设	项目一 乡村旅游开发准备	微课学习： 乡村旅游系列微课导言 乡村旅游开发与经营管理总述 乡村旅游概念及类型 乡村旅游开发与运营前工作 乡村旅游投资模式	001 001 002 006 009
		知识拓展： 我国乡村旅游发展历程	
		同步案例： 任务1案例：吉林省乌拉街韩屯村乡村民俗旅游开发 任务2案例：辉南县发展乡村旅游的SWOT分析 任务3案例：新县乡村旅游"多方联动、共同驱动"的旅游合作社模式	015
		关键词点击： 乡村旅游，旅游开发 SWOT分析，可持续发展	
		在线练习： 多选题 判断题	
	项目二 乡村旅游资源调查	微课学习： 乡村旅游资源普查与分析	020
		知识拓展： 旅游资源调查与评价分析体系	
		同步案例： 任务1案例：无锡阳羡生态旅游度假区类型丰富的旅游资源 任务2案例：扬州广陵开展大运河文旅资源普查摸底活动 任务3案例：贾家山村旅游景区资源评价分析	026
		关键词点击： 旅游资源，乡村聚落，旅游资源调查 综合评价方法，专题评价法，层次分析法	
		在线练习： 多选题 判断题	

续　表

项　目		信息化资源	页　码
模块一　乡村旅游开发与建设	项目三 乡村旅游规划编制	**微课学习：** 乡村旅游开发与生态环保	030
		知识拓展： 乡村旅游规划设计的三大重点	
		同步案例： 任务1案例：德国：保持特色的村庄更新规划 任务2案例：桂林洋国家热带农业公园 任务3案例：北京通州宋庄镇大邓村犬文化休闲旅游度假区规划	038
		关键词点击： 乡村旅游规划，功能分区，旅游产品	
		在线练习： 多选题 判断题	
	项目四 乡村旅游景观打造	**微课学习：** 乡村旅游景观打造	040
		知识拓展： 不同类型乡村旅游景观空间特点	
		同步案例： 任务1案例：淳安乡村旅游整体风貌的问题与整治对策 任务2案例：青蛙村乡村景观设计解读 任务3案例：深氧界，爱在破晓时分	051
		关键词点击： 乡村旅游景观设计，生态织补，场所精神	
		在线练习： 多选题 多选题	
	项目五 乡村旅游设施建设	**微课学习：** 乡村旅游设施建设	052
		知识拓展： 乡村旅游设施规划中的注意事项	
		同步案例： 任务1案例：湖南省江华瑶族自治县长山村基础设施改造纪实 任务2案例：乌村推进旅游配套服务设施建设助力乡村旅游发展	060
		关键词点击： 给排水系统，公共旅游休憩设施	
		在线练习： 多选题 判断题	

项目一
乡村旅游开发准备

项目概述

党的二十大报告中指出"全面建设社会主义现代化国家,最艰巨最繁重的任务仍然在农村。"并且进一步强调了推动"乡村振兴战略"的重要价值。乡村旅游是乡村振兴的重要抓手,生态、健康、单纯、宁静的乡村生活,符合现代人寻找乡土记忆的心理诉求。乡村旅游的开发不可仓促上马,需要做好充分的前期准备。本项目主要从乡村旅游的概念与类型的分析解读、乡村旅游开发与运营前工作的开展、乡村旅游开发经营模式的分析与研判三个维度展开,为乡村旅游开发做好理念、方法、资金、模式等方面奠定基础。同时融入"大国三农"情怀、生态文明意识等课程思政元素和创新创业意识。

项目目标

1. 能够掌握乡村旅游概念、特征与类型。
2. 能够有效开展乡村旅游开发与运营前准备工作。
3. 能够掌握并根据情况研判适合乡村旅游的开发投资模式。
4. 贯彻落实党的二十大精神,培育大国"三农"情怀,树立"四个自信"等。

配套微课

微课:乡村旅游系列微课导言

微课:乡村旅游开发与经营管理总述

任务一 明确乡村旅游概念与类型

任务目标
1. 掌握乡村旅游概念。
2. 掌握乡村旅游主要类型。
3. 了解我国乡村旅游发展主要历程。

1.1 乡村旅游概念

微课：乡村旅游概念及类型

一、乡村旅游定义

国内外学术界对乡村旅游还没有完全统一的定义，乡村旅游主要包括以下观点：

1. 世界经济合作与发展委员会（OECD）定义为：在乡村开展的旅游，田园风味是乡村旅游的中心和独特的卖点。

2. 西班牙学者普遍认为：农村旅游即农户能够使旅游者在农场（牧场）等农村乡土环境中从事各种休闲活动，并为旅游者提供食宿的一种旅游方式。

3. 美国学者普遍认为：乡村旅游就是位于农村区域的旅游，具有农村区域的特性，如旅游企业规模小、区域开阔，具有可持续发展性等特点。

4. 英国学者普遍认为：乡村旅游不仅是基于农业的旅游活动，而且是一个多层面的旅游活动，它除了包括基于农业的假日旅游外，还包括特殊兴趣的自然旅游，生态旅游，在假日步行、登山和骑马等活动，探险、运动和健康旅游，打猎和钓鱼，教育性的旅游，文化与传统旅游，以及一些区域的民俗旅游活动。

5. 国内有关乡村旅游的定义较多，综合而言，我国学者们普遍认为狭义的乡村旅游是指在乡村地区，以具有乡村性的自然和人文客体为旅游吸引物的旅游活动。

结合以上观点，可将乡村旅游定义为：乡村旅游是以具有乡村性的自然和人文客体为旅游吸引物，依托农村区域的景观、环境、文化等资源开展的农村观光游览、休闲度假、娱乐体验等活动的旅游方式。乡村旅游的概念包含了两个重要方面：一是发生在乡村地区，二是以乡村性作为旅游吸引物，二者缺一不可。

二、乡村旅游的核心意象

乡村意象作为乡村旅游形象的核心元素，历经不同时代人们的解读与积淀，建构与重塑，认知与接受，打上了历史生成与环境因变的烙印。中国乡村意象的建构载体源于诗歌，在田园意象营造史上划时代的诗篇是陶渊明的《桃花源记》，它描绘了明净纯洁、宁静淡远的世外桃源，也塑造了后世历代文人学士的精神故乡，这一意象契合了现代人追寻生命意义、回归生命根基、觅求心灵自由的文化诉求。在今天的乡村旅游中,旅游者寻着乡村意象而至,奔着精神故乡而来,桃源意境是乡村旅游的原型。从远古的乡村欣赏到今天的乡村旅游,人们对乡村意象的认知经历了原始乡村——桃源意象的转变过程。当然这一过程非常复杂,也关乎乡村旅游需求机制的哲学心理学与文学阐释,尚需进一步深入研究。

桃花源记意象图

三、乡村旅游的特点

独特的活动对象。 我国乡村地域广大辽阔,种类多样,加上受工业化影响较小,多数地区仍保持自然风貌,风格各异的风土人情、乡风民俗,乡村旅游活动对象具有独特性特点,古朴的村庄作坊,原始的劳作形态,真实的民风民俗,土生的农副产品,这种在特定地域所形成的"古、始、真、土",具有城镇无可比拟的贴近自然的优势,为游客回归自然、返璞归真提供了优越条件。

分散的时空结构。 中国的乡村旅游资源,上下五千年,十里不同俗,且大多以自然风貌、劳作形态、农家生活和传统习俗为主,受季节和气候的影响较大。因此乡村旅游时间的可变性、地域的分散性可以满足游客多方面的需求。

参与的主体行为。 乡村旅游不仅指单一的观光游览项目和活动,还包括观光、娱乐、康疗、民俗、科考、访祖等在内的多功能、复合型旅游活动。乡村旅游的复合型导致游客在主体行为上具有很大程度的参与性。乡村旅游能够让游客体验乡村民风民俗、农家生活和劳作形式,在劳动的欢快之余,购得满意的农副产品和民间工艺品。

民间意文化特点。 乡村文化属于民间文化,我国乡村绚丽多彩的民间文化具有悠久历史和丰富内涵。乡村的各种民俗节庆、工艺美术、民间建筑、民间文艺、婚俗禁忌、趣事传说等,赋予了深厚的文化底蕴。由于乡村社区的这种浓厚的区域本位主义和家乡观念特色,使民间文化具有深刻的淳朴性,对于城市游客来说,具有极大的吸引力。

可持续的旅游发展。由于现代乡村旅游融乡村自然意象、文化意象和现代科技于一体,旅游发展与农业生产于一体,是可持续旅游的一种形态。

1.2 乡村旅游主要类型

目前我国的乡村旅游发展方兴未艾,从不同的维度可以划分为不同的类型,本书主要从资源利用的角度对乡村旅游的类型进行划分。

一、休闲度假型

以田园风光为氛围,以民宿客栈为依托,以养身修心为目的,以多元活动为手段,打造可以放松心情,参与乡村劳动,体验乡村文化,追求生活品质的乡村旅游空间。无锡宜兴湖㳇镇就是此类乡村旅游的典型代表。宜兴湖㳇提出"深氧界·3H生活"的旅游形象。"3H"分别代表健康(health)、心灵(heart)和家园(home)。围绕这一主题概念,湖㳇镇打造了深氧健身公园、紫海薰衣草庄园、登山步道等一大批休闲体验项目,同时建有百余家民宿和十多家规模主题酒店,在青山绿水中让旅游者慢下来,留下来,住下来。清新的空气,优美的环境,茶文化和紫砂文化的传承,再加上风格独特的民宿客栈、多元的休闲项目和丰富多彩的节庆活动,使得湖㳇成为乡村旅游休闲度假的天堂。

湖㳇深氧健身公园

二、观光游览型

以绿色景观和田园风光为主题,是最基本的依托乡村自然风光、人文景观开发的旅游产品。农业观光、花卉农园观光、农耕观光、果园观光、茶园观光等都属于观光型旅游产品。梅州雁南飞茶田度假村是其中发展较好的一例。梅州雁南飞茶田度假村,位于广东省梅州市梅县区雁洋镇,是一个融茶叶生产、园林绿化、旅游观光于一体的乡村旅游度假村。赏心悦目的自然环境、气势雄伟的酒店、华贵典雅的围龙食府、古朴的桥溪民俗村等完整的旅游配套设施,加上温馨宜人的服务,让游客在青山绿水之间感受心灵的平静安宁。

三、特色村落型

依托古镇、古村、民族村寨和社会主义新农村等独特的资源与文化,具体表现为优美自然风光的观赏、地方和民族历史文化感受、民俗风情和农耕文化体验、传统表演和民间工艺的欣赏、新农村建设成果示范等,其主要代表为西递、宏村乡村旅游。西递、宏村位于安徽省黄山市黟县,是安徽南部民居中最具有代表性的两座古村落,以世外桃源般的田园风光、保存完好的村落形态、工艺精湛的徽派民居和丰富多彩的历史文化内涵而闻名天下,素有"桃花源里人家"之称,被誉为"画中的村庄"。

四、科普教育型

以现代植物学技术为依托,将农业园与农业观光、瓜果采摘、农业科普等乡村旅游活动相结合,为青少年学生提供了解现代科技农业的机会。通过理论与实践相结合,有助于城市青少年的视野拓展、知识增长和情操陶冶。北京观光南瓜园是这类比较典型的例子。北京观光南瓜园位于北京市通州区于家务回族乡,园区充分利用现有自然资源,以农业休闲为主题,有包含300多个品种的南瓜展示长廊,南瓜万圣广场,南瓜雕塑广场,蔬菜科普种植,各式各样奇形怪状的观赏南瓜,让游客仿佛进入了南瓜的童话艺术世界。

五、生活体验型

游客在乡村环境、乡村美食、乡村民居、农事活动、民俗文化等的体验中满足他们对乡村生活的追求。这是为游客的个性化活动提供场所和条件的产品,以游客的主动参与为主要价值。"高淳慢城"是其中的经典。高淳慢城被誉为南京的后花园和南大门,是世界慢城联盟授予的中国首个"国际慢城",以低碳绿色产业发展为支撑,集休闲、度假、娱乐、观光为一体的综合性乡村旅游区域。区域自然天成、质朴秀美,在青山绿水间,在鸟语花香里,"慢城"居民构建着属于自己的田园生活,也让游客体验到一种悠闲从容和幸福惬意。"阡陌交通,鸡犬相闻"、小桥流水、碧波环绕,让脚步匆匆的现代人,都渴望着慢下来,体味生活的真滋味。

六、民俗文化型

以乡村民俗、乡村民族风情以及传统文化为主题的民俗文化、民族文化及乡土文化为主题的乡村旅游,其代表是四川三圣花乡"五朵金花"。"五朵金花"是指花乡农居(红砂村)、幸福梅林(幸福村)、江家菜地(江家堰村)、东篱菊园(驸马村)、荷塘月色(万福村)这五个村落,"花香农居"有几十幢原汁原味的老成都民居特色的农居,"一户一景,一户一色",各不相同;"幸福梅林"园内遍种梅花;"江家菜地"景区以江家绿色蔬菜为品牌,在这里旅游者可以在农户的指导下,自己耕作播种,体验吃农家饭、干农家活、住农家房的田园生活;"东篱菊园"以种植菊花为主,春夏秋冬四季都有各种美丽的菊花;"荷塘月色"以花卉和莲藕种植为主,以绘画、音乐等艺术形态为主题,将湿地生态、荷花文化与艺术形式统一在一起,是一个游客可以观光休闲、体验艺术魅力的理想之地。

任务二

乡村旅游开发与运营前的工作

任务目标
1. 能够了解乡村旅游开发的主要维度。
2. 能够熟练运用SWOT法分析乡村旅游开发的基本条件。

2.1 乡村旅游开发影响因素分析

党的二十大报告中指出"万事万物是相互联系、相互依存的。只有用普遍联系的、全面系统的、发展变化的观点观察事物,才能把握事物发展规律。"旅游开发是一项综合性的系统工程,它不仅是对旅游资源或景物的开发,而是以旅游景物建设为中心进行的各种有关设施建设、自然和人文环境的保护和培育等一系列内容的综合性社会活动。具体来说,旅游开发的内容应主要包括以下几个方面:

微课:乡村旅游开发与运营前工作

1. 乡村旅游区域的规划和建设;
2. 提高旅游地的可进入性;
3. 建设和完善旅游配套设施;
4. 旅游资源和景观的保护与维修;
5. 完善旅游服务体系;
6. 培育优越的人文环境;
7. 积极宣传促销,进行客源市场开拓;
8. 人员培训。

在进行乡村旅游开发之前,有必要对影响开发成败的各个条件进行分析,从内容上,主要包括资源、市场、区位、社会经济等要素;从条件的性质上,主要是积极与消极、有利与不利两个方面;从分析条件的立场上,包括内部条件与外部条件等。

一、资源条件分析

一般来说,资源条件对旅游开发处于起始阶段的地区影响较大,随着旅游开发程度的加深,资源对旅游区开发的影响减弱。旅游资源质量直接影响旅游区的功能布局以及开发阶段(近期、中期和远期)。高质量、具有震撼力、垄断性强的旅游资源往往被重点优先开发,可以成为区域旅游的中心;低质量、常见的旅游资源一般开发强度低,只作为满足当地居民游憩休闲活动需要的场所。

同时,影响开发的不仅仅是那些单体资源的品位、类型和特征,而且各个单体资源之间的分布与组合状况也直接影响旅游的空间布局、功能分区及开发的时间序列。可见,旅游区内的资源丰度也是衡量条件优势与否的一个评价标准。对于乡村旅游地来说,"乡村性""本土味""民族特色"是高质量旅游资源的重要特点。

二、市场条件分析

旅游业起源于游客对旅游的需求。一般说来,旅游区开发过程是一个根据供需关系作不断调整的过程。所以旅游开发应在充分调查并掌握市场供求状况的前提下进行以市场为导向模式的开发。从供给方来讲,旅游资源地域分布往往不平衡,资源地域分布的不均衡必然造成旅游供需的不均衡。一方面,某些旅游地资源丰富,但区位条件不佳,远离客源地,供给过剩,需求不足;另一方面,某些旅游地资源贫乏,游览点稀少,但旅游需求旺盛。

三、区位条件分析

(一)旅游地与客源地间的区位关系

旅游地与客源地间的相对区位关系,主要是指客源地在旅游地周围的分布和相互距离。距离包括空间距离、时间距离和经济距离。由于将对旅游者的出行行为产生所谓"距离摩擦力",因此它会影响旅游地的客源流规模及强度,从而影响旅游地的开发。

一是空间距离。指客源地与旅游区之间的绝对距离。它影响两地之间的时间距离、经济距离。

二是时间距离。即旅游者从出发地到旅游区途中所需耗费的时间长短。随着现代人时间观念的增强,人们希望能快速到达目的地。空间实际距离、交通工具、道路状况、交通管制水平、交通营运线路等都会对时间距离产生影响。

三是经济距离。统计资料表明:在旅游者花费中,尤其是在长距离旅行中,途中费用占全部旅游支出的 $1/5 \sim 1/3$。因此,外部距离对区域旅游地开发影响重大。虽然旅游地与外部客源地间的空间绝对距离是固定的,但外部区位条件的改善,将使交通费用开支所占比重,甚至绝对支出都可能降低而利于旅游地开发。

(二)乡村旅游区与其他旅游目的地的空间关系

旅游区之间的空间关系实质上是一种空间相互作用关系,是指在一定范围内某个旅游目的地在区域旅游客流分配中所处的地位。这种地位毫无疑问要受到其他旅游目的地的影响,特别是受到邻近旅游目的地的影响,相距较远的旅游目的地对之影响较小。

乡村旅游区与其邻近旅游目的地间的空间相互作用关系可以分为互补关系和替代关系。互补关系在吸引游客流上是彼此促进的,即一个旅游目的地在对游客吸引的同时使得另一旅游目的地获益,游客增加;当两者在开发的旅游产品类型或项目上相同或类似时,将产生替代作用,与互补关系相反,替代作用下,两者对旅游客流的作用是竞争性的。对区域内具有竞争关系的同类旅游地,只宜开发价值较高的旅游地,若同时开发会导致"两败俱伤";为了促进在区域内形成功能完备的旅游网络,要大力发展具有互补功能的旅游地。

四、社会经济条件分析

区域社会经济发展水平为旅游业的发展提供有利或不利条件,直接关系到区域旅游业的开发与进一步发展。

(一)经济因素分析

从供给方来看,发达的区域经济能为旅游业的发展提供必需的交通条件、接待服务设施、通信设施、财力资源和服务管理能力。从需求方来看,经济状况决定居民的出游力,国际经验和统计表明:人均国民生产总值达到 800 美元时,居民将会普遍产生国内旅游动机,我国大部分经济发达地市的人均国民生产总值已达到或超过这个水平,潜在客源市场庞大。我国城镇居民收入水平已超过了产生国内旅游动机的水准,城镇居民出游率高,人均消费额大,加上逐步提高的城市化水平,形成了规模可观的国内旅游市场。而农村居民收入水平在临界点附近,一旦突破,势必使旅游需求急剧扩张。强大的区域经济实力和庞大的旅游需求有力地推动了区域旅游业的发展,促使旅游开发的范围逐步扩大,广大乡村旅游地,尤其是城郊型乡村目的地无疑会受益颇多。

(二)社会因素分析

同时,国家的政策、当地政府对旅游的态度、时尚等因素也将对乡村旅游开发产生影响。当前,国家提出乡村振兴战略,全国上下也非常重视乡村旅游的发展。很多地方政府为了鼓励和确保乡村旅游的健康发展,已在乡村旅游经营者市场准放、税费减免、规范市场秩序、改造基础设施、疏通乡村旅游发展等方面建立配套的政策。同时一些非政府组织比如乡村旅游协会、农家乐协会也对乡村区域的旅游开发起到了促进和规范的作用。

2.2 乡村旅游开发 SWOT 分析

SWOT 分析法又称为态势分析法,SWOT 四个英文字母分别代表:优势(Strength)、劣势(Weakness)、机会(Opportunity)、威胁(Threat)。所谓 SWOT 分析,就是将与研究对象密切相关的各种优势、劣势、机会和威胁等,通过调查列举出来,并依照矩阵形式排列,然后用系统分析的思想,把各种因素相互匹配起来加以分析,从中得出一系列相应的结论,而结论通常带有一定的决策性。运用这种方法,可以对研究对象所处的情景进行全面、系统、准确的研究,从而根据研究结果制定相应的发展战略、计划以及对策等。SWOT 分析法常常被用于企业制定集团发展战略和分析竞争对手情况,在战略分析中,它是最常用的方法之一。

从整体上看,SWOT可以分为两部分。第一部分为SW,主要用来分析内部条件;第二部分为OT,主要用来分析外部条件。对于旅游区分析自身的SWOT,一般遵循以下步骤。

一、客观分析优势和劣势

旅游区的优势和劣势分析包括所有权优劣、内在化优劣和区位优劣。所有权优势包括旅游区的生产要素禀赋,如各种旅游吸引物、资金、技术、旅游业从业人员、产品服务多样化等。内在化优势指旅游区的组织结构、管理动作技能和市场体制等。区位优势指旅游区的特殊禀赋,如接近某个大客源地,某项垄断性旅游资源等。

二、认真确认机遇与威胁

机遇与威胁多产生于内部结构与外部环境的变化中,外部环境主要包括经济、社会、文化和政治、技术状况等,如新的有利或不利政策的实施、人才获得或流失、新市场的开辟等。在机遇方面主要跟国家大气候有关。比如我国实施双休日促进了城市乡村地区郊游业务的大发展,还比如我国旅游市场由观光休闲型向参与体验型转变,这些都会对旅游区产生或多或少的机遇。在威胁方面,旅游区要特别关注新产品,尤其是替代性产品开发后产生的威胁。如自改革开放以来,国内外游客绝大多数游览北京的长城是参观延庆区的八达岭长城,而2018年位于去八达岭长城中途的昌平区居庸关长城修复开业之后,八达岭长城的参观人数锐减。延庆区的旅游收入也受到严重影响。这对乡村旅游的开发具有很大的启发性,简单食宿类型的"农家乐"或观光采摘类型的观光农业,可复制性强,易开发,垄断性弱,竞争力也弱,所以乡村旅游的外部威胁是比较严峻的。

三、建立和修正发展战略

全面开展乡村旅游的SWOT分析之后,找到优势和弱点,第一步就是纵向比较,分析本区域多年来成败得失的因素是哪些。第二是与对手进行横向比较,找出明显优于对手的优势及比对手更弱的弱点。由此可制定乡村旅游区域的战略方案,基本思路是:发挥优势因素,克服弱点因素,利用机会因素,化解威胁因素;考虑过去,立足当前,着眼未来。运用系统分析法,构建或修改一套旅游区未来发展的可选择战略,以便在以后的竞争中更具优势。

任务三 分析乡村旅游开发经营模式

任务目标
1. 了解乡村旅游利益相关者的特点。
2. 掌握乡村旅游的基本开发经营模式。
3. 能够根据情况选择合适的旅游经营模式。

微课:乡村旅游投资模式

3.1 乡村旅游的利益相关者

党的二十大报告指出"坚持以人民为中心的发展思想。维护人民根本利益，增进民生福祉，不断实现发展为了人民、发展依靠人民、发展成果由人民共享，让现代化建设成果更多更公平惠及全体人民。"作为乡村旅游，其发展也应惠及各方利益。乡村旅游中的利益相关者包括农户、政府、旅游企业、旅游者、旅游规划者、旅游企业员工等。其中，农户、旅游企业、政府、旅游者是主要利益相关者。分析主要利益相关者的利益诉求，有助于正确把握乡村旅游的经营模式。

一、农户

居民是当地旅游发展的主体，也是受旅游开发经营影响最大的利益相关者。如果居民的农业生产和生活方式具备一定的特色和稀缺性，那么其本身也可成为旅游资源的一部分。具体到乡村旅游中，农户就是旅游地的当地居民。作为乡村旅游活动的主要利益相关者之一，农户参与乡村旅游经营，有一定的利益诉求：一是希望通过发展乡村旅游，以经营农家乐等形式，获取经营性收入；通过征地补偿或出租房屋等形式，获取财产性收入，最终实现农户收入的提高。二是希望通过乡村旅游的统一规划和有序发展，带动所在地区的生产和生活方式变革，形成整洁的乡村风貌、良好的生活环境，并发挥保护生态环境、保持乡村文化和乡村特色生命力的作用，最终实现生态环境、乡村文明、本地文化的可持续发展。农户与其他主要利益相关者之间存在着广泛的关系，不仅有冲突，也有利益交集，具备双向互动的特点。

二、旅游企业

旅游企业是乡村旅游利益相关者中最活跃的主体，种类较多。旅游企业遵循市场供给原理，向旅游者提供吃、住、行、游、购、娱六项主要服务。旅游企业包括直接参与旅游开发经营活动的旅游开发商、宾馆、旅行社、旅游商品经销商、旅游交通经营者等，也包括间接参与旅游活动的旅游通信运营商、旅游集散中心、旅游咨询机构等。旅游企业在乡村旅游开发经营中的利益诉求和一般企业生产经营活动一致，都是追求利益最大化。一是通过参与甚至主导乡村旅游活动，获取企业利润。二是可以通过获取农户的旅游资源用于企业其他用途。在乡村旅游活动中，不少旅游企业是综合性企业，不仅经营乡村旅游的业务，还从事与乡村旅游相关的上下游业务，这在一定程度上能减少旅游企业的生产经营成本，从而实现产业一体化。

三、当地政府

当地政府成为乡村旅游的主要利益相关者之一，与理论依据和现实条件有关。理论依据是：旅游资源具有公共性，旅游产品具有准公共性，这两者决定了必须通过政府这一公共利益代言人来纠正外部性和挽救市场失灵。现实依据是：政府能从旅游发展中谋求增加财政收入、发展本地经济、获得工作业绩等。政府在乡村旅游开发和经营中的作用是：制定旅游法律法规和旅游标准，监督管理旅游企业和商户的开发或经营行为，维护市场秩序，协调旅游各方利益等。在政府主导的乡村旅游发展地区，政府的作用还体现在通过设立乡村旅游管委会或旅游企业的形式直接经营乡村旅游区域。政府与旅游者之间的关系是隐形的，不发生直接的利益联系。政府通过维护旅游市场秩序，保障旅游者的利益；政府也可能存在政府失灵，使旅游者利益受损失，不能有效地保护旅游者；旅游者通过消费增加政府的税收，带动就业等；也可能破坏旅游市场秩序，增加政府的旅游管理难度，使政府的利益受损。

四、旅游者

旅游者是旅游开发经营最重要的驱动力，农户、合作社、旅游企业、政府利益的实现取决于旅游者。旅游者的利益诉求是期待与当地农户形成良好的关系，期望政府营造良好的旅游市场环境，期待旅游企业提供有特色、有吸引力的旅游产品。旅游者一直是乡村旅游的主要利益相关者，但其利益往往容易受到忽视。一是农户、合作社等其他利益主体在旅游开发经营中，往往假定旅游者能按照各自的规划来消费，但现实是旅游者的消费行为可能是随机的，对旅游者行为的预测可能不能发挥预想的作用。二是大多数乡村旅游经营活动没有将旅游者评价纳入其中，不能通过旅游者的及时反馈来优化现有的经营活动。

3.2　乡村旅游主要开发经营模式

开发合作模式是乡村旅游市场运作的一个重要部分，从这个角度对乡村旅游开发模式的划分更具有借鉴意义。

一、"农户＋农户"模式

这是乡村旅游初级阶段的经营模式。在乡村旅游发展的初期，农民对企业介入乡村旅游开发有一定的顾虑，大多数农户都不愿把资金或土地交给旅游公司来经营，而更信任"示范户"。当"示范户"率先在农村开展乡村旅游经营并取得成功后，农户们便会在"示范户"的带动下，纷纷加入旅游接待的行列，并从"示范户"那里学习经验和技术，在短暂的磨合后，形成"农户＋农户"的乡村旅游开发模式。

二、"公司＋农户"模式

这种方式吸纳社区农民参与到乡村旅游的开发中，充分利用社区农户闲置的资产、富余的劳动力、丰富的农事活动，增加农户的收入，丰富旅游活动，向游客展示真实的乡村文化。一般公司征用村民的土地，对其进行投资开发，统一规划、包装，公司和农户互利互惠，共同发展。同时，通过引进旅游公司的管理，规范农户的接待服务，可以避免不良竞争等损害游客利益和乡村旅游的健康发展。

三、"政府+公司+农村旅游协会+旅行社"模式

这种模式下的乡村旅游开发参与者更多,各方面的协调配合也更完善,因而能实现健康稳定的发展。该模式下各主体的功能如下。

政府:作为行政管理机构负责规划和基础设施建设,优化发展环境。

旅游公司:获得政府授权,负责经营管理和商业运作;招募当地村民到公司就业;组织节庆活动和表演。

农村旅游协会:由村民自发成立,代表村民参与旅游事务的管理、监督,负责组织村民参与地方戏表演及公司组织的各项节庆活动,从事导游讲解,制作工艺品,提供住宿餐饮服务以及维护和修缮传统民居等。

旅行社:开拓市场,组织客源。这种模式可以实现多方共赢,但是实际操作中,因为涉及的利益主体比较多,因而协调困难,阻力因素比较大。

四、个体农庄模式

"个体农庄"模式是以规模农业个体户发展起来,以"旅游个体户"的形式出现的一种相对独立的乡村旅游模式。它将现代管理、科技、资金等引入土地,可以大大增加产出,促使土地升值,使庄园主和农民共享利益。个体经营者通过对自己经营的农牧果场进行改造和旅游项目建设,使之成为一个完整意义的旅游目的地,能完成旅游接待和服务过程中的全部工作。

五、股份合作制模式

股份合作制首先将乡村旅游资源界定为国家产权、乡村集体产权、农户个人产权等产权主体,把旅游资源、特殊技术、劳动力等量化为股本,国家、集体和农户个体合作,以实物资产、资金、技术、劳动等多种形式入股,各持一定股权,收益按股分红与按劳分红相结合,进行股份合作经营。这种方式产权关系明确,广泛吸收各方面的资金、物力、技术等生产要素,每个人既是企业的劳动者,又是企业的所有者,形成与企业风险共担、利益均沾的机制,调动社区居民参与的积极性,通过社区居民的有效参与,保证旅游经营。

3.3 乡村旅游经营模式的选择

旅游经营模式的选择不是一蹴而就的,而是一个综合决策的过程,要特别注意以下问题。

一、综合运用

不能孤立地去看待前述乡村旅游经营模式的选择,相反应注意模式的综合运用。因为前述提及的不同乡村旅游经营模式的选择是从乡村旅游乡村发展的某种角度提出来的,并不能代表乡村旅游发展的全部。各地的经济发展水平不同,旅游资源的差异使这些

区域乡村旅游的经营管理模式也各不相同。因此,选择合适的经营管理模式,对乡村旅游的可持续发展具有十分重要的意义。任何片面孤立地看待乡村旅游经营模式的选择行为,都可能导致乡村旅游失去其综合发展的机会。

二、因地制宜

乡村旅游经营模式的选择是针对一般意义的地区而言的,并不排除某些特殊的地区会采取完全不同的乡村旅游经营模式的可能。因而不能教条式地照搬前述模式,而应根据具体的区情,以"适合的才是最好的"为原则,确定本区域应该采取的乡村旅游经营模式。

三、动态协调

乡村旅游经营模式选择是针对发展的现状提出来的,它只能适合处于现阶段的乡村旅游的发展。随着经济的发展及其他条件的改善,乡村旅游发展模式也应相应地改变以适应不断变化的形势。乡村旅游发展必须以人为本,即以社区居民当地农民为本,任何撇开当地社区居民的乡村旅游,都是脱离本质的乡村旅游。因而,乡村旅游必须保证社区居民的充分参与,通过合理的利益分配机制,提高当地居民参与乡村旅游发展的积极性和保护乡村旅游景观的自觉性,以提高乡村旅游的吸引力和保持乡村旅游持久的生命力。

四、可持续发展

乡村旅游经营模式选择的根本标准应是乡村旅游的可持续发展,有碍于乡村旅游可持续发展的模式不管具有怎样的优势也是不适合的模式。乡村旅游发展模式的选择应以促进乡村旅游的可持续发展为目标,力争通过科学合理的模式选择,实现乡村旅游在经济、社会和生态三个方面的综合效益。

课程思政小红星

"大国三农"情怀

农业是安天下、稳民心的战略产业,农业是国民经济的基础,农业现代化是国家现代化的基石。

三农,指农业、农村和农民。所谓"三农"问题,就是指农业、农村、农民这三个问题。研究三农问题目的是要解决农民增收、农业发展、农村稳定。实际上,这是

一个居住地域、从事行业和主体身份三位一体的问题,但三者侧重点不一,必须一体化地考虑以上三个问题。中国作为一个农业大国,"三农"问题关系到国民素质、经济发展,关系到社会稳定、国家富强、民族复兴。

党的二十大报告指出:"全面建设社会主义现代化国家,最艰巨最繁重的任务仍然在农村。"民族要复兴,乡村必振兴,要坚持把解决好"三农"问题作为全党工作重中之重。中共中央、国务院连续发布聚焦三农,以"三农"为主题的中央一号文件。2019年6月1日出版的第11期《求是》杂志发表中共中央总书记、国家主席、中央军委主席习近平的重要文章《把乡村振兴战略作为新时代"三农"工作总抓手》。2021年2月21日,《中共中央国务院关于全面推进乡村振兴加快农业农村现代化的意见》发布,这是21世纪以来第18个指导"三农"工作的中央一号文件。2022年4月1日出版的第7期《求是》杂志发表中共中央总书记、国家主席、中央军委主席习近平的重要文章《坚持把解决好"三农"问题作为全党工作重中之重,举全党全社会之力推动乡村振兴》。

乡村旅游是系统解决"三农问题"有效的手段之一。乡村旅游发展不仅能给农民带来新的就业机会和经济收入来源,而且能够促进农业发展在市场、组织等多方面的现代化,能够带动农村基础设施和生活环境的改善,从而有利于一揽子解决三农问题、促进乡村振兴,因此乡村旅游从业者要树立远大理想,培育大国三农的情怀。

乡村旅游创新创业模式

随着乡村振兴战略的推进,乡村旅游发展如火如荼。大量的人才返乡、企业回乡和资金下乡,催生了一大批适用于农村的旅游新业态,涌现出一大批农村双创的典型模式。

"特色产业拉动型"模式

该模式围绕特色产业,强化产业链创业创新,沿着产业链上中下游,面向产前、产中、产后环节的生产与服务需求,开展创业创新活动,形成大中小微企业并立,各类经营主体集聚,产业集群持续壮大的创业生态系统。产业特色立足地区资源特色,并将其转化为特色产业优势,在此基础上结合旅游业的发展,形成农村双创的核心竞争力。

以四川郫都区为例。该县大力推动川菜产业链及产品创新发展,着力构建"研发、生产、流通、加工、配送、销售、体验观光"的完整产业链条,全面推进一、二、三产业互动融合发展——这就是川菜文化发展的郫都区模式。郫都区先后建立了全国唯一的川菜产业园区,创建了中国川菜文化体验馆和中国川菜文化体验园,创建了中国第一个菜系博物馆——古城川菜博物馆,将中国农家乐发源地农科村创建成国家AAAA级旅游景区和国家乡村旅游示范区,已成为中国川菜文化底蕴最深厚,川菜美食最丰富,川菜产业最集中的区域。创业者可以依托特色产业创造的机会开展双创工作,将川菜的美食文化通过餐饮开发、体验活动参与等方式加以推广。

"产业融合创新驱动型"模式

该模式主要是围绕产业融合形成的新产业、新业态、新模式开展双创活动,加速区域之间、产业之间的资源和要素的流动与重组。

休闲旅游带动融合就是很好的抓手。四川成都郫都区青杠树村遵循"小规模、组团式、生态化、微田园"理念,以川西民居特色为主基调,规划建设9个聚居组团,共9.7万平方米的农民新居,统筹推进乡村建设、产业培育、公共配套、环境优化、社会治理和农村双创,建设幸福美丽乡村,成为成都及周边市民周末休闲度假好去处,也为创新创业者带去了新机遇。

"知名景区点带动型"模式

该模式依托龙头性景区度假区的优势,带动当地农村双创为景区配套服务,引领当地经济发展。

九渡民俗村位于北京房山十渡风景名胜中心,是乡村重点建设村及示范村。以旅游立村、强村、兴村富民。80%以上的农户都是民俗旅游专业户。通过乡村休闲旅游解决了基础设施建设、小流域治理、乡村环境整治、乡村文化建设、农业项目改造等,为乡村旅游创新创业增添了动力。

 知识拓展　　 同步案例　　 关键词点击　　 在线练习

 **创新实践**

1. 试分析你所熟悉的一处乡村旅游点的特点、类型,了解其开发的模式。
2. 结合你所熟知的乡村旅游点,谈一谈新时代乡村旅游发展的特点。
3. 请谈谈你对"绿水青山就是金山银山"中人与自然关系的理解。
4. 你认为乡村旅游经营模式选择中应注意哪些问题。
5. 你认为股份合作制模式在乡村旅游开发中有哪些优势和不足。
6. 综合实训:请以你熟悉的或周边的一处乡村旅游目的地为例,经过考察,结合下表开展乡村旅游目的地的形象设计。

形象设计项	(　　)乡村旅游目的地形象设计
乡村旅游目的地形象理念基础设计(MI)	
乡村旅游目的地形象行为准则设计(BI)	
乡村旅游目的地形象视觉识别设计(VI)	
乡村旅游目的地形象听觉识别设计(HI)	
乡村旅游目的地形象风情识别设计(FI)	
乡村旅游目的地形象传播策略	

项目二
乡村旅游资源调查

项目概述

乡村旅游资源是指在乡村地域内能够为旅游业所利用的要素，是能够吸引旅游者，并能产生经济、社会、生态等综合效益的物质和非物质的吸引物。乡村旅游资源应该同时具有吸引功能和综合效益功能，应该是生态环境保护较好的，给人以美的享受的旅游活动的客体，包括农村的自然风光、人文遗迹、民俗风情、饮食起居、农业生产、农民生活等。本项目主要从乡村旅游资源类型的分析入手，介绍乡村旅游资源调查的基本方法与程序，以及乡村旅游资源调查的结果分析方法，同时融入实事求是的马克思主义思想和生态环保的理念等，体现课程思政的教育意义。

项目目标

1. 掌握乡村旅游资源的基本类型。
2. 掌握乡村旅游资源评价方法、评价内容及评价流程。
3. 掌握乡村旅游资源单体与综合评价方法。
4. 贯彻落实党的二十大精神，坚持"解放思想、实事求是、与时俱进、求真务实，一切从实际出发"。

任务一
掌握乡村旅游资源类型

任务目标

1. 了解乡村旅游资源的分类方式。
2. 掌握乡村旅游不同分类方式中的主要类型。

1.1　根据资源特性划分

乡村旅游资源可以分为三大类旅游资源，即自然旅游资源、社会人文旅游资源和经济旅游资源。

一、自然旅游资源

乡村旅游目的地的发展离不开其所依托的自然旅游资源，这包括天象气候旅游资源、地文景观旅游资源、生物旅游资源和水域旅游资源等。

良好的生态环境是发展乡村旅游的基础。乡村性生态环境是乡村旅游的内核，是乡村旅游的拉力源。乡村旅游得以存在和发展的根本就是乡村独有的人居环境、田园风光、生活方式、民俗民风和生产活动等城市所不具备的要素。乡村旅游都是在乡村自然生态环境优越、人文生态景观丰富的地区发展起来的。

乡村旅游目的地的地缘优势也相当重要，尤其是拥有优越的地理位置，因为这就说明此旅游目的地更有机会接近现实的或潜在的游客。这种优越的地理位置表现为该旅游目的地本身的交通可达性，与周边景区的临近程度，周边旅游景区的发展类型、发展规模等。

二、社会人文旅游资源

社会人文旅游资源以一定的物质实体为载体，如历史遗存、古迹、古建筑、陵墓、园林等，也可以是一些无形的精神文化内容，如历史事件、传说典故等。一般而言，社会人文资源的历史越是悠久，所蕴含的文化内涵越丰富，旅游价值也就越大。有些社会人文旅游资源是同人类生活融为一体的，可以创造、制作而再生、再现。有些社会人文旅游资源是动态的，更能够满足游客亲身体验、参与其中的心理需求。富有参与性的旅游活动能极大地激发游客的兴趣，对静态的自然或人文旅游资源是有益的补充，如举办旅游节、体育赛事等。

三、经济旅游资源

宏观经济水平是指乡村旅游经营组织所处区域在某一时期内创造或者获得财富的综合能力，它决定了当地市场购买力，也决定了旅游消费需求层次。在经济水平较高的地区，由于资金比较充足，可以为乡村旅游经营组织的发展提供必要的资金支持，为保护当地的旅游资源提供资金保障，而且当地的基础设施往往比较健全，当地居民也有能力参加旅游，客源市场潜力较大。

1.2　根据资源结构与组合方式划分

一、乡村田园景观旅游资源

自然田园风光是乡村旅游资源中最主要的构成部分，包括大规模连片的农田带、多种类型的经济果林与蔬菜园区,一定面积的天然或人工水面等。

二、乡村聚落景观旅游资源

聚落是人类活动的中心,它既是人们居住、生活、休息和进行社会活动的场所,也是人们进行生产劳动的场所。我国乡村聚落分为集聚型,即团状、带状和环状村落;散漫型,即点状村落;特殊型,表现为帐篷、水村、土楼和窑洞。乡村聚落的形态、分布特点及建筑布局构成了乡村聚落景观旅游资源丰富的内涵。这些旅游资源景观具有整体性、独特性和传统性等特点,反映了村民们的居住方式,往往成为区别于其他乡村的显著标志。

安徽皖南聚落旅游资源

三、乡村建筑景观旅游资源

乡村建筑包括乡村民居、乡村宗祠建筑以及其他建筑形式。不同地域的乡村民居均代表一定的地方特色,其风格迥异,给游客以不同的感受。如青藏高原的碉房,内蒙古草原的毡包,喀什乡村的"阿以旺",云南农村的"干阑",苗乡的寨子,黄土高原的窑洞,东北林区的板屋,客家的五凤楼、围垄及土楼等,千姿百态,具有浓郁的乡土风情。乡村宗祠建筑,如气派恢宏的祠堂,高大挺拔的文笔塔,装饰华美的寺庙等,是乡村发展的历史见证,反映出乡村居民生活的某一侧面。

四、乡村农耕景观旅游资源

我国农业生产源远流长,乡村劳作形式种类繁多,有刀耕火种、水车灌溉、围湖造田、鱼鹰捕鱼、采药摘茶等,这些都充满了浓郁的乡土文化气息,体现出不同的农耕文化,对于城市居民、外国游客极具吸引力。

五、乡村民俗景观旅游资源

乡风民俗反映出特定地域乡村居民的生活习惯、风土人情,是乡村民俗文化长期积淀的结果。乡村传统节日五彩纷呈,汉族有元宵节、清明节、端午节、中秋节等;藏族有浴佛节、雪顿节等;彝族有火把节等;傣族有泼水节等。还有农村的游春踏青、龙舟竞渡、赛马、射箭、荡秋千、赶歌、阿西跳月等各种民俗活动都具有较高的旅游开发价值。乡村风俗习惯，如我国各地的舞龙灯、舞狮子、陕北的大秧歌、东北的二人转、西南的芦笙盛会等都脍炙人口。还有各地民间工艺品，如潍坊年画、贵州蜡染、南通扎染、青田石刻以及各种刺绣、草编、泥人、面人等，无不因其浓郁的乡土特色而深受游客青睐。

1.3 根据旅游地发展特征划分

根据卢云亭提出的传统和现代两类乡村旅游地类型，可以将乡村旅游资源分为传统和现代乡村旅游资源两大类型。

实际上，在特定的时空范围内，传统和现代的乡村旅游资源往往相互融合，难以做出具体的区分，例如，乡村风土类资源往往和生态环境类资源属于同一范畴，也就是说，在同一乡村旅游目的地，它的资源类型既是传统的，也是现代的。

传统和现代乡村旅游资源分类表

传统乡村旅游资源	现代乡村旅游资源
乡村民俗类	现代新农村类
乡村传统农业类	乡村农业高新科技类
古村古镇类	乡村生态环境类
乡村风水或风土类	乡村园林旅游类
乡村土特产类	乡村康体疗养类
乡村休闲娱乐类	乡村知识教育类
乡村名胜区	
乡村红色旅游类	

任务二 开展乡村旅游资源调查

任务目标
1. 能够明确乡村旅游资源调查的作用与类型。
2. 熟悉乡村旅游调查的主要内容。

微课：乡村旅游资源普查与分析

所谓旅游资源调查，是指运用科学的方法和手段，有目的、有系统地收集、记录、整理、分析和总结旅游资源及其相关因素的信息与资料，以确定某一区域旅游资源的存量状况，并为旅游经营、管理、规划、开发和决策提供客观科学依据的活动。

2.1 乡村旅游资源调查的作用

一、摸清情况

通过对旅游资源的调查,可以了解一个地区乡村旅游资源的存量状况,摸清旅游资源的家底,对于区域旅游业的发展至关重要。

二、发现问题

通过旅游资源调查,可以认清旅游资源的空间特征、时间特征、经济特征、文化特征等,以及各种特性形成环境和成因,旅游资源的功能价值,有利于扬长避短进行开发利用。

三、规划未来

通过旅游资源调查,能够充实和完善旅游资源信息系统,为旅游预测、决策奠定基础。

四、规范管理

通过旅游资源的调查研究,可以比较全面地掌握旅游资源开发、利用和保护的现状,有利于推动区域旅游资源的管理工作,借鉴其他地方的管理经验,引进先进的管理手段,从而制定切实可行的旅游资源保护措施。

2.2 乡村旅游资源调查的类型

乡村旅游资源调查可以分为详查和概查两类。前者是为了全面掌握本国或本地区内的旅游资源状况,包括种类、数量、质量、分布、项目;后者是针对加强资源的保护等原因,而对某一地区或某类旅游资源进行更为详细的调查。在实际工作中,有时两者会交叉进行,相互补充。

一、乡村旅游资源详查

旅游资源详查要求针对规划区内全部单体旅游资源进行全面而详细的调查和评价。所采用的调查方法和高科技手段相对齐全,一般适用于省级或地区级的旅游发展战略规划、区域旅游开发规划、旅游总体规划等。

二、乡村旅游资源概查

旅游资源概查主要针对小范围或局部区域旅游资源的调查,或是某些专项旅游资源的调查等。相对旅游资源详查的综合性和全面性,旅游资源概查要更具针对性和个性化,只需针对规划区所涉及的资源单体进行调查。旅游资源概查一般适用于小区域范围的总体规划、详细规划等规划类别。

2.3　乡村旅游资源调查的内容

一、乡村旅游资源存在区域环境条件的调查

1. 自然环境调查

包括对该乡村地域的位置、范围、面积、地质地貌、水文、气象气候、动植物等自然地理要素概况和特征的调查。

2. 人文环境调查

包括对乡村区域历史沿革、生活民俗、经济特征和经济发展水平、社会的科技教育文化水平及乡村区域内影响和制约旅游资源开发、管理的有关方针、政策、法规等的调查。

3. 环境质量调查

包括对自然环境和人文环境质量及其保护状况的调查等。

二、乡村旅游资源本身存量的调查

1. 类型调查

按一定的分类标准,分别将乡村调查区内的旅游资源进行归类,以便更加明晰地认识旅游资源。

2. 特征调查

包括对构成乡村旅游资源的山体、沟穴、洞穴、峡谷、泉、溪、瀑、湖、气象气候以及植被覆盖状况和有特色的动植物等的特征调查。也包括对各种名胜古迹、历史遗址、宗教文化、民俗民情、文学艺术等有旅游价值的因素和事件等的特征调查。特别是要重点调查一些唯我独有或名列世界前茅的旅游资源景观及具有科学考察和教学实习等特殊功能的旅游资源景观。

3. 成因调查

在开展乡村资源调查时,要了解调查区内各种不同类型的旅游资源,尤其是富有当地特色的旅游资源的形成原因、发展历史、存在时限、可能的利用价值以及自然旅游资源与人文旅游资源相互依存的因果关系。

4. 规模调查

调查旅游资源的数量、分布范围和面积,包括各级风景名胜区、文物保护单位、自然保护区、森林公园等。

5. 组合状况调查

调查了解和综合分析调查区各种旅游资源因素的组合状况以及其形成吸引力的强弱和向性,包括自然景观与人文景观的组合,自然景观内部的组合,人文景观内部的组合等。

6. 开发现状调查

调查开发现状包括乡村旅游资源现在的开发状况、项目、类型、时间、季节、旅游人次、旅游收入、消费水平以及周边地区同类旅游资源的开发比较、开发计划等。

三、旅游资源开发条件的调查

1. 旅游要素调查

包括对行、住、食、游、购、娱六要素和邮电通讯、医疗服务、保险业务等其他接待服务设施的调查。

2. 客源市场调查

包括对旅游者数量、旅游收入、旅游动机等的调查。调查中不仅要调查现在的客流量和游客容量,而且要客观分析、准确预测旅游资源开发后可能的客源量和客流量。

3. 邻近资源及区域内资源的相互关系调查

调查分析邻近资源与区域内资源的相互联系以及所产生的积极和消极影响,调查分析区域内资源在不同层次的旅游区域中的地位。

任务三 评价旅游资源调查结果

任务目标
1. 了解旅游资源单体的资源评价要素与等级划分。
2. 熟悉乡村旅游资源综合评价的内容与方法。

3.1 乡村旅游资源单体评价

乡村旅游资源单体评价,更多地根据《旅游资源分类、调查与评价》(GBT19872—2003)中资源单体的评价方法,采用打分评价方法。我国乡村旅游经过几十年的发展,已逐渐进入观光、休闲、度假、体验等多样化经营的阶段。然而目前旅游资源单体的评价仍主要强调旅游资源的观赏价值,在此背景下,本书结合乡村旅游的休闲度假特点,并根据现有的资源单体评价标准,确定资源要素价值、资源影响力、附加值三个方面的评价项目,并在此基础上确定评价因子。

1. 资源要素价值

包括生态质量及环境效果、观赏游憩使用价值、历史文化科学艺术价值、珍稀奇特程度、规模、丰度与概率、完整性等评价因子。

2. 资源影响力

包括知名度和影响力、适游期或使用范围等评价因子。

3. 附加值

含"环境保护与环境安全"评价因子。根据对旅游资源单体的评价,得出该单体旅游资源共有综合因子评价赋分值。依据旅游资源单体评价总分,将其分为五级。

其中,五级旅游资源称为"特品级旅游资源";五级、四级、三级旅游资源被通称为"优良级旅游资源";二级、一级旅游资源被通称为"普通级旅游资源"。

3.2 乡村旅游资源综合性评价

旅游资源总体评价是指以发展旅游业为目的而对某一区域范围内旅游资源所进行的综合分析、比较和评判,包括对旅游资源的特色、规模、价值、开发条件等进行科学分析和可行性研究。

一、乡村旅游资源综合评价内容

（1）乡村旅游资源环境评价

包括乡村旅游目的地的生态环境质量、生态保护质量、所承载的环境容量状况,以及乡村旅游目的地所处的社会经济环境。

（2）乡村旅游资源要素价值及影响力评价

主要表现为乡村旅游资源的优势特色分析、乡村旅游资源的价值（观赏价值、美学价值、艺术价值、文化价值、科学价值）及功能（观光游憩功能、科学考察功能、文化旅游功能）分析、乡村旅游资源的规模分析、乡村旅游资源类型分析以及乡村旅游资源知名度及影响力分析。

（3）乡村旅游资源空间组合结构评价

表现为乡村旅游目的地旅游资源的集群状况、不同类型旅游资源的组合状况及不同类型旅游资源的地域组合空间结构评价。

（4）乡村旅游资源开发条件评价

乡村旅游目的地的发展的区位条件分析、客源市场条件分析以及其他开发条件分析。

（5）乡村旅游资源开发潜力评价

主要从旅游发展所产生的经济效益、环境效益、生态效益的角度进行综合评价。

二、乡村旅游资源综合评价方法

乡村旅游资源评价的方法有很多,许多专家、学者对旅游资源的评价提出了不同的方法。这些方法,有的是从宏观角度对旅游资源进行综合概括,有的是根据旅游资源的某一方面进行专题性评价。

（1）综合性评价

综合评价方法是指对某一旅游资源进行全面的调查分析以后所进行的全方位的综合评价,以求在旅游资源的总体评价中得出一个综合性、全面性的结果。这种评价方法主观性较强,很多标准都是以评价值感受得到的,需要配合运用更多的数据和资料作为补充,以发挥更大的作用。

（2）专题性评价

专题评价法，又称为技术评价法。一些旅游评估专家从旅游资源的某一方面对旅游资源进行一项专题性的评估，这种评估只是从某一主题进行评估。这种评估虽然并不全面，但可以在某一方面收集到大量的数据，进行比较细致的评估。这种专题评估是对综合性评估的一种补充，用更加细致、具体的数据进行评估，在综合性评估时，通常需要其他性质的评估作为补充。

（3）层次分析法

层次分析法是美国运筹学家塞蒂（T.H.Saaty）教授于1973年提出的一种系统分析的方法。它把问题的各个组成因素划分为相互联系的有序层次，对各个层次的组成因素的相对重要性给予数量评定，然后运用严密的数学方法对标定值进行处理，求得各因子重要程度的定量结果（数量值），进而通过结果排序来分析和解决问题。

课程思政小红星

"实事求是"精神

"实事求是"一词出自东汉史学家班固所撰《汉书·景十三王传》，主要被看作一种治学态度和治学方法。在马克思主义中国化的历史进程中，毛泽东运用马克思主义基本原理，结合中国革命具体实践，对中国传统文化中的"实事求是"作了马克思主义的概括，并将其确立为党的思想路线，用于指导中国的革命和建设。在新民主主义革命时期和社会主义建设初期，毛泽东在领导中国革命和建设的实践中，在与错误思想路线的斗争中，始终坚持实事求是的思想路线，开创了一条具有中国特色的革命和建设道路。

毛泽东在《改造我们的学习》一文中指出，"实事"就是客观存在着的一切事物，"是"就是客观事物的内部联系，即规律性，"求"就是我们去研究。习近平总书记指出，实事求是就是坚持一切从实际出发来研究和解决问题。坚持实事求是，最基础的工作在于搞清楚"实事"，就是了解实际、掌握实情。坚持实事求是，关键在于"求是"，就是探求和掌握事物发展的规律。这就要求我们必须不断对实际情况作深入系统而不是粗枝大叶的调查研究，使思想、行动、决策符合客观实际。

党的二十大报告指出：坚持和发展马克思主义，必须同中国具体实际相结合。必须坚持解放思想、实事求是、与时俱进、求真务实,一切从实际出发,着眼解决新时代改革开放和社会主义现代化建设的实际问题。

乡村振兴要实事求是。每个村具体情况不一,有些乡村自然风光好,空气清新,可以发展乡村旅游业;有些乡村水资源丰富,可以发展水产养殖业。而对地理位置相对不佳、人力资源外流、人均土地有限、村民整体素质不高的村,就要着重挖掘其优势,结合具体村的情况,针对当地实际情况因地制宜、科学规划、精准实策,确保旅游扶贫稳步推进。

乡村旅游资源的创新开发

在乡村旅游过程中,视觉感官对应的是乡村旅游视觉景观,而听觉感官对应的则是乡村旅游声景观(soundscape)。声景观是芬兰地理学家拉诺在1929年首次提出的概念,指代以听者为中心的声音环境和场域。声景观的开发是乡村旅游资源的一种拓展和创新性开发。

"柴门犬吠,鸟鸣山幽"是旅游者对乡村旅游自然类声景观的期许。乡村旅游自然类声景观是广义的概念,其不仅仅包括自然形成的山水、树林、风雨等发出的声音,而且还包括农田、茶园、果林、家禽、家畜等人化自然的声音要素。因此,对于乡村旅游自然类声景观的打造可以从两个方面入手。其一,乡村自然生态环境的保护与优化。随着农业现代化水平的加速,很多乡村的自然生态环境受到了破坏,清脆的鸟鸣,欢快的蛙鸣,似乎只能在记忆中去追寻。这种现状严重影响了乡村旅游声景观的优化,因此,首先需系统修复生态环境,如兴建污水处理设施,淘汰污染严重的乡镇企业,有计划地提升绿化率,增强景观板块之间的连接度,优化动物的栖息、觅食、迁徙、繁衍环境,依据生态学的规律对村落的铺地材料和具体设计进行重新规范等。其二,乡村人化自然的规划与建设。在优秀的乡村旅游目的地,原生态自然的声音与人化自然的声音应该是彼此交融、和谐统一的。农田不但有风吹麦浪的声音,也会有虫鸣蛙叫;果林之中,树叶在风中沙沙作响,鸟鸣声也会不绝于耳。因此,农田、茶园、果林等位置的选择与布局便显得十分重要。家禽、家畜的饲养也同样是如此,虽然家禽、家畜的叫声往往能迅速地融入乡村旅游声景观,彰显乡村旅游的特点,但如果家禽、家畜品种选择不当,饲养密度与方法不科学,却又会损害乡村旅游目的地的自然生态环境,从而破坏乡村旅游自然声景观,因此乡村人化自然的规划需慎重考虑,恰当处理。

知识拓展

同步案例

关键词点击

在线练习

 创新实践

1. 请按照世界级、国家级旅游资源的入选标准,介绍一个你所了解的具有国家级资源条件的乡村旅游点。
2. 请谈谈你对旅游资源调查作用的理解,以及你认为应该如何在乡村旅游资源调查中体现"实事求是"精神。
3. 综合实训:请以你熟悉的或周边的一处乡村旅游目的地,参考以下乡村旅游资源表,对其进行资源访查与评价,并提出进一步优化发展的建议。

主类	亚类	基本类
乡村自然生态景观	山地生态	山岳型旅游地
		独峰
		奇特与象形山石
		峡谷段落
		岩石洞与岩穴
	水域风光	岛区
		水库与观光游憩河段
		天然湖泊与池沼
		瀑布
	生物生态	树木
		林间花卉地
		动物栖息地
乡村田园景观	农业生产景观	农业生产场景
		农业生产用具
	田园风光景观	水乡景观
		旱地景观
		梯田景观
	林区风光景观	森林景观
		种植园景观
	渔区风光景观	海洋渔场景观
		淡水渔场景观
	草场景观	草原景观
		草山草坡景观

续　表

主类	亚类	基本类
乡村遗产与建筑景观	乡村历史遗迹和遗址	历史遗址与古战场
		历史古城与庙宇会馆
	聚落文化	宗教与祭祀活动场所
		文化活动场所
		特色聚落
	居住地与社区	乡土建筑
	景观建筑与附属型建筑	名人故居与历史纪念建筑
		展示演示场馆
		塔形建筑物
		楼阁亭台
		书院
	游憩场所	度假区
	归葬地	墓（群）
	交通建筑	桥等
	水工建筑	水库
		观光游憩廊道等
乡村旅游商品	乡村旅游商品	风味食品
		乡村特产
	乡村传统工艺与手工艺品	传统工艺

项目三
乡村旅游规划编制

项目概述

党的二十大报告提出"促进区域协调发展。深入实施区域协调发展战略、区域重大战略、主体功能区战略、新型城镇化战略,优化重大生产力布局,构建优势互补、高质量发展的区域经济布局和国土空间体系。"作为重要的区域专项规划之一,乡村旅游规划是乡村旅游发展过程中最基础和最重要的工作。规划的好坏不仅决定着近期乡村旅游的发展水平,而且直接关系到乡村旅游长远目标的实现。本项目通过理解乡村旅游规划的基础上,结合案例分析如何有效进行乡村旅游规划,促进乡村旅游业的发展,在此过程中渗透依法治国、依法规划等相关课程思政的内容。

项目目标

1. 理解乡村旅游规划的概念与原则。
2. 掌握乡村旅游规划的内容体系及规划程序。
3. 掌握乡村旅游规划的主要功能分区。
4. 了解乡村旅游发展系列规划的类型与内容。
5. 贯彻落实党的二十大精神,坚持"全面依法治国",依法开展乡村旅游规划等。

任务一 制定乡村旅游规划技术路线

任务目标

1. 理解乡村旅游规划的概念与原则。
2. 能够制定乡村旅游规划技术路线图。

1.1　乡村旅游规划的概念

所谓乡村旅游规划,就是根据某一乡村地区的旅游发展规律和具体市场特点而制定的目标,以及为实现这一目标而进行的各项旅游要素的统筹部署和具体安排。乡村旅游作为一种特殊的旅游形式,其规划应该顺其自然、顺应潮流,做到既能持续地吸引游客,又能使乡村地区在保持原来生活方式的基础上逐步发展,并能使当地居民从该项活动中获得效益。

1.2　乡村旅游规划的原则

乡村旅游规划所要考虑的包括乡村的旅游市场需求、资源约束、社会宏观条件(主要是经济条件)等几个方面。由于"乡村"的特殊性,决定了其规划必须遵循一些基本原则。

微课:乡村旅游开发与生态环保

一、自然环保原则

党的二十大报告强调"必须牢固树立和践行绿水青山就是金山银山的理念,站在人与自然和谐共生的高度谋划发展。"自然环保原则是指乡村旅游规划设计要因地制宜,尽量保留自然特色,若无绝对必要就不改变原貌或增加建筑物。许多经营者以为乡村旅游就是普通的观光旅游,因而不顾原先遗存的自然资源和乡村特色,大兴土木,甚至变更土地用途,建园造景。这种做法既破坏了乡村原有的良好自然生态环境,浪费了宝贵的农业资源,又扭曲了发展乡村旅游的本质和目的。

二、乡土特色原则

所谓特色保护,就是在对该景区的自然和文化景观内涵进行深度挖掘的基础上,对旅游自然和文化环境的诸要素的内涵与特色的保护,避免在规划和开发过程中景区自然和文化特色的丧失。

乡村旅游资源乡土特色的体现

乡土特色原则是指在设计构思上有别于城市公园绿化,体现野趣天成、返璞归真;在植物配置上注重适地适树,强调多样性和稳定性;所展示的也应该是当地的农耕文化和民俗文化。

三、和谐生态原则

乡村旅游是农业与旅游业结合的产物,既要考虑经济效益,更要强调生态效益及社会效益。要用生态学原理来指导乡村旅游的建设,建立良性循环的生态系统,产生好的生态效益。生态性主要指两个方面:一方面是生态平衡;另一方面是生态美学,即从审美角度体现出生命、和谐和健康的特征。生命力主要体现在规划设计的旅游区应具有良好的生态循环再生能力。和谐则要求人工与自然互惠共生、相得益彰,即人工构筑物与生态环境形成一种和谐美。健康是指在争取人工与自然和谐的前提下,创造出无污染、无危害,使人生理、心理得到满足的健康旅游环境。

四、良性互动原则

良性互动原则主要是针对乡村旅游与人居环境之间的关系而言。众所周知,人居环境的改善,有利于发展旅游,发展旅游又能促进人居环境的改善。乡村旅游区建设的好坏以人的需要为评价基础,在尊重自然的前提下,充分思考人的活动需求和心理需求是建设乡村旅游区的出发点和归宿。人的需求可以归纳为两类:其一是当地村每年居住、生产、生活的需求,其二是游客游憩活动的需求。规划设计应该对两方面同时思考,基于投资回报的考虑,游客的游憩活动又具有主导性,要把最大限度满足游客游憩活动的舒适性作为重点。同时,乡村作为村民最重要的聚居环境,改善他们的住房条件,建设好他们的家园,则是基础性的民心工程,是当今各级政府和设计者的历史使命。村民兼有主人和游客的双重身份,乡村旅游区的景观建设,应该发动公众参与,让村民为自己的生存空间环境的改善提议。

五、社区参与原则

乡村旅游能否可持续发展,关键在于当地人民是否能够真正认识自己文化的价值,能否成为当地文化的主动传承者和保护者。社区全面参与是乡村旅游发展的内在动力,也是衡量乡村旅游的重要标志和避免出现权力支配和利益分配不合理等现象的重要保证。因此,要遵循社区参与原则。

1.3 乡村旅游规划编制技术路线

一、规划准备阶段

规划的准备和启动工作主要包括:明确规划的基本范畴;明确规划的制定者和执行者;确定规划的参与者,组织规划工作组;设计公众参与的工作框架;建立规划过程的协调保障机制。这些是启动乡村旅游规划应该具备的基本条件。规划受到当地社会经济发展水平、政府部门结构、行政级别等因素的影响，特定地方的规划可以跨越其中的某些步骤。

二、调查分析阶段

这一阶段的工作包括：乡村旅游地总体现状分析，如乡村旅游地自然地理概况、社会经济发展总体状况、旅游业发展状况等；乡村旅游资源普查与评价，可以利用国家颁布的旅游资源分类与评价标准对乡村旅游资源进行科学、合理的分类，并做出定性和定量评价，将人们对乡村旅游资源的主观认识定量化，使其具有可比性；客源市场分析，通过调研客源市场，详细分析客源流向、兴趣爱好等因素，为市场细分和确定目标市场做好基础；乡村旅游发展SWOT分析，在以上三个方面科学分析的基础上，对当地发展乡村旅游进行全面的综合考察，找出发展乡村旅游的优势和机遇，并摸清存在的劣势和面临的威胁。

三、确定总体规划思路阶段

这一阶段的主要工作是：通过对以上乡村旅游发展的背景和现状进行整体的联系性剖析，结合乡村的历史、社会、经济、文化、生态实情，综合确定乡村旅游发展的战略定位，在宏观上确定乡村旅游发展的方向定位，在此基础上，确定未来乡村旅游的具体发展目标。

四、具体规划阶段

制定规划阶段是乡村旅游规划工作的主体部分，是构建乡村旅游规划内容体系的核心，主要工作就是根据前几个阶段调查和分析到的结果，并依据发展乡村旅游的总体思路，提出乡村旅游发展的具体措施，包括乡村旅游产业发展规划和乡村旅游开发建设规划等。需要注意的是，在制定详细的规划内容时，必须考虑规划区域的乡村社区建设和社区居民的切身利益。

五、实施阶段

依据乡村旅游规划的具体内容，并结合乡村地区实际发展情况，切实做好乡村旅游规划的具体实施工作。要根据经济、社会、环境效益情况，对规划实施的效果进行综合评价，并及时做好信息反馈，以便对规划内容进行适时的补充、调整和提升。

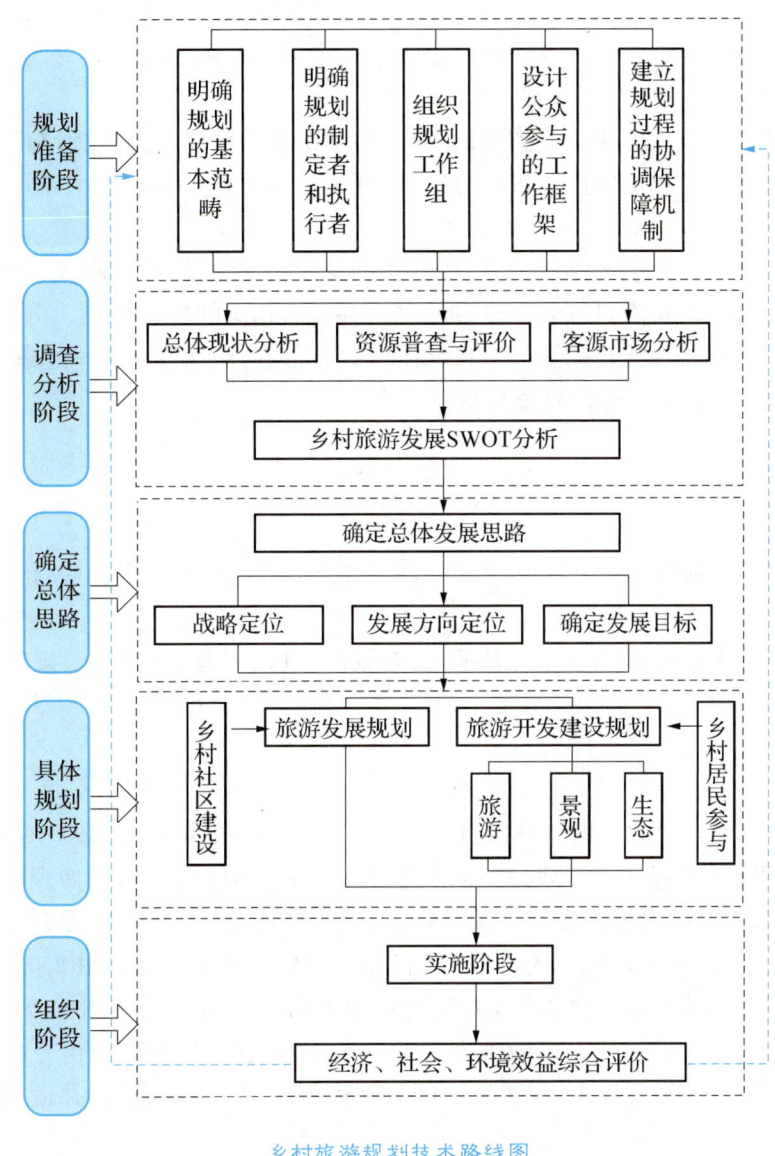

乡村旅游规划技术路线图

任务二
开展乡村旅游规划功能分区

任务目标

1. 了解乡村旅游规划功能分区的一般性原则。
2. 掌握乡村旅游规划功能分区类型。

2.1 功能分区的一般性规划原则

1. 在维持原有景观的相对完整性的基础上,解决各分区的分割、过渡与联络关系。
2. 根据项目类别和用地性质进行分区,既便于生产管理,又可产生不同的季节和色彩的景观。
3. 追求科学、生态、艺术的原则,形成优美的景观格局,总体上路网成为分区的骨架。
4. 应突出各区的特点,控制各分区的规模,并提出相应的规划措施。
5. 在"斑—基"特征比较明显的乡村旅游区,也可以应用景观生态学原理中"斑—廊—基"的设计方法,对旅游区进行功能分区。

2.2 功能分区类型

不同类型的乡村旅游区,其分区情况不同,应根据其本身的特点和适合开展的活动进行适当的分区。

总体归纳起来,有农业生产区、展示区、观景游览区、农业文化区、游乐区和服务区等分区类型。

一、农业生产区

农业生产区是观光农业的主体部分,可分为种植和养殖两大部分。① 种植部分。由果园、茶园、菜园等专业区域组成进行农业生产,同时作为旅游场所。如观光生态果园一般利用原有果园条件,发展优良的品种,形成优质高产果园。果园可全面开放或仅局部开放,由游人自己入园采果、尝果,还可以采购新鲜水果,回家时与家人和好友共享。② 养殖部分。包括水产养殖和畜牧养殖,可利用鱼塘养殖家鱼及各种珍贵水产,在生产的同时,也可作为游玩、垂钓场所。畜牧养殖主要养殖牛、羊、猪等家畜,也可专门开辟野生动物养殖区。畜牧养殖污染较大,应设置在园区的边角地段和下风方向,并适当隔离。

二、展示区

如果生产区能全面开放,则不需要另设展示区。如果生产区中的有些项目只能局部或定期开放,甚至全封闭生产,那么就要在外围设立专门的展示区。展示区内仅布置有代表性的作物生产场地,安排专人讲解、示范。游人还可动手参加生产,体验劳动的辛勤与丰收的喜悦,并获得相关的农业知识。

三、观景游览区

充分利用自然风景和人文景观,结合园林造景,将景观优美的地段建成专门的观景游览区。建设应注意:① 尽可能地利用自然的资源规划游览道路,增设园林小景,林间漫步,观赏湖光山色。② 结合农业生产,布置百果园、百花园等园林景区,种植各种果树品种,选择有代表性的普通品种及部分珍稀品种,让游人既饱眼福又饱口福。③ 充分利用具有历史价值和地方特色的人文景观,建立风景点。

四、农业文化区

通过对传统农业的展览及现代农业的宣传,可增长游人的环保意识及对农业可持续发展思想的了解,产生良好的社会效益。可设立:① 传统农业展览馆:用图片资料及实物、模型等形式来展示当地的传统农业生产方式、传统作物及传统农具。② 现代农业科技展览馆:主要介绍现代农业生产情况,宣传高新技术。尤其要从环保的角度宣传生态农业模式,让人们树立起珍惜资源,保护环境的农业可持续发展思想。③ 示范区:由农业科技示范、生态农业示范、科普示范构成,传授农业知识,使游客增长教益,使农民获取先进技术和优良品种。

五、游乐区

可安排民间少儿游戏、民俗表演等活动项目。设置:① 青少年素质教育区:包括军训、除草、种菜、摘瓜、野炊、露营等一系列生活体验。② 少儿游戏场:选择合适场地,布置滚筒、滚木、攀爬架等,形成乡村气息浓厚的少儿嬉戏场面。③ 民俗广场:可以用表演和游人参与的形式开展传统的民俗表演及民间游乐项目。④ 休闲娱乐区:设立专门场地,放养鱼类、野生动物,供游人垂钓、狩猎,并利用水面、山坡、草地开展划船、游泳、登山、骑马、野营等活动。

六、服务区

选择地势平坦,离入口较近的地方设服务区,布置旅馆、娱乐场所等设施,满足住宿、餐饮及室内娱乐等要求。有些以度假为主的农业观光区中,除了一般的旅馆外,还可设立专门的别墅区、小木屋区,提供更为舒适的住宿条件。在服务区中配合中小学生参观、实习和劳动的需要,可设立中小学活动基地,布置教室、宿舍等建筑。

七、管理区

管理人员办公、生活的地方,可单独分区或与服务区结合在一起。

任务三
编订乡村旅游发展系列规划

任务目标

1. 了解乡村旅游规划中所包含的系列规划类型。
2. 掌握编订乡村旅游发展系列规划的主要内容。

3.1　乡村旅游形象规划

旅游形象指旅游者对旅游目的地总体、概括的认识和评价。它是旅游目的地在旅游者心目中的一种感性和理性的综合感知。乡村旅游形象是指旅游者对乡村旅游目的地的总体、概括的认识和评价，并在其心目中形成的总体印象。

乡村旅游地旅游形象规划过程中，应在市场调查、地方文脉分析、旅游地竞争分析的基础上进行乡村旅游地形象定位。

3.2　乡村旅游产品规划

乡村旅游产品开发规划是指根据不同的乡村旅游资源特色及赋存状况，来详细设计不同类型、不同用途的乡村旅游产品，以便全方位地满足乡村旅游者各种层次、不同形式的旅游需求，丰富他们的旅游内容。

在乡村旅游产品开发过程中，应强调旅游产品差异化、旅游产品体验化、旅游产品系列化，突出旅游产品文化气息，满足游客个性化需求，鼓励游客与当地居民接触，引导游客真正走进乡村文化，使游客获得"真实的愿望，得到更大的满足"。

3.3　乡村旅游设施规划

乡村旅游设施本身具有一定的特殊性，不仅服务于游客，还同时服务于居民，如商店、道路、公共卫生、停车场等。乡村设施使用的边界模糊性导致有些规划使得村民与游客之间使用混乱，引起居民生活的不便，也影响游客的游览质量。因此，完善的乡村旅游设施是保证乡村旅游有效和科学开发的保证，在规划过程中需要进行全面而深入的研究和思考。

3.4　乡村旅游景观规划

随着农村经济的不断发展，城镇化水平越来越高，乡村居民对生活现代化的追求与乡村性的保持之间的矛盾越来越突出。具有乡村特色的规划布局、道路结构和建筑形式等，都是乡村景观特色的营造，有利于吸引力的提升。

3.5　乡村旅游生态环境保护规划

旅游者参与乡村旅游的目的是享受大自然和娱乐休闲，从而达到身体健康、心理放松的良好状态。因此，环境对游客来说是最具吸引力的，也是乡村得以持续发展的深层动力。应该通过进行旅游开发的生态影响分析，从乡村旅游的旅游容量控制、制定生态环境保护措施两个方面制定生态环境保护规划。

法治精神

党的二十大报告中提出："坚持全面依法治国，推进法治中国建设。"党的十八大以来，以习近平同志为核心的党中央把马克思主义法治思想同新时代全面依法治国实践相结合，加强党对全面依法治国的集中统一领导，把全面依法治国纳入"四个全面"战略布局，在统筹推进全面依法治国实践中，创造性地提出了一系列全面依法治国新理念新思想新战略，明确了全面依法治国的指导思想、发展道路、工作布局、重点任务，丰富发展了马克思主义法治思想宝库，为建设中国特色社会主义法治体系和社会主义法治国家提供了根本遵循和行动指南。

习近平总书记曾指出，"考察一个城市首先看规划，规划科学是最大的效益，规划失误是最大的浪费，规划折腾是最大的忌讳"。为此，2016年《中共中央国务院关于进一步加强城市规划建设管理工作的若干意见》，其中提出把以人为本、尊重自然、传承历史、绿色低碳等理念融入城市规划全过程，增强规划的前瞻性、严肃性和连续性，实现"一张蓝图干到底"。

城市规划如此，旅游规划亦如此，旅游规划是各级政府、旅游行政管理部门和旅游经营单位指导、实施调控旅游产业各因素协调发展的重要依据和基本手段。加强乡村旅游规划工作，是贯彻落实科学发展观的具体体现。科学编制、有效实施好各类旅游规划，对于保障旅游资源的合理配置和利用，提升旅游产业素质，进一步做大做强旅游产业，促进经济社会又快又好发展都具有十分重要的意义。

乡村旅游规划的创新设计

乡村旅游规划是乡村旅游发展明目标、定方向的基础。创新设计乡村旅游规划是乡村旅游创新发展的前提。要实现乡村旅游规划的创新,需要重视以下几点。

注重特色化

要坚守乡村旅游的乡村性,以此来区别于城市休闲项目;要坚持乡村旅游的本土性,以此来区别于他乡,避免同质化竞争;打造乡村旅游经营项目的独特性,以此来区别于别家,形成多姿多彩的乡村旅游目的地。

重视文化性

文化是乡村旅游的灵魂,乡村旅游是文化的载体,没有文化的景区是缺乏生命力的。对文化的梳理和挖掘在众多的乡村旅游规划中显得尤为缺失,因此导致部分乡村旅游区域雷同性严重。创新是多元化的,涉及旅游规划的方方面面,既要有理念的创新,又要有产品和项目的创新,大到一个项目的案名、形象定位、分区,小到一个标志系统、景观小品,都需要创新。尤其是在项目的设置上,更要从地域文化的角度出发,具有创新性,才能满足日益多样化的游客需求。

具有落地性

落地性,成为检验旅游规划成功与否的重要标准。一个创新的规划,如果最终不能着陆,也是失败的。因此,所有的创新都需要建立在能够实际实施的基础上,能够落地、易于落地,又富有创新性,才是优秀的乡村旅游规划。

关注多元化

单一的旅游产品已经不适应乡村旅游发展的趋势了,必须根据不同的乡村旅游市场,设置不同的乡村旅游产品,满足不同游客需求。乡村振兴规划必须突破单一的乡村旅游产业,形成泛乡村旅游产业整合,产生产业聚集效应。乡村旅游规划既要关注旅游业本身的发展,也要关注与之相关的种植业、养殖业等,推动区域经济发展,带动当地农民致富。

知识拓展

同步案例

关键词点击

在线练习

 创新实践

1. 请介绍乡村旅游规划的主要阶段,选择一个熟悉的乡村旅游点进行旅游规划技术路线的编制。
2. 请谈谈你对法治精神的理解,以及你认为应该如何在乡村旅游规划中体现法治精神。
3. 综合实训:请以你熟悉的或周边的一处乡村旅游目的地为例,经过考察,对其功能分区、形象规划、产品规划、设施规划、景观规划、生态环保规划等设计与落实的情况进行评价,并结合所学,从乡村旅游目的地规划角度提出提升建议。

分析项	(　　)乡村旅游目的地规划设计与落实情况
功能分区规划	
目的地形象规划	
产品规划	
设施规划	
景观规划	
生态环保规划	
规划优化建议	

项目四
乡村旅游景观打造

项目概述

　　打造乡村旅游景观，就是对乡村旅游地内的各种景观要素进行整体规划与设计，使旅游景观要素空间分布格局、形态与自然环境中的各种生态过程和人类观瞻协调及和谐统一的一种综合规划方法。本项目通过乡村旅游景观整体风貌提升、乡村旅游景观构成要素设计、乡村旅游景观艺术手法运用等任务，让学生掌握有效规划设计乡村旅游景观的内容方法，并融入生态环保等课程思政要素。

项目目标

1. 掌握乡村旅游景观规划的概念，理解乡村旅游风貌景观建设的内容。
2. 能够根据所学知识，有效规划设计乡村旅游景观。
3. 贯彻落实党的二十大精神，践行习近平生态文明思想，建设美丽中国、美丽乡村等。

配套微课

微课：乡村旅游景观打造

任务一　乡村旅游景观整体风貌提升

任务目标
1. 了解乡村旅游景观整体风貌的现存问题。
2. 掌握乡村旅游景观整体风貌的提升策略。

1.1　乡村旅游景观风貌的现存问题

一、聚落景观方面

聚落景观是展现乡村传统风貌的核心内容，主要包括村落布局、民居建筑、宗祠寺庙、井泉池塘等景观要素。现在部分村庄在旅游开发中往往盲目模仿跟风，破坏原有聚落景观，东搬西套马头墙、风雨桥，水车、草坪、广场，仿建"民俗村""仿古一条街"，致使千村一面。有些村则效仿城市景观，整齐划一地建新房、大马路，造成乡土景观的破坏。

二、自然景观方面

自然景观指基本维持自然状态的景观，主要由地形地貌、水文气象、土壤植被、野生动物等要素组成，它是形成乡村良好整体环境的基础。有些乡村在搞旅游设施建设时，大规模改变自然地形、改造天然水系、砍伐森林，新建大量宾馆、饭店、商店、游乐设施等，使原有自然板块破碎化，破坏了原有乡村生态景观。

三、农业景观方面

农业景观是农业相关要素的集合，包括农、林、牧、副、渔等生产性活动景观类型，是乡村景观区别于城市景观的重要方面。但目前部分乡村存在抛荒弃地现象，稻田、水渠、风车以及播种、浇灌、收割等农业景观有待回归。

四、乡土文化方面

乡土文化带有浓郁的地方色彩，包括民风民俗、文物古迹、地名沿革、历史变迁、语言文化等。少数乡村无视传统文化传承，承载了历史变迁与地域景观特色的村落格局、古建遗存、古树、古井、古戏台等缺乏保护，年久失修，甚至将被拆建。

1.2　乡村旅游景观风貌的提升策略

一、创造特色，做好乡土景观规划设计

乡村旅游景观设计应立足当地，创造具有丰富乡土特色的地方景观。例如台州西部山区许多村由于位置偏僻，历史传统建筑和山地民居得以较好保存，自然格局和山水景观没有遭到大的破坏。有的村庄建筑景观要"整旧如旧"，古老的街巷道路承载着人们众多的生活记忆，应保留与修缮，可以适当开辟新路以适应发展需要，但注意与村落整体环境取得协调。

二、因地制宜，重现传统乡村景观风貌

传统村落景观的格局、特色、结构最能体现传统乡村风貌。对于有历史价值古建遗存应进行严格保护，对于有毁坏的古建应进行修缮，普通民居改造和新建乡村建筑风格要与原整体风貌协调统一。摒弃大广场、大铺装，不搞大水面，注重选材的本土化，取用周边地域的原材料为主，如溪石、竹木等；建筑要与当地自然风貌相协调，按照当地传统文化和传统工艺建造，使其显示浓郁的乡土气息；色彩不要过于华丽，以石材灰、黄色、瓦黑色占主体，门窗则以为原木色为主。

三、继承传统，做好人文景观修复保护

党的二十大报告明确指出"加大文物和文化遗产保护力度，加强城乡建设中历史文化保护传承。"无论是祠堂、庙社、牌楼等物质文化遗存，还是乡村特有的生产和生活方式、传统表现艺术、民俗活动、礼仪、语言、节庆等非物质文化遗产等，都是当地民众逐渐积淀并世代继承下来的。要制定措施对乡村的聚落文化、农耕文化、民俗风情、宗教信仰以及乡村艺术等方面文化遗产加以有效的保护，使乡土文化得以传承。要尽力挖掘修复古街、古寺庙、古堰坝、古牌坊、古民居等具有特定历史价值的自然风貌和人文风情，反映当地特定的地域文脉。例如，一些千百年来形成的村落民居，各有其背景，本身就是一种文化，包含了建筑文化、宗教文化、饮食文化等，可通过乡村景观的构建以延续其古老的历史文脉。

四、立足当地，营建原生态自然景观

乡村旅游开发只有不破坏环境的自然性，才能真正地构建根植于乡村的旅游环境。要做到这一点，一方面需要相关法律制度的制约，另一方面要提高村民保护自然环境的自觉意识。乡村旅游开发要加强生态修复，如森林、湿地、河道的恢复，还乡村一片青山绿水、鸟语花香。开展乡村生态体验、生态教育、生态认知等活动。乡土景观色彩越接近自然，就越和谐美丽。乡村可选择乡土植物作为主要绿化植物，使其景观具有更好的本土气息。

五、强调个性,大力保护与发展农业景观

农业与农业景观是乡村区别于城市最基本的要素,乡村旅游不能脱离农业要素。在整修及新建村庄景观的时候,要立足于使农田广袤、作物摇曳、水网密布、荷田飘香,房前屋后种梨栽桃,院子里种植蔬菜,形成农业生态景观。对当地农耕文化器具搜集、整理和展示,可满足人们对乡土人文氛围和乡土情结的追寻。有的地方可以从区域特色产业角度出发,开发农业生产景观。例如山区的农业生产有着高海拔、高温差这些得天独厚的自然资源优势,可通过农业生产方式环境的构建使其成为农业特色景观。有的地方可通过大面积的种植花卉、稻田、苗木、果林等,再加以艺术化的构图,形成独具震撼力的田园大地景观。相关部门在做好农田建设规划时,要考虑农业作物、田块、林带以及生产设施等构成要素的景观效果。

任务二 乡村旅游景观构成要素设计

任务目标
1. 熟悉乡村旅游景观中自然要素、人文要素、廊道要素的主要构成与设计要点。
2. 能够针对不同类型要素进行乡村旅游景观的初步设计。

2.1 自然要素的设计

乡村旅游景观设计首先体现在地理环境的特殊性,背离了地理环境的景观是毫无意义的。乡村独特的气候条件、地形地貌、自然植被等构成了地理环境的特殊性。虽然这些因素会制约乡村旅游景观的规划设计,但同时也为景观规划设计提供了机遇和切入点。在自然因素中,地势地貌、乡土植物、水资源景观对于乡村旅游景观的设计创造起着不可或缺的作用,在景观系统整体格调的生成中担任主要角色。

一、地势地貌的生态织补

地势地貌是乡村旅游景观的基础,作为组成整个乡村旅游景观的骨架,承载着设计中的各个要素。为了保护原有的生态环境不被损害,最重要就是要尊重原有的地形地貌。首先,设计师要认真提取地势地貌的肌理,深入分析肌理背后的内涵,找出肌理所表达的意义;然后,保护好空间肌理,找到一种合理的方式来织补,使肌理得以连续性保护;再次,还要注意地势肌理的更新、发展,使它们更好地适应于场所环境。比如,在不破坏原有地势肌理的基础上,根据设计的需要,用技术手段加以修复,可以完善乡村的道路系统、河道系统等。最后,对于乡村的地势地貌,要加大保护力度,修补一些断裂的景观空间,实现整体空间形态的延续性。

二、乡土植物的合理配置

在乡村旅游景观设计中,要把植物在环境系统中的多种功能充分发挥出来,创造出具有地方意境的氛围。每一种植物都有着不同的生活习性,它们在对土壤、空气、水、光照、温度等各方面的要求是不一样的。因此,设计过程中,必须根据植被的特性合理配置,以达到模拟自然的目标。在季节性的运用方面,利用乡村植物不同季节的花、果、树干、肌理等进行合理搭配,配置出协调对比、统一融合的植物景观,突出乡土性与生态性。同时,还可以对乡土构筑物进行点缀,形成和谐统一的视觉美感效果;在空间形态配置上,通常利用植物自身的特性进行匹配或者将其与其他元素结合,形成充满活力的景观。

三、水资源景观的意境营造

水体形成乡村旅游景观中独具价值的生态系统,通过水体景观设计,人们能够触摸水,激发人的亲水性。因此,必须充分了解水的特性,更好地利用和发挥水的视觉和功能,发挥最重要的作用,使人们获得舒适感的同时享受美丽和情感的升华。可将水体景观的意境营造分为两种:静态水与动态水。静态水一般是由湖、池等形式出现,而动态水则以乡村河流、瀑布小溪等形态出现。乡村静态的水体清澈、具有平静感,当生态打造平衡后,可以吸引野生动物回来栖息,可以给人一种原始、安静和宁静的画面;动态水的营造,一般用乡村当地常见的乡土元素、景件来形成水流。例如,可以将水轮放在河边,用水来处理水等,这样动态的水就能产生不同的水和水溅的声音,给人带来灵动与生气,烘托出轻快活泼的气氛。

2.2 人文要素的设计

乡村是乡土文化积淀最多的地区,是体现乡村景观的美学意境与展示历史文脉的场所精神。乡村旅游景观的设计要注重乡村内在文化的继承与挖掘,结合现实情况和当地传统特色,从历史中挖掘本土文化内在特质来保护的乡土文化。构建有文化内涵的乡村景观,要有选择地整治和利用现有的设施,赋予其新的功能。通过创造有归属感和怀旧感的乡村旅游景观,来延续乡村的历史记忆。乡村旅游景观中的美学要素包含人文景观、场所精神、历史文脉、美学意境。

一、人文景观的塑造

乡村的人文景观主要包括聚落、建筑、风俗、场景、音乐等,以满足日常生活中一些物质和精神等方面的需要。乡村特色建筑的历史性塑造对人文景观的整体性塑造尤为重要。

生态建筑的设计不仅要能满足农民生产生活的基本功能,同时还要考虑尽量减少经济投入,遵循生态环保的原则。从建筑功能角度,最基本的要满足当地村民的居住生活,建造对人们健康有益的建筑物。不仅要有安全感,还要运用生态技术,对建筑物的材质、肌理进行设计,给人强烈的归属感和满足感;从建筑造型方面,尽可能地利用生态技术手段修复古建筑、房屋,保留具有明显地域标志的建筑角度,提取他们的建筑风格、布局、造型等;同时,要加强新材料、新技术手段的运用;从材料选择角度,要善于就地取材,注重环保,恰当地运用当地的传统建筑材料进行修建。这些废旧材料一般可以再利用或直接回归自然,用现代化设计手段,加上当地材料的提取,以形成具有自然质感的建筑物,创造一个随着时间推移而不断成长的有机建筑物。

二、场所精神的传达

场所精神的营造,要充分打造整个场地的和谐统一。首先,在景观设计上,要善于直接运用场所现有的景观元素。比如,提取废旧建筑物的一些建筑肌理、建筑色彩、建筑元素等原汁原味的摆放在广场、景墙等地方,还可以直接把农村的一些老物件、生产性景观的生产工具直接创造景观空间,供人们体验感受。这样使得设计本身就有很强的设计感,既生态又符合场所精神;还可以概括、提炼场所本身的文化特色、民俗风情,打造立体的景观。从视觉上给人们震撼,加强场所精神的意境,满足人们的心理需求。这样通过符号的借鉴运用,使景观能与周围的意境相呼应、协调统一。其次,在景观保护上,场所精神的营造需要加大原有场地的保护力度,留住文脉才能留住记忆。例如,皖南村落,整个村庄的建筑一直保持白墙黑瓦,格调统一、色调优雅,每年有大量的游客慕名而来。

皖南村落景观

三、历史文脉的传承

乡村旅游景观设计中,场所文脉的传承可以遵循以下步骤:首先,必须在尊重原有地形地貌的基础上进行设计,巧妙地利用原有场地,注意乡土特色的保留,保持地域的生态属性;其次,整体的设计要以人为本,尊重当地居民原有的生产、生活方式,完整地保留场所内的民俗文化和历史文脉。比如,对建筑物的原汁原味的保留、道路肌理的留存、文化符号的萃取等。第三，事物是不断发展的，要跟上现代化的潮流，就要做到创新发展。设计过程中可以用生态技术手段对场所的建筑物等进行功能上的创新，但前提是绿色延展、生态更新，传承文脉的同时融入新的元素，通过变化与统一，达到和谐共生。第四，根据整体优化的原则，对乡村旅游景观进行整体、合理的规划，在保持和维护乡土景观的基础上，合理布置具有历史文脉的景观节点，因循构建，以整体最优的角度构建场所历史文脉的完整性、和谐性。

四、美学意境的营造

乡村旅游景观的美学意境产生于动静结合与综合艺术内在要素的"时、空"，将艺术美融入乡村旅游景观设计中，来提升景观品质、升华景观意境，形成诗情画意的美学氛围。美学意境的营造可以从以下四个方面实现。

与意韵合作。 意韵的营造随着时间点的变化而变化，不同的时间点带来不同的气氛变化。所有的景观都是富有生命力的，都在进行不断的变化，与艺术融合创造出让人们放松精神生活的意境，让乡村旅游景观更具有精神内涵与文化魅力。通过利用景物之间的巧于因借，对于乡村旅游景观而言，它创造了多变、虚幻、虚实相生的意境美。如杭州西湖的落日、东北的雪景，在不同的时间赋予景点不同的美感。

与场地对话。 景观意境的创造应基于尊重地域特色、历史文化之上，提炼出具体场所精神的景观意境，并挖掘其具有生命延续力的特质。如在乡村红色旅游景观的设计中，可以运用还原与再现的艺术手法，还原场景对话让历史再现，感染游客的思绪，使人们在游玩的过程中，通过场景的再现来感受、认识历史，得到意境升华。

与生态结合。 乡村旅游景观设计应立足自然、生态，保持场所的动态平衡。加大保护力度，做到绿色延展、可持续发展。生态美学视域下的乡村旅游景观设计，应该加强生态技术的运用，通过对新材料、新能源的研究和利用，创造出高品质生态旅游景观空间。设计结合自然，使自然升级，引来更多的游者，感受大自然的原真性、乡土性。

与游客共鸣。 游客作为景观意境的最终审美主体，设计师在进行景观打造时要注重从游客的心理需求以及心理感悟能力的角度出发，深刻分析游客的心理、游玩的目的，恰当地将游客的情感融合到景观意境中，使读者在欣赏中与景共鸣，创造一个优秀的景观。需要充分调动人们的视觉、听觉、味觉、触觉、嗅觉，利用乡村景观造景的具体元素来体现，包括自然景观、生产景观、生活景观、聚落景观等。

2.3 廊道要素的设计

景观廊道的设计主要包括道路景观空间、河道景观空间以及旅游路线的设计。廊道空间能够使人心情愉悦，使人因快速的城市节奏所带来的压力在优美的景观中得到放松，是人们惬意生活的重要组成部分。

一、道路景观的设计研究

生态美学视域下乡村旅游景观园路设计主要是从道路的形状、铺装与植被以及路径设计等方面来进行考虑。在道路的形状上，一般注重自然弯曲，根据地形做出起伏的形状，道路宽度足以让两个人并排走路，展现乡村小街小巷的特色。根据人的动态视觉、行进速度和线型，尽可能多地设计更多的景点线路，营造自然美的道路，充分表达乡村的意境；道路铺装设计主要就地取材，运用场所内常见的乡土材料、小碎石料以及进行废旧材料的再回收利用。道路植被的设计应注重道路所在地区的自然环境特征选取栽种的植物，强调植被与动态视觉的联系，达到顺序和层次上与整体环境保持一致。

二、河道景观的设计研究

河道景观设计，主要从河道的线型、水流以及生态护岸方面来呈现。在线型方面，天然的河流一般都是蜿蜒曲折的出现，这不仅可以提高自身的自净能力，还可以增加风景的神秘感，符合人们观光、娱乐的需求。因此河流的设计应避免笔直，多用弯曲。在水流方面，溪流自然的流向呈现出独特的画面，具有静态和动态的对比。可以结合溪流的自身条件，打造静态或动态、原始性较强的美丽景观空间，更接近自然；在护岸的设计上，主要包括自然式的护岸设计、阶梯式的护岸设计。自然式的护岸设计，可以通过碎石和植物对护岸进行加固，保护场地生物群落，减少混凝土等人工景观，逐步恢复场地生态循环，使景观空间与河道空间相统一；阶梯式的护岸设计，可以借助外力，通过木材等对河岸进行加固处理，不同的层阶分别做弹性化处理，使整个河道层次更丰富，空间布局更加合理，形成优良的生态系统。

三、旅游路线的设计研究

旅游路线的设计对乡村旅游整体的感受也起着至关重要的作用。乡村旅游本身就是一种陶冶情操、探索世界、娱乐心情的奇妙之旅。首先，旅游路线的设计要遵循人性化的设计原则，以人为本，整体线路和科学系统规划，避免游客走回头路的尴尬；其次，旅游路线的设计要根据旅游景观的设置，系统、科学地把所有景点都囊括其中；第三，旅游路线上的景点要注意理搭配，避免相同的景观重复出现，注意不同景点的安排带给人们移步易景的感觉，增加游客的体验满意度。

任务三
乡村旅游景观艺术手法运用

> **任务目标**
> 1. 了解乡村旅游景观艺术手法的具象与抽象表达方法。
> 2. 了解乡村旅游景观艺术的隐喻与象征手法。
> 3. 了解乡村旅游景观艺术的变化与统一手法。

3.1 具象表达——还原与再现

具象手法是构建乡村旅游景观最原汁原味的表达手法,具有强烈的客观性、真实性、情节性。在设计过程中,可以通过还原与再现这种最直接的表达来保护乡村的生态完整性和地域性,这种艺术手法比较容易被当地的村民接纳和认可,也比较符合村民的审美需求。因此,乡村旅游景观设计中,具象表达的艺术手法运用最为普遍。在乡村旅游景观设计中,可以深入挖掘其资源优势、攫取地域文化,通过再现特色建筑风貌、叙述民间故事、民间习俗等表现当地的人与事,使村民和游客都能够感受到景观的"原汁原味"。例如,乡村的农具和传统加工工具(锅炉、镰刀、锄头、磨盘、石碾等)。乡村旅游景观设计中的具象表达应该通过还原与再现,充分尊重场地乡土文化和地域特色,挖掘和提炼具有场所精神与文化魅力的景观,使其具有生命延续力的特质。例如,沂蒙情雕塑园景区中,沂蒙大姐李桂芳架人桥的塑像生动地再现当时的情景:孟良崮战役打响,要在5个小时之内架一座桥让前方的战士通过根本来不及,在冰冷的水里李桂芳带着村里的妇女搭建"人桥",这是真实的场景和感人的事迹,让游客感受到军民鱼水的强烈情感,让红色革命的情感深深地埋藏在每个人的血液中,具有很强的场所精神;济南朱家峪旅游景区,景区本身环境非常优美,并完整地保留了各种古建筑物。600多年的乡土记忆,凝聚成朱家峪古老的乡村文化,源于自强、开放、宽容的"闯关东"精神,这种精神构成了朱家峪的文化灵魂。朱家峪旅游景观设计,重在对古村的保护,再现当时"闯关东"的情景,展示当时的物件,将朱家峪的文化灵魂挖掘发扬,让游客实景体验"闯关东"的生活,在休闲体验中感悟历史、品味文化。

3.2 抽象表达——夸张与仿生

抽象手法是指经过艺术改造,通过夸张与仿生等造型手段再现作品。尽管通过抽象手法后的作品我们很难区分它所描述的对象、表达的具体内容,但其实,我们在追求其本质的同时,这也是自然事物的一种表现,需要通过抽象思维来获得。乡村旅游景观设计,可对材料的结构、形态、功能进行夸张与仿生。比如四川成都活水公园,主要运用了形态仿生的设计原理。园林设计中的形态美有的直接来自大自然中的真实形态,有的则来源于理性思考后的抽象形态,设计者把两者归结到一起,成为形态仿生。活水公园中仿生设计的体现,主要在于"鱼"形园区的打造。在"鱼嘴"的位置,水体可以涌上岸边,就像小鱼在饮水。"鱼眼"那里,水车可以把水泵放到鱼眼的蓄水池中,然后,河水便流进"肺"中。在这里,水体可以利用气旋原理实现增氧,然后,水体通过虹吸作用进入"鱼鳞"状的人工湿地系统吸收、过滤和降解水中的污染物质,经过净化后的水源,直接流向"鱼腹",经过鱼类的取食和沙砾的过滤后,最终流到公园尽头的"鱼尾"区域,变成干净的水,整个园区生动形象,个性鲜明。

3.3 意向表达——隐喻与象征

在乡村旅游景观设计中,人们越来越重视传统文化内涵的表述。隐喻象征要求景观设计表达出人文、历史、区域环境的延续性。意象表达需要我们用心体会才能得知景观所表达的意义。乡村旅游景观设计中的意象表达,首先分析基地地块的属性和特征,提炼出能正确表达地块特点的元素。其次,通过对场所的研究分析,把特征进行分类:其一,以人的行为特征为出发点的功能属性,此属性通常选择图像性符号和指示性符号来表现;其二,采用意象元素来表示以人的心理需求为出发点的精神属性;最后,对意象元素加以整合,设计出大家接受认可的景观形态,并把它变成最终景观形态。例如,扬州个园景观设计中竹子的大量运用,具有很强的象征性。园主黄至筠在书画艺术方面有着很深的造诣,但由于自己的身份不被当时文人们认可,便想到利用竹的形象来象征自己,于是在游园内种植了近2万竿竹子,向人们展示竹隐喻思想以体现他的高尚情操。当然,这种隐喻与象征的手法需要游客用心体会,才达到情感共鸣。

3.4 融合共生——变化与统一

乡村旅游景观设计中的融合共生主要是指,通过对比的方式把两种或几种不同的事物置放在同一个环境中,使他们在对比的状态下达到有机的融合,整体处于和谐,在变化与统一中实现融合共生。融合共生的艺术手法艺术表现力强烈,视觉效果明显。由于乡村旅游景观的地理环境的特殊性,融合共生的艺术手法在乡村旅游景观中的运用较为广泛。乡村旅游景观设计中的融合与共生,主要包括以下几种方式:建立连续性的景观轴线,整体上具有和谐感,达到融合共生;对乡村已经遭遇破坏的景观,通过景观生态设计手段进行修补,但要注意补救的效果需要跟原有环境相协调;对现有功能与布局结构不合理的景观,要在形态和使用功能上进行设计,使之协调;采用景观生态设计的手法,恢复乡村整体景观风貌的融合共生。设计师王澍在富阳文村建造了14幢新农居,整个村庄的建筑是一种新旧材料的融合共生,它们之间相互碰撞、连接、叠加和映射,突出了现代与传统的连续性和互补性,由此让一个普通小村庄焕发了勃勃生机。这种材料的对比,使整体风格在变化中实现统一,整体环境处于融合相生的状态。

生态文明

党的二十大报告中提出:"我们坚持绿水青山就是金山银山的理念,坚持山水林田湖草沙一体化保护和系统治理,全方位、全地域、全过程加强生态环境保护,生态文明制度体系更加健全,污染防治攻坚向纵深推进,绿色、循环、低碳发展迈出坚实步伐,生态环境保护发生历史性、转折性、全局性变化,我们的祖国天更蓝、山更绿、水更清。"

近年来,我国生态文明建设和生态环境保护之所以取得历史性成就、发生历史性变革,最根本的在于有习近平总书记掌舵领航,有党中央权威和集中统一领导,有习近平新时代中国特色社会主义思想和习近平生态文明思想的科学指引。必须不断提高政治站位,增强"四个意识"、坚定"四个自信"、做到"两个维护",坚决扛起生态文明建设的政治责任,确保党中央关于生态环境保护的决策部署落到实处。乡村旅游景观设计要贯彻落实新发展理念,协同推进经济高质量发展与生态环境高水平保护。习近平总书记强调,绿水青山就是金山银山。这深刻揭示了生态环境保护与经济社会发展之间辩证统一的关系,阐明了保护生态环境就是保护生产力、改善生态环境就是发展生产力的道理,丰富和拓展了马克思主义生产力基本原理的内涵,已成为新发展理念的重要组成部分。必须牢固树立和践行绿水青山就是金山银山的理念,坚持走生态优先、绿色发展之路不动摇,推动形成人与自然和谐发展的现代化建设新格局。

乡村旅游景观设计创新

旅游的过程本质上就是"审美的过程",而乡村旅游景观则是乡村旅游吸引力的重要来源,从东方美学特有的"意象"范畴,审视乡村旅游景观的设计,可以为优化景观,提升吸引力,促进乡村旅游发展探寻创新性路径。

具体而言,乡村旅游景观的"意象",通常包括三大类型:生态意象、生产意象、生活意象。生态意象是乡村自然环境空间营造的体现,利用各类自然类物象的有机结合,构建环境无污染、生态无破坏的场景,以体现出乡村留住"青山绿水"的理念和尊重自然、亲近自然的情感特质。生产意象是乡村劳动空间营造的体现,兼顾四时变化的季节规律和原住民生产行为的活动规律,将各类农业类物象加以聚合,以渲染乡村的"乡土"氛围,体现"扎根农业,服务农业"的乡村旅游理念。生活意象是乡村原住民生活空间的营造,通过民居、祠堂、私塾等各类建筑物象的布局和乡土文化类物象的点缀,表现出乡村聚居、集市等不同的场景,体现浓郁的生活氛围。需要指出的是,乡村旅游景观三类"意象"的表现形式不仅是静态,也可以是动态的,尤其是生产、生活的各类活动往往能够更好地营造出乡村"意象",设计者可以有意识地编排或展示此类活动,以"烟火气"彰显出乡村的生机与活力,体现乡土文化的"生生不息"。

 知识拓展　 同步案例　 关键词点击　 在线练习

 创新实践

1. 请谈谈你通过调查研究,举例说明乡村旅游景观风貌的现存问题,并提出相应的解决对策。
2. 请你选取一处乡村旅游点,根据所学内容,针对某处景观进行优化设计。
3. 综合实训:下图是太湖青蛙村(苏州市吴中区东山镇西巷村)的一处景观设计,请搜索资料对该目的地的情况加以了解,并对此处乡村旅游造景进行评价,提出优化建议。

"青蛙村"民宿前的造景

项目五
乡村旅游设施建设

项目概述

党的二十大报告中指出"统筹乡村基础设施和公共服务布局,建设宜居宜业和美乡村。"这也为未来一段时期内的乡村设施建设指明了方向。近年来,我国在扩大乡村旅游规模、提升乡村旅游品质等方面取得了显著成效,但持续推动乡村旅游发展仍面临较多制约,突出表现在部分地区乡村旅游外部连接景区道路、停车场等基础设施建设滞后,旅游服务设施承载能力较弱,难以满足高品质乡村旅游需求等。本项目通过对乡村旅游基础设施、服务设施的设计要点的教学,让学生掌握乡村旅游设施建设的内容与方法。在内容中渗透"工匠精神"等课程思政内容。

项目目标

1. 分析乡村基础设施建设的基本内容以及旅游设施建设的基本要求。
2. 能够结合实际案例,分析乡村旅游设施建设中遇到的相关问题。
3. 贯彻落实党的二十大精神,弘扬劳模精神、劳动精神、工匠精神等。

配套微课

微课:乡村旅游设施建设

任务一 建设乡村旅游基础设施

任务目标
1. 了解乡村旅游基础设施的类型。
2. 掌握乡村旅游基础设施的建设要点与方法。

1.1 道路系统建设

道路系统应当完善以主要客源城市为中心的主干廊道,重点完善乡村旅游区干线廊道和门户廊道,缩短乡村旅游区与游客出行地的空间距离。乡村旅游景区外的公路规划尤为重要,因为它是进入景区的引景空间。对入村道路进入整治、绿化和美化,并加强交通基础设施建设,如兴建停车场,修建星级厕所,为道路安装路灯等。

首先,根据乡村旅游目的地的人口规模,确定内部道路的等级和技术指标。其次,根据乡村旅游目的地交通特征,结合自然条件和现状特点,确定道路交通系统,并有利于建筑布置和管线铺设。目的地道路系统建设应符合以下规定。

乡村旅游目的地道路等级及技术指标表

新村规模	道路等级设置	道路宽度	人均道路面积
特大型	三级,即新村主干路、次干路与入户路	主干路:6—8米,一般按照7米控制;次干路:4—5米,一般按照4.5米控制;入户路2.5—3米,一般按照2.5米控制	10—14平方米控制
大型	三级,即新村主干路、次干路与入户路	主干路:6—8米,一般按照7米控制;次干路:4—5米,一般按照4.5米控制;入户路2.5—3米,一般按照2.5米控制	10—14平方米控制
中型	二级,即新村干路和入户路	干路:4—5米,一般按照4.5米控制;入户路2.5—3米,一般按照2.5米控制	8—10平方米控制
小型	二级,即新村干路和入户路	干路:4—5米,一般按照4.5米控制;入户路2.5—3米,一般按照2.5米控制	8—10平方米控制

1.2 给排水系统建设

一、给水系统建设

给水处理工艺应与乡村旅游目的地的经济水平和管理水平相匹配,满足安全可靠、操作管理方便的要求。供水规模（最高日的用水量）应包括：生活用水量、畜禽饲养用水量、公共建筑用水量、消防用水量和其他用水量在内。

1. 生产用水

根据产业发展需要，结合地形地面和水源特征规划灌溉渠、山平塘、石河堰和提灌站等各类水利设施系统，为满足农业生产用水、提高农业综合生产能力奠定基础。农田水利设施建设应符合国家《农田灌溉量水技术规范》《雨水集蓄利用工程技术规范》和《低压管道输水灌溉工程技术规范》等技术标准的要求。

2. 生活用水

（1）根据水源、地形条件，针对综合体内部新村（聚居点）布局进行生活给水系统规划，规划内容包括用水量预测、给水管网和给水设施布局等。

（2）生活用水量可按新村生活用水标准计算。

（3）给水处理设施宜选择在交通便捷以及供电安全可靠的地方，同时应避让不良地质构造地区。

3. 公建用水

公建用水量可按生活用水量的8%—25%进行估算。管网漏失水量及未预见水量，可按最高日用水量的15%—25%计算。

二、排水系统建设

农田排水工程组织应符合国家《农田排水工程技术规范》等相关技术标准的要求，污水量可按平均日用水量的75%—90%计算。

生活污水收集、处理与排放要根据地形条件，针对旅游目的地内部新村（聚居点）布局进行生活污水系统建设。目的地内部生活污水处理设施应综合污水受纳体位置、地形、沼气利用、新村（聚居点）布局等因素合理确定其位置、规模。

排水体制宜为雨污分流制。条件不具备的小型村落可选择合流制，但在污水排水受纳体前，应因地制宜地采用化粪池、生活污水净化池、沼气池、生化池等污水处理设施进行预处理。

1.3 供电系统建设

根据区域农网升级改造建设规划，针对旅游目的地内部新村（聚居点）和产业布局的特征进行建设。

中高压电网的线路走向应根据地形、地貌特点沿道路、河渠、绿化带架设。路径做到短捷、顺直，减少同道路、河流、铁路等的交叉，避免跨越建筑物，同时应有利于生产生活。

变配电设施应选址在便于进出线、交通运输方便的地段，同时应有良好的地质条件，能避开断层、滑坡、塌陷区、溶洞地带、山区风口和易发生滚石场所等不良地质构造。

架空电力线路跨越或接近建筑物的安全距离,应符合《城市电力规划规范》的规定。单杆单回水平排列或单杆多回垂直排列的35—500千伏高压架空电力线路的规划走廊宽度,应合理选定。

1.4 环卫设施建设

按照乡村环境保护规划的要求,从环卫设施系统布置等方面进行落实。产生有害因素的污染源的边缘至居住建筑用地边界的最小距离确定为卫生防护距离,在严重污染源的卫生防护距离内应设置防护林带。

厕所、化粪池、垃圾桶、垃圾箱、垃圾收集点等具体环卫设施的配置可参照乡村旅游示范村建设标准。

任务二 建设乡村旅游服务设施

任务目标
1. 了解乡村旅游服务设施的类型。
2. 掌握乡村旅游服务设施的建设要点与方法。

2.1 旅游信息咨询服务设施建设

一、网络信息服务平台建设

从旅游网站、WIFI、智慧旅游、旅游服务专线四个方面入手,主要建设互联网、移动网、电话网三大网络信息服务平台。

二、旅游信息咨询服务点建设

主要包括三个方面内容:(1)旅游信息集散中心,设置在市域或县域范围内,提供市区或县区旅游信息咨询服务。(2)乡镇旅游信息服务咨询点,设置在乡村旅游发展较好的乡镇内,设置在可达性较高的交通路口,提供乡镇域范围内的旅游信息咨询服务。(3)乡村旅游目的地旅游信息咨询服务中心,设置在乡村旅游区内。

三、旅游标识系统建设

包括旅游交通标识系统建设和公共服务设施引导标识系统建设。要在乡村旅游目的地的中心客源城市道路两侧、路面都设置明细的导识标志及英汉双语说明,除规范的公众信息提示外，其他如路中提醒、无人售票等的使用说明。区域内部应为游客设计最合理时间内的最佳游览路径，以安全为前提，游线避免重复。

四、自助导游服务设施建设

从旅游宣传手册、导游员、自助导游机、自助导游软件四个角度出发，全面建设推广自助导游系统，在各级旅游服务中心、旅游信息咨询点、景区信息咨询点、博物馆、车站、集散中心等区域投放信息触摸屏、耳机等设备，涵盖多语言景区讲解、语音视频播放、3D 再现、GPS 电子地图、GPS 和 RFID 联合触发自助导游设系统。

编制目的地官方指南，并通过实体和网络两种方式进行投放。规划建设旅游信息咨询网站，实现旅游者重点活动区域 WIFI 全覆盖，推进移动终端 App 开发，开通旅游客服热线。

2.2　旅游交通便捷服务设施规划

一、旅游交通集散服务设施建设

交通集散服务设施建设一般结合旅游综合服务中心建设。集散服务设施建设分为两级，一级可设置在市域范围内，功能性强；第二级设置在乡村旅游目的地，功能性较弱，能够提供所在区域内的相关服务及拓展服务。

二、交通服务节点建设

包括汽车、自行车租赁点建设、河流（湖泊等）沿岸旅游码头建设、旅游停车场建设、自驾车服务体系建设以及主要旅游交通要道建设等。

三、交通工具建设

除了飞机、火车、轮船、汽车等外部交通，乡村内部交通也必不可少。内部交通通常包括游步道（小石子路、栈道）、旅游环保车（电瓶车、双人自行车）以及特色交通。

特色交通分为两种：一种是传统型的特种旅游交通。如马、驴、骆驼及各种畜力车等原始型交通工具，特种交通多用于人工痕迹很少的自然环境中，满足旅游者返璞归真、回归自然的心理需要。还有人力车、轿子、羊皮筏、乌篷船、雪橇等民俗型特种交通工具，使游客在娱乐中了解并汲取当地的民族文化。另一种是现代型的特种旅游交通。如索道、气垫船、热气球等，实现登山过海交通现代化，既减轻了旅游者的徒步之劳，也方便了观光游览，获得新奇感觉，提高客运量，加快旅游者集散。

四、软件配套建设

包括车辆租赁服务（汽车、自行车）、自驾车维修呼叫服务、公共交通舒适度提升、旅游旺季交通保障机制等。

2.3　旅游安全保障服务设施规划

一、旅游安全设施建设

危险地带安全防护设施：在相关景区和旅游者活动区域，根据需要进行安全护栏、水上拉网、紧急避难点和安全出口等建设；重点部位配置消防防火等设施；根据需要，在危险地带和旅游者集中的区域，安装监控设备；游览游乐服务设施安全保障：包括交通工具、交通设施、游乐设施、水上游乐设备以及地面防滑处理、无障碍设施等应符合安全规定。

二、旅游救援系统建设

建立旅游求救系统、旅游救援搜寻系统、旅游救援施救系统、旅游救援善后系统等，方便旅游者的信息及时到达相关旅游管理部门，以便及时找到遇到紧急情况的旅游者，最后及时处理旅游者遇到的紧急情况，妥善进行事故的善后处理，降低事故造成的不良影响。

三、旅游安全预警系统建设

旅游安全宣传教育与培训：建立和完善安全说明及须知，在各景点入口和宣传资料上印有安全须知；水上项目等旅游区需安装安全广播；建设旅游气象信息共享平台和预报预警服务平台。

四、旅游医疗救助体系建设

提升医疗硬件能力，设立医务室或医疗救护站，配备专职医护人员、急救人员；在游客集中和有安全隐患的地区，包括水上娱乐区、山地度假区等，建医疗急救点；医疗急救点需要配备日常药品、急救箱、急救担架等。

五、疫情防控体系建设

面对新冠肺炎等疫情，乡村旅游区域需要建立完备的疫情防控体系设施，如测温点、隔离室、观察室、污染物处理室等，按照相关的疫情防控要求，做好各项防控工作。

2.4　旅游便民惠民服务设施规划

一、旅游商业街区建设

打造成特色乡村旅游购物街区、夜间休闲街区、特色餐饮街区等。

二、住宿点建设

根据游客特征和出行需求，建设主题度假酒店、经济型酒店、营地帐篷、特色民宿等规模适度、档次结构合理搭配,适应不同档次游客需要的立体住宿服务系统。

三、公共休憩设施建设和旅游娱乐设施

公共旅游休憩设施是满足旅游者以及当地居民对于休闲、旅游过程中的间歇性休息的必要性和基础性服务设施。

四、旅游餐饮服务设施建设

满足不同旅游者的不同层次的旅游餐饮需求。

五、旅游购物服务设施建设

在相关重要节点,结合服务中心建设旅游购物服务设施,配套旅游购物摊点建设。

六、公厕建设

公厕设置在旅游服务中心、旅游景点及游览区内游人集中停留地段,并根据景区级别设置不同级别的厕所。公厕建设可以参照《旅游厕所质量等级的划分与评定》(GB/T18973—2003)相关要求。

七、景区环卫设施建设

环卫设施建设要求根据人流特征合理布局,系统规划,统一风格。

八、特殊人群服务设施建设

为方便特殊人群的旅游出行,需要针对特殊人群的需要,建设相关的配套服务设施。重点包括:盲道、轮椅坡道、公厕无障碍设计、特殊游览线路设定等。

课程思政小红星

工匠精神

党的十八大以来,习近平总书记关于弘扬劳模精神和工匠精神的一系列重要论述,为我们进一步深化对工匠精神的认识提供了根本遵循。深刻认识工匠及工匠精神的重要理论与实践意义,对于大力弘扬工匠精神,建设一支重知识、善技能、创新型的产业大军,具有重大意义。

从根本上说,工匠精神是一种伦理德性精神。就德性论层面而言,人的一切行为发自内在品格。对完美的追求,精益求精以及持之以恒的探索创新是内在德性的展现。从道德的观点看,每个人都应当追求德性,过一种有德性的生活。德性论认为,在人们的现实生活中,我们可以找到德性行为者作为我们行为的典范。那么,什么样的人可以充当这样

一种典范？道技合一是德性品格的见证。具备工匠精神的大国工匠坚守质量品质，一生打造精品，把产品的好坏看成自己人格和荣誉的象征，他们就是这样具有优美德性、始终追求卓越的人。党的二十大报告中提出："提高全社会文明程度。在全社会弘扬劳动精神、奋斗精神、奉献精神、创造精神、勤俭节约精神，培育时代新风新貌。"2020年12月11日，习近平总书记强调"大力弘扬劳模精神劳动精神工匠精神，培养更多高技能人才和大国工匠。"习近平总书记说："劳动模范是劳动群众的杰出代表，是最美的劳动者。劳动模范身上体现的'爱岗敬业、争创一流，艰苦奋斗、勇于创新，淡泊名利、甘于奉献'的劳模精神，是伟大时代精神的生动体现。"我们要以大国工匠和劳动模范为榜样，投身乡村旅游建设的事业中，做一个品德高尚而追求卓越的新时代劳动者。

乡村旅游设施建设创新

注重交通基础设施的建设标准，同时多元化、特色化打造

可以将乡村旅游的交通工具与旅游体验结合起来，比如品酒列车、自行车谷地骑行等的设计，通过这类产品的规划，提升了原本乡村道路的质量标准，方便于民，多元化、特色化的基础设施打造，更提升当地乡村的吸引力。

宁夏贺兰山东麓观光巴士的设计即是如此，一方面起到了串联贺兰山东麓诸多景点的作用，另一方面也可以在巴士上品味贺兰山东麓诸多酒庄的纯正葡萄酒，享受专业导游对景观的介绍等，一举多得。

建设乡村文化会馆、乡村体验实习馆等

乡村公共服务设施的建设应以乡村居民为本，做到真正地服务于民。乡村文化会馆、乡村体验实习馆等具有较高实操性的新型公共服务设施的建设,既可以是当地文化的旅游展示区,又有利于提高农民整体素质,与时俱进,将公共服务设施的功能转化为实际生产力。

完善乡村互联网设施,大力发展信息服务平台建设

完善的乡村互联网设施,发达的信息服务平台,是乡村振兴必不可少的。优秀的乡村旅游目的地,都具备先进的通信网络,接通每家每户,当下乡村农业产品、旅游产品的输出都离不开网络的营销,因此乡村旅游目的地的基础设施建设应该重点考虑互联网设施的完备建设。

知识拓展

同步案例

关键词点击

在线练习

创新实践

1. 请通过调查研究,举例说明乡村旅游设施建设的现存问题,并提出相应的解决对策。
2. 综合实训:请以你熟悉的或周边的一处乡村旅游目的地为例,经过考察,结合下表对其旅游服务设施进行评价,并结合所学,提出提升建议。

分析项	(　　)乡村旅游目的地旅游服务设施建设情况
旅游信息咨询服务设施	
旅游交通便捷服务设施	
旅游安全保障服务设施	
旅游便民惠民服务设施	
服务设施优化建议	

主要参考文献

［1］王珍秀.乡村旅游经营模式研究[D].华中师范大学,2008.
［2］陈永胜.基于主体视角的上海城郊乡村旅游经营模式研究[D].上海社会科学院,2014.
［3］杨东林.谈国标《旅游资源分类、调查与评价》在河曲县贾家山村旅游景区的应用[J].大众标准化,2020.
［4］贺文梅.生态美学视域下乡村旅游景观设计研究[D].齐鲁工业大学,2019.
［5］史莹,徐阳阳,费文君.旅游产业发展视角下的江宁区徐家院乡村景观空间布局优化设计研究[J].设计,2021.

乡村旅游创新开发与经营实务

主编 张 骏 卢凤萍

模块二
乡村旅游业态与产品

南京大学出版社

目　录

项目一　乡村旅游住宿类业态与产品打造 ... 001

　　任务一　进行乡村民宿定位与选址 ... 002

　　任务二　开展乡村民宿风格设计 ... 008

　　任务三　实施乡村民宿管理运营 ... 015

　　课程思政小红星：诚信经营 ... 020

　　创新创业加油站：乡村旅游民宿创新创业 ... 021

　　创新实践 ... 022

项目二　乡村旅游餐饮类业态与产品打造 ... 023

　　任务一　进行乡村餐饮业态定位与选址 ... 024

　　任务二　设计开发乡村特色菜肴产品 ... 026

　　任务三　实施乡村餐饮业态管理运营 ... 030

　　课程思政小红星：职业道德 ... 033

　　创新创业加油站：乡村旅游餐饮创新创业 ... 034

　　创新实践 ... 035

项目三　乡村旅游营地类业态与产品打造 ... 037

　　任务一　进行乡村营地定位与选址 ... 038

　　任务二　建设乡村营地设施设备 ... 040

　　任务三　开发乡村营地体验项目 ... 043

　　课程思政小红星：安全意识 ... 046

　　创新创业加油站：乡村旅游研学营地创新创业 ... 046

　　创新实践 ... 047

项目四　乡村旅游特色活动与商品打造 ········· 048

　　任务一　开展乡村旅游节庆活动 ········· 049

　　任务二　开发乡村旅游研学活动 ········· 053

　　任务三　打造乡村旅游特色商品 ········· 058

　　课程思政小红星：创新创业意识 ········· 061

　　创新创业加油站：乡村旅游商品创新创业 ········· 062

　　创新实践 ········· 063

主要参考文献 ········· 064

信息化资源目录

项　目		信息化资源	页　码
模块二　乡村旅游业态与产品	项目一 乡村旅游住宿类业态与产品打造	微课学习： 乡村旅游住宿类产品开发	001
		知识拓展： 世界民宿简介	022
		同步案例： 任务1案例：量身选址，绍兴印象 任务2案例：用设计讲故事——"等风来"民宿 任务3案例：揭秘民宿品牌爱彼迎的营销手段	
		关键词点击： 乡村民宿 不可变动成本 变动成本	
		在线练习： 单选题 判断题	
	项目二 乡村旅游餐饮类业态与产品打造	微课学习： 乡村旅游餐饮类产品开发	023
		知识拓展： 乡村美食旅游发展策略	035
		同步案例： 任务1案例：乡村餐饮旅游——预见未来，才能遇见未来 任务2案例："吃"出乡村振兴，广东幸福菜谱又推新品 任务3案例：乡村餐饮监督——我们在路上	
		关键词点击： 乡村美食旅游 产销即时性	
		在线练习： 单选题 判断题	

续 表

项 目		信息化资源	页 码
模块二 乡村旅游业态与产品	项目三 乡村旅游营地类业态与产品打造	**微课学习：** 乡村旅游营地类产品开发	037
		知识拓展： 趣谈营地发展史	
		同步案例： 任务1案例：美丽的木屋营地，乡村旅行也可以很时尚 任务2案例：房车露营地可以提供的配套服务 任务3案例：下渚湖星空营地，打卡20＋户外项目 任务4案例：房车旅行纵享春日野趣家庭小时光——汤山温泉房车露营地	047
		关键词点击： 房车露营地 乡村营地场地规划模式	
		在线练习： 单选题 判断题	
	项目四 乡村旅游特色活动与商品打造	**微课学习：** 乡村旅游活动策划与实施 乡村旅游商品设计与开发	048
		知识拓展： 农耕文化主题创意商品设计	
		同步案例： 任务1案例：乡村创意节庆活动——草莓节 任务2案例：田园柳舍研学寻知，童心描绘非遗传承 任务3案例：让乡村特色农产品包装为旅游商品增色	062
		关键词点击： 乡村旅游节庆 中小学研学旅行 乡村旅游商品	
		在线练习： 单选题 判断题	

项目一
乡村旅游住宿类业态与产品打造

项目概述

党的二十大报告指出"发展乡村特色产业,拓宽农民增收致富渠道。巩固拓展脱贫攻坚成果,增强脱贫地区和脱贫群众内生发展动力。"乡村旅游是我国旅游消费的重要领域,乡村民宿等住宿业的发展是乡村旅游发展的重要内容和新的热点,是促进全域旅游发展和推动乡村振兴的重要手段。随着不同类别和档次的旅游民宿的涌入,其产品设计和运营管理也逐渐成为旅游住宿业和旅游研究关注的焦点。本项目主要从乡村民宿定位与选址解读;乡村民宿风格设计;乡村民宿管理运营分析三个维度展开,为乡村旅游住宿类业态与产品设计和民宿运营奠定基础。同时融入诚信经营、职业理想与职业道德、生态文明意识、工匠精神等课程思政元素。

项目目标

1. 掌握乡村民宿定位与选址的原则和内容。
2. 能够科学开展乡村民宿风格设计相关工作。
3. 能够了解民宿管理运营开发策略及路径。
4. 贯彻落实党的二十大精神,弘扬诚信文化,做到诚信经营等。

配套微课

微课:乡村旅游住宿类产品开发

任务一

进行乡村民宿定位与选址

任务目标
1. 理解乡村民宿概念及特点。
2. 掌握影响乡村民宿定位的主要因素。
3. 了解乡村民宿选址的步骤和方法。

1.1 乡村民宿概念及特点

一、民宿的相关定义

民宿是指利用自用住宅空闲房间,结合当地人文、自然景观、生态、环境资源及农林渔牧生产活动,为外出郊游或远行的旅客提供个性化住宿场所。除了一般常见的饭店以及旅社之外,其他可以提供旅客住宿的地方,例如民宅、休闲中心、农庄、农舍、牧场等的住宿产品,都可以归纳成广义的民宿类。

2017年,国家旅游局发布的《旅游民宿基本要求与评价》中对"民宿"给出了定义:"民宿是指利用当地民居等相关闲置资源,经营用客房不超过4层、建筑面积不超过800平方米,主人参与接待,为游客提供体验当地自然、文化与生产方式的小型住宿设施。"各地对民宿的定义略有差异,但基本认为民宿就是将私宅的空余房间出租出去,通过让游客体验当地风土人情的途径,促进游客与游客、游客与民宿主的感情的住宿类综合产品。

二、民宿的主要类型

民宿表现出了旺盛的生命力,可以按照多种标准对其进行分类。

(一)按发展类别可分为传统民宿和现代民宿

传统民宿多以百姓的民居为依托改造而成。这类民宿在外观上基本保留原貌,内部进行适当的改造装修。它们一般具有一定的历史年限,比较多地保存了当时当地的建筑风格和文化遗存,具有一定的历史文化价值和研究价值,是民宿当中的主流。现代民宿以新建为主,一般依照当地的建筑风格辟地新建,也可移植域外名宅、名村,或由设计师进行创新设计,形成反差效应,增强吸引力。

(二)按地理位置可分为乡村民宿和城市民宿

乡村民宿分布在广大农村,具有比较浓厚的乡土味,配套景观和特色活动往往比较丰富。也可以把建在城市或城郊的按照乡村风格建设的民宿称为乡村民宿。同理,城市民宿坐落在城区。它可以是城中的古民居,也可以是城市居民利用自家空余房以家庭副业的形式对外接待客人的民房。

(三)按服务功能可分为单一服务型和综合服务型

单一服务型是指只提供住宿服务,此类民宿一般紧靠大型景区、旅游综合功能区和城市,因为所依托的区域旅游功能比较齐全,住宿以外的服务能够方便地得到解决。综合服务型是指除住宿外,还能满足其他的服务需要,如餐饮等。有的民宿自身就是旅游吸引物,除解决吃住外,本身还有观光休闲养生等功能。

(四)按规模可分为居家散落型、单独打造型、小簇集群型和连片新建型

居家散落型民宿的主要功能是居家,即房屋主人还住在该处,在满足居家条件的前提下,把多余的房间整理出来做接待客人用。其特点一是家庭味浓,跟房主家人住在一起,过的是家庭化的生活;二是接地气,住的是真正的百姓家,能更好地了解当地的民风民俗,融入百姓的生活,使旅游更具体验性;三是服务家庭化,住在百姓家里,其每个家庭成员都有可能是服务员;四是无规则,分散布局,星星点点散落在村庄里、街道上。

单独打造型民宿指的是民宿主人选择合适的地点建造几栋民宅打造成民宿。这类民宿多见于交通要道旁,多以提供特色餐饮为主,兼作住宿,功能往往比较齐全,除食宿外,还注意环境和景观的打造。

小簇集群型民宿是把一个村庄、一条街道或者其中的一部分进行整体规划,连片打造成的民宿。这类民宿主要依托的是古村古镇、民族地区。其特点是有规模、有特色,且管理比较完善。

连片新建型民宿,即完全在一块新的土地上规划建设成片的民宿。这类民宿有的移植国内外某一名村名镇异地打造;有的是恢复已经消失了的历史名村名镇;有的是根据某一文化主线或某一特色资源打造的特色小镇。这类民宿主要由政府开发,百姓经营。

(五)按民宿发展层级可分为一般民宿、精品民宿和主题民宿

一般民宿主要以居家民宿即传统民宿为主,其特点是原始、朴实、真实。原始即原封不动地保留建筑物的原始状态;朴实即对民宿的外观、内饰不做或少做改变,把民居的本来面貌展现给游客;真实即如实地展示建筑风貌、特色,如实地展示原始的生活状态。

精品民宿主要体现在一个"精"字上。与一般民宿不同,它在保留原建筑物外观特色的基础上,对内部装饰会作较大的调整。一是设计精,按照现代人的生活需求进行设计。二是用材精,在选材用料上讲求高档。三是特色精,体现当地的风俗,有文化底蕴。这种民宿的美感度、舒适度、享受度甚至胜过高星级宾馆。

主题民宿拥有清晰的主题,这样的民宿往往本身就是旅游吸引物,比如莫干山的山

居、西湖旁的鸟山鸣民宿，还有以动漫角色为主题的民宿。这样的民宿在文化上具有吸引力，在此地可以领略并体验异地、异国的风情风貌。

（六）按产权可分为私有民宿、集体所有民宿、国有民宿和社会民宿

私有民宿是指产权在每家每户，属个体私人所有，其主体是大量的民居型民宿。它们产权归个人所有，自主管理，自主经营，自负盈亏。

集体所有民宿也分几种，一种是产权为宗族、家族集体所有，如南方地区的客家围屋。这种围屋规模大，房间多，功能全，历史较为悠久，由于牵扯的家庭多，一直没有进行产权分割。用这种民居改造成的民宿，其所有权为家族集体所有，一般由家族组成理事会进行管理和经营。另一种是我国不少农村还保留了集体所有制的民居，用这种民居做成的民宿其产权仍归集体所有。

国有民宿是近些年来新出现的民宿类型。主要是国有企业收购的民居或新建的成片民居。社会民宿则主要是指由社会资本，如私营企业、企业集团等投资建设和经营的民宿。

三、乡村民宿的主要特点

作为一种新兴的乡村旅游产品，乡村民宿具有一些基本特性。

（一）乡村文化特质显著

民宿是一种建筑，建筑是一种文化，是文化的物化表现形式之一。因此，民宿虽然个性化特征明显，但脱离不了当地乡村文化的影响，在外观、建筑风格、内部设施等方面都能体现本土文化特色。

（二）"乡愁"味道浓郁

由于民宿历史痕迹明显，乡土气息浓厚，贴近甚至融入百姓生活，因此，很容易引起人们的思乡之情，勾起人们的儿时回忆，是典型的"乡愁"型旅游产品。这是乡村民宿的典型特征，也是民宿的吸引力、生命力所在。

（三）兼具观赏性、体验性和研究价值

一幢民宿，往往是一段历史的截图，一种文化的化石，一种风俗的遗存。同时，住民宿可以让人体验当地百姓的生活，领略当地的乡土民风民俗，品味地道的当地美食，其体验性不同于住宾馆酒店。

1.2 科学进行民宿定位

乡村民宿定位具有重要的现实意义和实践价值，那么应该如何进行民宿的定位，继而体现科学性和合理性？在此需要重点考虑以下方面。

一、自我价值定位

一个真正有灵魂的民宿是靠情怀撑起来的。那么,可以说乡村民宿开发的首要条件之一就是一个具有客栈民宿情怀和追求的"主人",这个决定了这个民宿的调性。主人是什么样的人,通常已经决定了开什么样的民宿。寻找自身性和民宿特质之间的交集,将自身定位和民宿风格定位融为一体,是民宿定位的首要因素。

二、市场需求定位

市场定位是一个比较宏观的概念,是关于在住宿行业里的定位。乡村民宿属于住宿行业里的非标准住宿,在进行定位的时候,要先对以下两个要素进行抉择。

1. 地域定位

乡村民宿投资地域的选择、地域定位中,有大地域定位和小区域定位两种。大地域就是某一个省份、城市、县镇、乡村的定位。小区域就是在这些大地域里的某一个区域。以大理为例,选择大理就是大地域定位。选择大理古城、洱海边、苍山下、沙溪古镇、诺邓这些区域,就是小区域定位。

2. 档次定位

乡村民宿要做低端市场、中端市场,还是高端市场。对客户市场的细分有了清晰明确的定位,才能在客栈民宿建设、经营、营销推广过程中做到有的放矢。

三、目标客户定位

目标客户定位是对市场的每一个细分,在细分市场里找蓝海。能够精确知道我的客人是谁,这一类客人有什么特征,消费习惯是什么样子。如主题类客栈民宿,这类客栈民宿目标客户是一群喜欢这种主题的人群,诸如动漫主题、茶文化、摄影主题、禅文化主题客栈。主题类客栈目标客户很精确,沉淀后会形成了自己的圈层客户。

具体操作时,首先需要临摹客户画像,对客户标签化及整体化的一个系统性概括,主要可以从以下几个方面概括:

客户自然特征:性别、年龄、教育程度、职业、地域、社交偏好。

客户兴趣爱好特征:兴趣爱好及消费习惯等。

客户社会特征:社交偏好及获取信息渠道偏好等。

客户来源结构:① 地域来源:本地客户、就近周边客户、外地客户、外籍客户。② 渠道来源:线上、线下、熟客介绍、团客(旅行团、商务会议团、培训学习团、活动团)等。

定位好目标客户群后,才能更好地对乡村民宿的房型、价格、营销策略、渠道等进行定位梳理。知道了客户是谁,有什么行为爱好,才能够更好地为这一类人进行有针对性的服务。

第二,进行目标客户群细分。客栈民宿的目标客户群可以粗略分为两大类:假期旅游度假人群和周末休闲人群。如大理、丽江为代表的旅游目的地客户一般是旅游度假休闲人群,而诸如莫干山、杭州的民宿市场,客人一般是来自长三角地区的周末休闲人群。不同于酒店,商务会议人群在客栈民宿中的占比很小,不过这也是未来的细分人群市场。随着商务活动的高端化和个性化,商务会议选择地将会倾向客栈民宿聚集地,一边度假旅游一边开会。

四、民宿房型定位

明确了客户目标群后,设置什么样的房型及各类房型比例就比较清楚了。总房间数多少,大床、标间、家庭房比例多少,哪类房型为主。乡村民宿房型一般包括:大床、圆床(适合情侣、夫妻等)、标间(适合朋友、团客)、家庭房(适合家庭人群出行)、亲子房(父母带小孩人群)、套房(适合家庭)。如以接待团客为主,那么房型设置以标间为主。如果主打亲子型,就以亲子房型为主。

五、民宿价格定位

在确定了目标客户后,对其经济基础进行一定分析,以及对客户的心理预期做出评判。在此基础上,对价格进行定位,做出一个价格系统。如某民宿的客户目标是以学生群体为主,那么价格区间就不宜太高。

六、营销策略定位

针对目标客户群的特征,在以后运营中展开相应的营销策略,主要明确以下问题。

用户在哪——用户在哪营销就去哪,这是对流量的一个判断。如用户集中在马蜂窝这一类UGC旅游攻略网站,那么就去马蜂窝做内容营销。如果客户行为爱好喜欢动漫,那么就去类似哔哩哔哩视频网站。

用户喜欢什么——了解用户群特征,选择和用户特征相对应的营销策略。

什么场景下用户会选择——营造强化用户使用的场景。

1.3 民宿选址的步骤与方法

一、确定区位品级

明确了乡村民宿的主题和定位之后,接下来就需要对民宿进行设计和营建,此时需要考虑的主要问题就是如何科学地进行民宿场地选址,以发挥其最大的价值。此时,区位是不得不考虑的首位条件。

区位是指主体所处的特定场所与空间。区位品级则是特定场所或空间各种条件因素的丰厚程度与能量大小。区位品级的高低直接影响到主体的市场覆盖能力、产品差异化吸引能力、品牌塑造能力、议价能力和可持续创新能力。因此,要从区位论的角度研究民宿,即要研究民宿在特定场所或空间能够获得最佳综合效益的空间组织优化问题,要求充分考虑不同区位各种条件因素的差异,实施最优化的选址决策。民宿的区位条件因素包括气候因素、自然环境因素、文化资源因素以及社区因素等。

区位品级高低决定着民宿未来市场的广度与深度，影响着民宿规模、投资大小、服务功能设置、预算决算、人力资源计划、品牌设计与推广等发展战略决策，更决定着民宿风格、产品设计、服务方式、市场营销方式等经营策略的制定，制约着民宿核心竞争力的培养和建设，必须慎之又慎。

二、综合考量要素

具体在开展民宿选址工作时，结合区位特征，还需要统筹考量以下因素。

（一）气候条件

乡村民宿产品具有鲜明的度假指向，气候是重要条件，而且在所有条件中，也是最稳定的一个要素，长时间段内不会发生剧烈变化。常年温度的宜人，光照及降水的适度，不会出现长时段的极端天气，都是选择的前提。例如中国北方的大部分区域，属于季风性气候，夏天炎热，冬天寒冷；还有青藏高原地区，部分地区适宜营业的时间段较为有限，选择需要谨慎。

（二）交通条件

作为一个需要消费者到达目的地进行消费的行业，到达的便利性是尤其重要的因素。距离市场的远近决定了投资客栈民宿潜在客群的规模。随着我国各种交通网络布点的完善，特别是高铁和机场建设的推进，时间距离成为和物理距离同样重要的影响消费者的参考项。

（三）生态条件

因为乡村民宿属于休闲旅游的范畴，消费群体大多来自城市，一定意义上，是希望对日常生活的一种转换。因此所处乡村区域的生态环境好坏是游客进行选择的重要参考项，空气、水体干净，周遭环境无破坏，无过多违和建筑，保持一种原生态是最理想的情况。

（四）景观价值

乡村民宿其实是游客出行的集成点，民宿的选择其实是综合了旅行度假的综合诉求。或者说，一个区域民宿客户来源，很大程度上对于旅行度假住宿群体的配套。因此，所处区域景观的独特性就显得尤为重要，景观的独特性意味着带来的客群流量。如果所处区域有一个5A的景区，或者有一个世遗景点，那对应的流量就比普通的区域更有竞争优势。

（五）区域基础配套条件

乡村民宿体量较小，在布局上具备灵活性，可以在其他建筑功能区内伴生，也可以作为独立的个体进行运营，但无论是混居还是独立运营，作为经营主体所需要的水、电、排污、消防等诉求都需要考虑，所在地如果基础配套不全面，就会导致整体的建设运营成本偏高。特别是在一些风景区内，排污管网设施、水电通路都要做系统的考虑。

(六) 综合成本

乡村民宿在运营中,除非是自有物业,只要是租赁或购买的物业,都会成为做这个行业的一个重要支出。作为一个投资的项目,也是最大的一项固定成本支出,因此是需要做提前的考察。项目建成后,需要综合考量是否易于运营,适合的工作人员是否容易获得,当地人工成本的高低,物价的高低,日常变动成本的考量都是非常重要的条件。

(七) 区域政策

区域政策作为民宿行业最不可控的一个因素,因为是新业态,所以很多政策法规不甚明朗,不同区域的地方政府对该行业所抱持的态度也不一样。民宿运营所需证件办理的难易程度,遇到一些政策性的利好或利空,甚至都有可能对投资项目造成重要影响。因此,对民宿建设地区域政策的熟悉和掌握程度,一定程度上决定着民宿建设运营的优劣。

(八) 客流稳定性

民宿作为一种规模小、运营灵活的住宿形态,同样存在市场不景气的状况。特别是对于一些高端民宿,配套人员较多,季节性的客流变动会对收益造成较大的干扰。一个区域是否能形成客栈民宿的集群,稳定的客流是一个重要的前提。

(九) 区域文化氛围

民宿除了投资属性,其本身还带有文化属性,因为其驱动力来源于大家对于这种生活状态的向往,并希望以运营的民宿的形式去实现。对于消费这种住宿形态的群体,也是冲着这种生活方式前来。因此区域文化氛围是非常重要的要素,也是一个地方能不能吸引很多有这种共同志趣的人前来投资乡村民宿并形成集群的要素。而所在地的民情,是否让人生活其中愉悦,旅行过程中不产生额外的负担,是一种无形的力量,无论对于民宿投资者,还是消费者,都是一个重要的选项。

乡村民宿的选址是民宿运营前的重要环节,决定着后期民宿建设运营的走势和发展。当然,客观条件只是若干因素中的一部分,用主观能动性的积极心态去合理运作,也会弥补一些客观条件的不足,最终达到理想的效果。

任务二　开展乡村民宿风格设计

任务目标

1. 掌握乡村民宿风格设计的特点和原则。
2. 了解乡村民宿设计的步骤和方法。

2.1 乡村民宿风格设计的特点和原则

一、乡村民宿风格设计的价值

从旅游角度来说,随着交通的发展和自驾车的普及,自驾游、深度游、自由游、体验游逐渐成为流行和风尚,乡村民宿是以知识经济为基础、以自然生态环境为依托的创意生活品类,迎合了游客自由体验的需求。从经济角度来说,乡村民宿提升了乡村旅游品质,可以为推动农村经济结构转变助力,增加农民收入。从文化角度来说,民宿发展有利于发掘和保护当地人文历史、自然生态,用现代的文化创意手段来延续传承当地文化民俗,从而重塑乡村的魅力和提升乡村的文化竞争力。从社会角度来说,乡村民宿是携带现代城市文明基因向农村地区延伸的桥梁,符合现代人的兴趣、梦想、生活理念和审美需求,促进农民素质的提高,农民生活方式的改变,农村社会价值观的提升。因此,民宿的设计应当结合乡村地方自然与人文资源及农、渔产业文化,结合美食、体验、导览解说、知性之旅和地方深度风土旅游等,这样才能够促进乡村民宿产业的发展,才能为农民创收提供可行之路。

二、乡村民宿设计的特点

乡村旅游最大的吸引力在于乡土特色和乡村味道,乡村民宿是带给游客"农"味和"家"的感觉的重要载体,直观地彰显了当地乡村旅游的风格和特色,是影响游客停留时间的重要因素。

乡村民宿注重的是发展定点式的深度旅游体验,乡村旅游的住宿功能全面与否,是乡村旅游发展的重要指标。强调以好山、好水、好空气的住宿品质来招揽游客,因此乡村民宿的功能应该与当地的旅游资源类型、定位相结合,发挥本土优势,开发富有创意的住宿体验。在设计时,大到建筑风格,小到卧具的配置,都应该仔细考究,与乡村环境、乡土气息协调一致,从而提升民宿的整体层次,吸引更多的游客和重游。具体而言,乡村民宿设计有以下特点。

(一)民宿民居化

乡村民宿的设计应结合当地的地理环境,因地制宜,例如利用民居改造,或盖一座砖瓦房、造一座小木屋、垒一座石头屋等凸显民宿的民居化。

室内装修要突出农家特色和乡土文化及自然风景。比如,睡在农家的木床上,盖上农家干净的扎花棉被,感受乡间夜晚的蛙鸣和安静,是体验与城市不一样的乡村野趣的一种方式。

各式民宿设计

(二) 装饰民俗化

乡村民宿的装饰应与当地民俗文化紧密结合,突出乡村气息,给城市游客不一样的感觉。门上贴的对联、门画、门笺,堂屋贴的农民字画、年画,陈设的香案;窗户、顶棚、箱柜贴的剪纸;窗帘、枕头、枕巾、床单、桌布等采用的地方刺绣、挑花绣、印花布等工艺;根据所在地的自然条件与农耕文化特点,与果、茶、药、花、菜园等相结合,设置木篱笆等。此外,民宿院落应充分体现乡村生活的自然变化,圈养的动物、鱼塘等是一个天然的课堂,让游客耳目一新,感受乡村的自然美。挂几串玉米及斗笠,贴几幅春联、剪纸,客房内的布置亲切温馨,房间装修简朴大方都会让游客兴趣盎然。

民宿装饰

(三) 设施简洁化

乡村民宿的内部装潢以简约为主,让游客感到舒适。要注意,客房之间应具备有效的隔音措施,房间应该有良好的自然采光和通风设备。尽量配备卫生间,而且卫生间应该24小时供应冷热水。

完备的设施

(四)环境幽静化

乡间的夜晚安静而富有诗意,许多城里人来乡下住宿就是为了体验乡村夜晚的魅力。因此,民宿应该充分考虑外部环境,尽量选择安静且环境优美的地方,使居所被绿色环抱。游客躺在镶嵌于山水林木间的民宿里,听着屋外的虫叫,嗅着窗外浓郁的花果清香。早晨醒来,阳光洒满整个床铺,鸟儿在外面叽叽喳喳地嬉戏。这样的休闲体验一定能让游客流连忘返。

民宿环境

三、民宿设计的原则

结合民宿特点,具体开展设计时,应考虑以下基本原则。

(一)本土化原则

游客在挑选民宿时,更多的是关注当地的景观与文化特色,而民宿是该地区文化的展示窗口,是最适合表现当地特色与风情的地方,也是最吸引游客的地方。民宿设计,必须充分挖掘和突出当地文化元素,让游客体验与自己所在地不同的文化。如果民宿不断地吸引回头客,说明民宿设计满足了游客探索当地文化、生活方式的好奇心,这样的设计才是成功的。

(二)业态精原则

在对民宿设计之前,必须找到要服务的客群,选择合适的客群,有针对性地进行设计和营建。乡村民宿的房间数不宜过多,一般认为 20 间以下,有的民宿客房只有 5 间,有的面积在 150 平方米以下,说明乡村民宿不必追求规模与奢华,精致、有特色、小而美才是乡村民宿的基本业态。通过投入合适的成本与设计,让效果最大化,营造出一个极具特色且舒适的住宿空间,给客人留下美好的印象。

(三)质朴性原则

做民宿不能只把"房间"做出来,还要把当地人的生活做进去,把当地的文化特色做出来。在将老民居、民宅改造成民宿的过程中,需遵循质朴、自然的设计原则。除必要的安全和服务设施外,力求对原来的建筑、室内、生活环境的最小破坏。

(四)民俗化原则

一座乡村民居住宅,里面满屋都是民俗文化。当地人的家训家教、价值取向等当地风俗的文化符号,集中体现在民居的室内外。游客之所以选择民宿,要的就是这份体验。所以,做民宿不能脱离当地民俗文化,不能只重视外表,而是要把民宿内在的东西做出来,把当地的风俗习惯融入进去,把民宿的灵魂做出来,这样的民宿才有生命力。

(五)生活化原则

乡村民宿设计时,要研究当地人的民俗风情、生产劳动,尽量把当地人的生活融入民宿设计中,把当地人的生活情趣呈现出来,保持当地人生活习俗的原形和原貌,让游客体验当地人的生活传统。

(六)融入感原则

乡村民宿设计要融入当地环境,融入当地的建筑风貌、融入周边的环境。无论是建筑、设施还是业态,要尽可能就地取材,尽可能保护原建筑的特点,尽可能保护原生态环境,营造人与自然的和谐统一,让民宿再现当地的生活风貌。同时,在民宿里,可以设计一些主体化的体验项目,比如找当地的说书人、艺人来民宿表演,让游客感受地道的本土文化,体验当地人的真实生活,让旅行更丰富多彩。

2.2 开展乡村民宿设计工作

一、优化空间适应性

主客区设计。主客区域倘若不在同一建筑中,可对主人区就近安排,主客区域距离控制在 50 米之内，便于经营管理；主客区域倘若在同一建筑中，可使用动线和视线阻隔，确保彼此空间的独立性。倘若处在顶楼尽头或一层的尽头设置主人房，还应有独立的出入口。

客房设计。民宿与传统酒店间存在一定差异，在实际设计中一般需要依照消费群体需求、主题、景观等进行设计。在当前民宿体验游当中共有五类消费人群，即个人游、家庭游、同学或朋友游、情侣游、团体游。这五类人群的同行人数和消费需求都有所差异，所需客房类型也有所不同。在实际设计中，应基于安全、景观、隐私等因素开展，重点设置在二层或以上，并将顶层设计为跃层空间，强化竖向空间本身的多样性。另外，还要注重其尺度控制，强化空间的流动性。一般情况下，需确保所有客房都有卫生间，大多数面积控制在 6 平方米以上。具体需遵循这几项原则：一是保证设计的多样化，除了要具有常规房型（标准间、大床房、套房），还可以通过空间尺寸控制进行不同内装设计，以此给用户带来更多选择。二是注重景观多角度重构，比如通过窗户的尺寸、位置等把自然景观引入室内；或者通过阳台、露台等加强和自然景观的联系。三是注重室内的乡土性，比如把旧有屋顶改成阁楼，强化空间多样性；或通过室内装修打造乡土气氛，如使用木架构外露形式（木材、砖块、石材、竹材）进行装饰。此外还可以适当使用内置家具或相关装饰手法强化乡土气息。

公共空间设计。游客选择民宿除了有住宿需求，很大一部分原因是希望能够体会到另一种生活方式，对此在实际设计过程中还需要有一定空间进行交流，充分了解当地的风土人情。常见的公共空间包含接待空间、餐饮空间、入口门厅空间、交流空间等。有些民宿还会在自身定位和主题等因素基础上增加一些附加性公共空间，如酒吧、茶室、手工坊等。在餐饮空间中，一是要注重灵活性，比如可以把院落、天井等加以利用。二是要注重视线的畅通性，即使用大窗户、门等设计，把室外景观引入室内餐厅空间。三是注重社交的功能性，加大和其他功能空间的联系。在附加公共空间中，可重点使用闲置房改造，或者新建，但不要给主体私人空间带来声音等干扰。

二、展现建筑的地域性

通常建筑体量、材料及外立面都会直接影响到整体风貌，同时也会给乡土聚落肌理带来影响。所以在实际设计过程中必须加强这几项因素的控制，适当延续当地整体的立面形式，使用适宜的材料建设民宿。

1. 体量与尺度控制适当

通常进行民宿开发设计都会基于原本建筑的尺度与形式，通过置入相关功能，更新界面，使其与聚落整体环境和谐统一起来，但又与传统居民之间有所区别。

在改造民宿时，不论是改建还是加建都应当控制好建筑底界的进深尺度及开间，不能出现底面过大的问题；同时还要把建筑高度控制在一般水平，即一到三层。设计过程中可以充分应用原始场地条件去布局，把大体量建筑直接分散置于场地中，营造出小尺度建筑围合成的合院式布局，确保整体体量不会给聚落空间结构带来过大破坏。如果是新建建筑可直接参考周围建筑的基本体量,在不影响界面的同时适当调整,从而达到强化其形象可识别性的目的。

2. 保证立面和传统的一致性

当前大多数乡村都蕴含着当地特有的民族文化和地方传统。因此在开发设计民宿的过程中,还需要特别依照民居的本土样式适当对其内部功能进行创新,加强对外立面的保护,实现乡村整体的统一性。

一是注重屋顶形式的延续,不但要延续外表,还要修缮保留内部结构。比如传统木构架除了在内部发挥着承托屋面和划分空间的作用,在外部还通过悬挑的形式留下了特殊的空间,展现着乡土气息,因此在设计过程中还应当对其形式与空间意象进行适当保留。

二是注重墙面色彩控制,一般对于旧式设计改造来说,直接保留旧有建筑的色彩即可;对于其他民宿则要与当地的建筑整体色彩一致,减少高饱和度颜色的应用量。

三是注重门窗优化。如果是以修缮为主的核心建筑,在改造中可适当保留门扇和窗扇,但这可能会引起室内密闭性差、环境舒适度不高等问题,所以还需采取相关工艺进行修复。其他类建筑则可以适当将窗洞开大,或者重新设计。在重新设计过程中,一方面可以直接使用现代技术和材料建设门窗,另一方面可以应用当地传统样式和符号定制门窗。

3. 注重材料的乡土性

第一,直接利用原始建筑材料,比如土墙、木材、瓦、砖等。其中土墙包含了泥土墙和夯土墙两类,其原始的纹理质感及土黄色调是非常典型的乡土性特征。木材则可以直接被应用在建筑隔断、门窗等方面。瓦作为传统坡屋顶的重要构件,除了可以将其作为第五立面,还可以在民宿院落当中设计成具有装饰效果的景致。比如给外墙门窗洞口应用相应的堆砌方式营造出镂空的景观效果。砖则与土墙比较类似,早年乡土聚落中最常见的就是青砖砌筑的民居建筑。通过砖的科学应用,能够使墙面展现出传统建筑的肌理,但需注重对地方适应性的权衡和考虑。除了基本的围护作用,各种砌筑手法的合理应用还能营造出不同的装饰与隔断效果。第二,循环利用地方乡土材料,比如石材、稻草、竹子等,通过不同的处理方法达到相应的装饰效果。

三、营造室外环境特征性

与普通旅馆相比,民宿的场地布局往往多变且复杂,并不像普通旅馆那般平铺直叙。整体场地上,它包含了院落和建筑两类空间类别,在视觉空间上完全是虚实渗透和整合的形式。

1. 因地制宜布局场地

在场地划分当中应以地貌特征为核心竖向布局,或者在场地原型水平布局。

一方面,以地貌特征为基础竖向布局。具体可以依照不同的坡度和地势,适当控制建筑高度,使其在不影响视野和采光的基础上,有效扩展和延续自然形成的聚落天际线。在处理周围地势中,可以直接把院落作为虚空间,有效连接山地和建筑,起到良好的过渡效果。

另一方面，以场地原型为基础水平布局。一是对等型形式，即院落处在建筑之前成为前景空间，优化场所的空间层次，院落和建筑之间的布局关系比较单一。这种布局比较适合应用在单体民宿的设计上，不会给聚落整体肌理格局带来过大影响。二是合院形式，即建筑布置较为集中，院落的作用在于隔离建筑和外部空间，同时联系着各个单栋建筑，能够有效减少建筑体量，使其和周围景观协调起来，也不会给聚落环境带来大影响。三是散置形式，即建筑直接散置在聚落中。这种形式基本都是从单栋民宿发展而来，可能因为产权或者选址的问题，导致后期开发的单栋民宿无法实现集中布置，进而散置在聚落当中。这种形式能够有效连接聚落道路与景观，充分融入聚落中，可以有效保护村落传统风貌。

2. 注重室外环境的特征性

入口空间，应该充分展现出引导性、标志性和过渡性。比如增加指向标牌、设计民宿独特的标志要素等。院落设计时应该遵循空间叙事、整体构建以及场所体验等原则。其中空间叙事可以直接将主人的经历、生活方式、爱好等应用进去，以此强化院落的感染力；整体构建则要适度提取地方特征要素，使用地方建造手法或材料进行营造；场所体验则要注重对人行为的设计，或者使用本土材料和技艺强化游客的乡土体验。整体设计应该注重自身的完整性，同时与周围环境、建筑保持统一。

任务三　实施乡村民宿管理运营

任务目标
1. 掌握运营管理体系内容及特点。
2. 掌握民宿服务标准及规范。
3. 熟悉营销推广和客户管理流程。

3.1　民宿运营管理体系内容及特点

一、民宿运营的发展

我国民宿起步于 20 世纪 90 年代初，最初的业态包括农家乐、家庭旅馆等形式，这是民宿行业的初始状态，即为 1.0 时代。这一阶段民宿由拥有房屋的业主对房屋进行简单装修达到入住标准，以收取床位费为主要收入来源，房间数量较少，从业人员素质不高，主要为缓解一些地区旅游住宿难的问题。

快速增长阶段。经过多年的发展，旅游民宿在硬件、服务上都有了较大改观，民宿经营出现了产权和经营权分离的经营模式，服务人员素质得到了较大提高，销售方式日趋多元化。2015 年，莫干山民宿发展成为民宿行业的旗帜，80 多家精品民宿聚集在浙江省莫干山。随后,莫干山的民宿效应在全国被纷纷模仿,国内也掀起民宿热潮,资本和创业者不断涌入。从2016年开始,民宿入住量呈现井喷式增长,民宿行业正式进入2.0时代。

品质提升阶段。从2017年开始,伴随千宿科技、千里走单骑、云舍等民宿品牌相继提出"民宿群落"概念,民宿行业正式进入3.0时代,逐步实现民宿的快速转型发展。2018年国内民宿行业整体经过深度调整,一批低端民宿逐步被洗牌,取而代之的是,大量的中高端民宿逐渐兴起。

二、新时期民宿运营管理体系的内容及特点

民宿的发展已进入新的阶段,未来如何优化民宿的运营管理体系,打造自身特色品牌优势,需要明确新运营管理体系的主要内容及特点。

(一)消费人群及行为分析

民宿消费人群需要进行市场细分,通过细分找到自身的独特核心价值,为后期组织资源与相应的客户匹配明确方向。在这方面,很重要的一个趋势是Z世代人群崛起,家庭亲子出游占比居高。因此,基于这样的消费趋势,民宿运营方可以适当开发个性化的产品,以满足客群的多元化需求,例如文创、手作、非遗等,结合民宿项目所在地的地域特色、文旅资源,提升民宿的品质,丰富内涵。

(二)管理服务流程

一套成熟的管理服务流程通常构成民宿的基础竞争力,既要保证流程的标准化,又要保证服务的个性化。看似烦琐的流程,其实是注重细节与品质的体现,对于旅客来说,享受到高品质的体验往往能够提升复购率。

(三)管理风格

民宿的成长是行业的成长,也是员工的成长,在这里,每一个人都可以活成自己想要的模样。坚持运动,让身体健康,让心情愉悦;坚持培训,让每一个员工都有机会站上舞台分享,既是专业,也是快乐;坚持团建活动,让团队更加紧密。在某种程度上来说,民宿本身代表的是一种生活方式,同时旅客想要在旅途中所获得的也正是一种生活方式,因此,民宿管理团队的理念和方式,将直接影响到旅客的体验。

(四)服务规范与标准

在民宿行业,与其建立一套"毫无温度"的规范标准,不如倡导正规不正式的服务理念。所谓"正规",是隐藏在民宿背后的运作体系、组织构架都应该是专业的,甚至是小到遥控器的朝向、浴巾的摆放这种细节,背后都有完整的标准作业程序在支撑。而所谓的"不正式",管家可以陪客人过生日、摆宴会,甚至帮宾客策划一场求婚,就像朋友那样。而在培育明星管家上,所有的激励机制、培训方式、薪资待遇的构成,都注重以客人的体验为指标去衡量。因此,倡导正规不正式的服务理念,通过这种理念的落地将服务做到位。

（五）配套设置及活动

将民宿周边资源充分运用,例如民宿周边是农民的一片梨园,不仅可以把梨子榨成一杯新鲜的梨汁,做成可口的梨糕,也可以作为伴手礼,还可以加入农业观光。竹林挖笋、稻田农事、林间慢宴、蔬果采摘等诸多就地取材的体验却能成为客人独特而美好的记忆。通过资源的充分运用,丰富民宿的活动内容,将民宿变为旅游目的地。

好的运营理念是造就优秀民宿的基本条件,而经营者自身必须要有一个关键的认知,自身一定要有终身学习的概念,只有不停深造才能够提高自己的专业能力和民宿的特色与品味。

3.2 民宿服务标准及规范

一、服务人员要求

要保障民宿的服务品质,首先要有服务的员工。一般一个民宿需要以下几类员工:清洁卫生的阿姨、厨师、杂工、一对一的管家、民宿主人。很多民宿主人为了节省运营成本,往往一人包办所有的事情,这样不仅自己忙碌,服务也跟不上。全职的民宿主人在淡季确实可以兼任管家、厨师的工作,但大部分时候民宿主人无法取代管家的职位。以"丽江王子别墅客栈"为例,王子别墅客栈定位中高端,总共有 10 个房间。其请了 1 位阿姨打扫卫生,1 位杂工,1 位厨师做饭,请了 3 位管家提供一对一管家服务,帮客人安排行程和接机,床单被褥等都是外包给专门做酒店清洗的。虽然是 10 个房间的客栈,但也是十分正常规范的运营体系。网红民宿"过云山居"有 8 个房间,请了 1—2 位专职管家、1 位厨师、1 位普通服务员工、1—2 位阿姨打扫卫生。

整洁的内部环境

二、服务标准和规范

好的服务品质还需要有一定的服务标准。成熟的星级酒店有一套非常成熟的服务标准和规范,通常员工一进入酒店工作就会拿到一本厚厚的员工服务手册,从仪容仪表、态度、微笑到每一个服务场景该怎么做都会规定得很清楚。而民宿虽然标榜为非标准化的住宿,但并不意味可以什么都不规范,其仍需要在规范化服务与非标准化的服务之间寻找一个平衡点,分清楚什么该标准,什么要个性化。

民宿服务规范一览表

可以标准化/规范化的方面	半标准/个性化的方面
房间卫生(尤其是洗手间)	用心、微笑、赞美
入住手续	打招呼的方式
接送服务	与客人聊天
员工服饰(清洁阿姨、厨师)	每天的菜式
突发事件的处理方式(起火、暴雨、停电、缺水、空调坏、马桶堵塞、客人滑倒等)	帮助客人摄影、孩子哭闹、客人生日,当其向导等其他个性化的服务
食材新鲜和卫生方面	与宠物互动
其他	其他个性化服务

对于像民宿卫生、入住手续、接送服务、突发事件的处理上,可以尽可能规范化、标准化,这样才能保障基本的服务质量,不让客人反感。而在需用心微笑、赞美、聊天、互动等涉及情感调动的事情上,则不必刻意标准化,以"周到、家的呵护、像朋友一样"的软性尺度更容易获得客人青睐。

三、服务培训和管理

民宿的员工培训和服务质量管理是一脉相承的,唯有培训好员工才能保证服务质量,才有好的口碑。所以服务质量的根本、口碑好坏的根本在于员工。民宿的很多员工都是当地的村民,没有专业的酒店从业经验,因此培训十分重要。但民宿的培训并非像大酒店那样一丝不苟和不近人情。除了培训一些标准化的服务,如上表提到的如何搞卫生,如何办理入住手续,如何打理个人形象,如何应付突发事件外,更重要的是给员工归属感,调动员工的积极性。

3.3 开展营销推广和常规管理

一、民宿营销推广

营销的四大基本策略组合为:产品、价格、渠道、促销。其中价格、渠道和促销的组合策略尤为重要。

(一)价格

很多民宿在设计之初其实已经基本定好价格,部分民宿定位中高端,价格的制定需要考虑自身的软硬件是否过硬和周边竞争态势。而定价过低的民宿比较少,一来定价太低对于原本房间就少的民宿来说回收期十分漫长。另外,中高端的客人普遍素质比较高,消费能力比较强,更有可能获得增值服务收入。

一般而言,定价有成本加成定价法、投资收益定价法、竞争定价法、撇脂定价法、市场导向定价法等。而民宿开始定价一般会采取投资收益定价和撇脂定价法、竞争定价法。所谓的投资收益定价法就是根据民宿本身预期的回收期、预测可能的入住率来倒推定价。如固定投入成本为100万的民宿(包括装修和房租),共有10个房间,每年的运营成本约15万,年入住率约30%,预计回收期为3年,则房价计算方法为:房价 * 10 * 365 * 30% * 3＝1 000 000＋150 000 * 3,则房价为442元。当然,这里预测的入住率和运营成本并不一定准确,还需要根据具体项目和地块具体分析。

而撇脂定价法是指在产品刚推出市场时采取高价定位的策略,造成饥饿营销,至于之后会不会降价则视情况而定,当然也有很多后来不降价的,如安曼和悦榕庄,便是走高端路线了。

(二)渠道

民宿的营销渠道重点在线上。一般线上渠道有传统的OTA、民宿短租、微信、互联网推广平台、会员制等渠道。其中最为重要的就是微信软文推广、OTA合作销售和会员营销。

让民宿迅速曝光,并扩大影响力是民宿营销的重中之重。而与OTA合作则需要跟进平台评分,做好线上口碑管理。会员营销的话可以结合众筹活动,跟自身利益捆绑在一起,更能培育忠实的客户。

(三)促销

民宿运营中很少会采取直接大幅度降价的形式来促销,而是通过一系列的促销活动进行促销。比如抽取幸运观众免费入住,当一天民宿管家;免费开办主题沙龙活动等。以活动的形式而不是直接大幅降价的形式能保持民宿的中高端的价格策略,维护原先客户关系。

二、民宿常规管理

(一)客户管理

民宿要做好客户管理有几个途径。

客户满意度管理(口碑管理):首先在服务上下功夫,用细致、周到、走心的服务赢得客户的认可,收获良好口碑。然后由管家跟进,对服务满意的客户,提醒其到OTA平台留言评价,并在微信转发推广软文。

同时对客人评论进行分析,可以针对满意度做成一份表格,把满意和不满意的点列出，针对客人不满的地方，加以改进。

客户信息管理：建立客户信息档案，与客户保持良好联系，并在每个重要的节日发送祝福，或者在其生日或结婚纪念日邀请其前来为其庆祝。尤其在淡季可以在这方面下功夫。

客户社群建设：对于一些志同道合的客户，可以组建一个微信群或Q群，营造独特的社区文化和社群圈子。

（二）采购控制

这里采购控制包括两个层面意思，一个是成本控制，另一个是品质控制。在民宿领域，由于其规模小，所需日常物资较少，通常不是很注重采购的管理。但很多时候这些细小的问题会让经营困难。

比如食材不新鲜被投诉，如采购的卫浴用品没有达到标准，床单被褥及餐具外包清洗得不干净等足够让民宿获得几个差评。或者因为民宿的位置过于偏远，物资的运输代价十分高昂，运营成本就上去了。因此，采购管理十分重要。

如果是连锁、品牌化经营的民宿，可以考虑建立起自己的物资采购系统和采购链条，统一规范，保障品质和控制成本，但这样成本也比较高。而对于单体民宿，则可以采取抱团取暖，与周边的民宿合作，成立民宿协会，在食材和物资采购、清洗、维修方面获得与供应商的议价能力。

诚信经营

党的二十大报告中指出："提高全社会文明程度。弘扬诚信文化，健全诚信建设长效机制。"诚信：诚信是一个道德范畴，是公民的第二个"身份证"，是日常行为的诚实和正式交流的信用的统称。泛指待人处事真诚、老实、讲信用，一诺千金等。但一般主要是指两个方面：一是指为人处事真诚诚实，尊重事实，实事求是；二是指信守承诺。

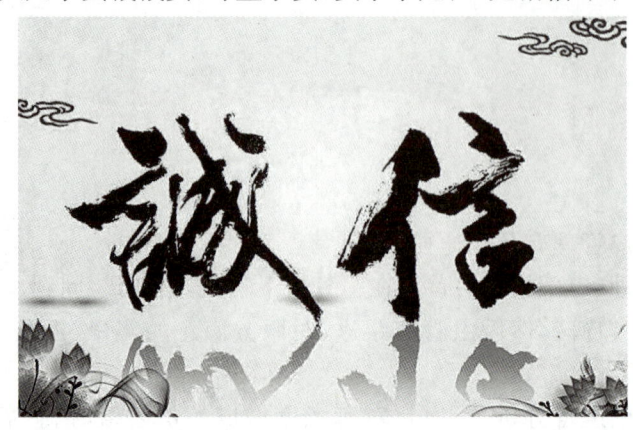

诚信经营主要体现在两个方面,具体是指在社会主义市场条件下,企业在从事生产、经营、管理活动中,要讲究诚信,"诚"主要是讲诚实、诚恳;"信"主要是指讲信用、信任。诚信要求企业在市场经济的一切活动中要遵纪守法、诚实守信、诚恳待人,以信取人,对他人给予信任。诚信经营从根本上看是组织的诚信,主要靠企业反复不断地向职工宣传和灌输,并要求大家在实际行动上要以诚实的态度做好每件事,这些理念要在企业全体员工中达成共识。

民宿行业的兴起考验着陌生人之间的诚信。近年来,我国乡村民宿快速发展,线上预订成为主流,虚假宣传、"大数据杀熟"随之出现。诚信经营作为民宿形象与服务质量指标,直接影响民宿的利润和前景。经营民宿业应重视安全、公平、真实、可靠等原则,以诚信换取信任,重视人与人之间的良性交往,促进乡村民宿业的经营发展。

乡村旅游民宿创新创业

乡村旅游市场需求越来越大,国内旅游慢慢趋于理性,人们以后的旅游方式不会是在各个景点打卡签到,而是转向体验式旅游。作为体验经济重要部分,乡村民宿在未来将得到越来越多旅游者青睐,也会有更多创新机会。

乡村民宿市场需求

乡村有的是自然风光、历史遗迹、特色景点、乡村野趣等资源,这些都是吸引城市居民前往的动力。市场需求的快速发展,毫无疑问是一个大机遇。随着中产阶级的快速崛起,消费升级带来的市场对乡村民宿的需求增速明显。

乡村民宿政策支持

有了市场需求和旅游资源,更需要有好的政策支持。没有好政策,创业会掉入陷阱。政府支持、政策利好、地方产业转型升级等因素也给乡村的民宿发展带来了很大的机会。伴随着乡村振兴不断深入,各地政府也都非常积极地研究乡村旅游经济的发展方向,并对于民宿行业的发展均持正面态度。

乡村民宿业态互补

乡村创业的业态互补,需要有高中低不同档次的住宿服务(如度假酒店、民宿、房车营地、青年旅社等)、农副产品种植采摘服务、民俗文化的演艺服务、特色的餐饮服务、手工艺品伴手礼店、配套旅游设备服务(如爬山设备、滑雪设备、潜水设备、出海设备、钓鱼设备、越野车等)。乡村住宿业态互补,上下游产业设计配套,需要的是本地政府的规划和管理。这样不同的创业业态机会多,风险小。经过一段时间市场的自我调节功能进行修正,达到平衡,就能确保各种业态的收益。

知识拓展　　　同步案例　　　关键词点击　　　在线练习

 创 新 实 践

1. 调研你所在地的乡村民宿,对其设计风格、空间布局、设计要素等进行分析。
2. 以你所熟悉的某处乡村民宿群为例,谈一谈新时代乡村民宿运营管理的主要模式及特点。
3. 综合实训:以下是关于南京江宁金陵水乡钱家渡的简介,请结合简介,为钱家渡设计一处民宿,从钱家渡乡村旅游目的地的特点出发,明确民宿的总体设计风格、装饰特点、游客定位等。

钱家渡简介

　　金陵水乡钱家渡位于南京市江宁区湖熟街道的西南面,西临溧水河,北靠句容南河,地处"三山六芦荡、十万八千亩"的平原圩区内,村庄耕地面积440余亩,水域面积790亩,现有住户117户,人口347人。村域内阡陌相连,水网纵横,具有典型的江南水乡风貌。钱家渡的起居文化馆、老湖熟鸭馆、乡兴园等16个项目已全面对外开放。钱家渡相继荣获"江苏省乡村旅游重点村""江苏省生态文明教育实践基地"等荣誉,"悠然水乡、农渔胜地"的模样凸显。

项目二 乡村旅游餐饮类业态与产品打造

项目概述

在乡村旅游的带动下,乡村餐饮获得较快发展,随着乡村旅游的升级换代,乡村餐饮产品创新开发也势在必行。随着游客观念的转变,乡村餐饮不仅是乡村旅游的有益补充,更可以成为一种原动力。通过乡村餐饮资源创新性开发,让乡村餐饮逐渐成为一种新的乡村旅游吸引物,甚至是重要的卖点,进而促进乡村旅游的发展。本项目主要从乡村餐饮业态定位与选址分析;乡村特色菜肴产品开发设计;乡村餐饮业态管理运营三个维度展开,为乡村旅游餐饮类业态与产品打造奠定基础。同时融入工匠精神、大国三农、诚信经营、职业理想与职业道德等课程思政元素。

项目目标

1. 能够掌握乡村餐饮业态定位与选址的原则和方法。
2. 能够实施乡村特色菜肴产品开发及设计相关工作。
3. 能够掌握乡村餐饮业态管理运营及开发策略。
4. 贯彻落实党的二十大精神,在经营中"明大德、守公德、严私德,提高道德水准和文明素养"等。

配套微课

微课:乡村旅游餐饮类产品开发

任务一 进行乡村餐饮业态定位与选址

任务目标
1. 理解决定乡村餐饮业定位的主要因素。
2. 熟悉乡村餐饮选址的主要影响要素。

1.1 合理进行乡村餐饮业定位

作为旅游产品体系的组成部分和地域特色鲜明的文化体验产品,乡村餐饮一方面与乡村农业资源特色息息相关,另一方面要体现传统美食制作工艺与相适应的民间习俗,更重要的是要与当代人对健康生活的品质追求保持一致。需要因地制宜,合理确定定位和主题,重点可以从以下方面考虑。

一、绿色是前提

党的二十大报告提出"推动绿色发展,加快发展方式绿色转型。"并且明确指出要"推进健康中国建设。"绿色作为健康的基础,从乡村餐饮产品的角度而言,其原材料应该是应季、新鲜、本地生产,甚至是用有机肥或农家肥种植。在对陕西袁家村的调研中发现,游客已经从关注乡村餐饮的特色向营养与健康转变。在当代,无论是在乡村就餐或购买特色农产品,游客都会偏向选择印有"绿色食品"或健康食品标签的产品。

二、乡土是核心

乡村餐饮的特色在于美食的乡土性,即本地原料、本地工艺、本地"土"器皿。相比现代餐饮的精工细作,农家饭是"粗茶淡饭",也是当地人擅长的农家饭。根据距离产生美的审美原理,对于城市居民来说,乡村旅游的魅力在于具有"乡土味道"。

三、文化是动力

中国饮食文化与传统哲理观是一脉相承的,讲究以和为贵和适口为美。乡村餐饮是乡村民俗文化的重要组成部分。与美食相关的诗词、故事、传说成为美食体验的重要组成部分,例如"一粥一饭,当思来之不易""故人具鸡黍,邀我至田间"等。如《黄河人家、太行人家、长城人家基本要求与评价标准》中就明确规定,乡村餐厅文化布局要有体现三大板块特色文化的手工艺品或装饰画,例如中阳剪纸、原平炕围画、平阳木板年画等。

四、体验是时尚

体验经济背景下,乡村美食不仅要满足"口腹之欲",更是"美食之旅"。整合本土资源,开发与美食相配套的传统节庆、农事体验、美食制作等参与性活动,既丰富旅游体验,又提高了乡村餐饮服务的附加值。在定位时应重点突出"提供地方特色的餐饮食品""原料当地种植、时令新鲜""当地特色的文化体验活动"等内容。从田间到餐桌的原材料展示、独具地方特色的菜品美食品尝以及美食文化传播,是乡村旅游餐饮产品开发的核心。

五、养生是趋势

在食物满足人的基本生理需求后,养生成为一种趋势。尤其在"疫情过后""健康中国"背景下,传统养生文化焕发新的活力。传统美食讲究"五味调和、谷果畜菜合理搭配"。《黄帝内经》说:"五味之美,不可胜极。"《素问·生气通天论篇第三》中记载:"五谷为养,五果为助,五畜为益,五菜为充。"饮食不仅要均衡,还要"食能以时",乡村餐饮的乡土性、时令性、原生态等特点,正符合当下美食养生理念。

1.2 乡村餐饮业选址

随着乡村餐饮业的不断发展,投资乡村餐饮的人越来越多,同时竞争也越来越大,那么如何在开业之前做好餐饮业选址呢?如何考量选址要素呢?可以重点从以下几方面着手。

一、乡村经济背景和文化

要注意选址区域乡村及周边经济发展形势,特别是商业发展速度。经济背景决定未来乡村餐饮的发展前景。文化教育、民族习惯、宗教信仰、社会风尚、社会价值观念和文化氛围构成了乡村餐饮文化环境。这些因素影响了消费者消费行为和消费方式。

二、乡村餐饮地周边地点特征

乡村餐饮选址经营所在的区域及周边,如政治中心、购物中心、商业中心、旅游中心以及饮食服务区的距离和方向。餐厅周边地区的特性直接影响餐厅的经营,必须根据其特性做出相应的对策。除此之外,需要重点考察乡村游客的特征,主要有:

人口构成:游客以哪一种人群居多,将会影响生意好坏。过路客、边际顾客等也会影响生意的好坏;

收入水平:游客收入水平决定餐厅的档次高低;

人口密度:乡村所在地及周边附近的人口密集程度;

年龄构成:店内装潢风格与此大有关系。

三、租金要素

房租是影响乡村餐饮营业利润的一个主要要素,投资者应依据投资金额、投资水平决定餐厅选址,房租过高可能会使投资者放弃比较满意的位置。如果是使用自家房屋经营的农家乐,则可以忽略该要素。

四、交通状况

主要包括乡村内外通行状况。通行状况是指车辆的通行状况和游客的多少,它意味着潜在的客源。而且还要考虑顾客到店后,停车是否方便;货物运输是否方便;从其他地段到店乘车是否方便等。交通条件方便与否对餐饮业的销售有很大影响。

五、周围环境和服务

指乡村餐饮地周围环境状况,餐厅应远离公共厕所、垃圾堆、臭水沟等恶劣环境;环境的好坏另一种含义是指店铺所处位置的繁华程度。一般来讲,店铺若处在出入口附近、乡村商业区域人口密度高的地区或同行集中的一条商业街上,这类开店环境应该具有比较大的优势。另外,三岔路口、拐角的位置较好,坡路上、偏僻角落、楼屋高的地方位置欠佳。

六、竞争程度

应综合考虑乡村餐饮点选址区域的竞争情况,包括直接竞争者——提供同种类型的菜品和服务的餐厅,这类竞争会直接导致价格降低或成本增加,从而影响餐厅的利润率;间接竞争者——提供不同菜品或不同服务的餐厅或相关行业,如销售熟食的超市和销售便利包装即食食品的小摊,通常竞争越激烈利润越低。但这些分析只是参考性的,在某种情况下也不是绝对的。比如,在西北某乡村餐饮一条街,有一个餐厅密集地,号称"羊肉一条街",在这里所有的餐厅都只经营涮羊肉、烤羊肉、烧羊肉、羊蝎子(即羊脊骨)等与羊肉有关的菜品,餐厅密度达到了鳞次栉比的程度,但仍然家家生意火爆,而经营其他菜品的餐厅在此根本站不住脚,几乎没有客人上门。因为这里经营的羊肉类菜品绝不掺假、以次充好,逐渐创出了名声,形成了整体区域经营的特色。来此的客人目的很明确,就是为品尝优质、正宗的羊肉菜肴,另类的餐厅决不光顾。源源不断的客源保证了所有同类餐厅都利润可观。

任务二
设计开发乡村特色菜肴产品

任务目标
1. 理解乡村特色菜肴产品开发的模式。
2. 掌握乡村特色菜肴产品设计的方法。

2.1 运用特色菜肴产品开发的模式

在乡村特色餐饮产品开发上,应以乡村旅游发展为契机,立足于区位优势,充分发掘当地旅游资源,遵循旅游资源禀赋、辐射能力和开发效益最大化等原则,在进行特色菜肴产品开发时,可遵循以下开发模式。

一、食材景观的开发模式

我国地大物博,每个乡村都有自己特色的农产品,当各种形式的农产品种植活动落实在具体的区域空间,就形成各类农业景观,如蜿蜒的梯田、阡陌纵横的平原沃野、稻田麦地、果木桑麻等。近年来,经过乡村"一品一业"产业结构的调整,很容易形成大规模的乡村农田景观、经济果林、蔬菜园景观和养殖湖面景观。可结合乡村果园、茶园、花园等为吸引物,吸引游客前来吃农家饭、住农家屋、购农家产品。

二、参与式的餐饮开发模式

现在的游客不再满足走马观花式的旅游方式,他们更希望亲自参与体验到原汁原味的乡村生活,采摘、制作乡村美食和参与乡村饮食民俗活动都是体验乡村生活最便捷的途径之一。以乡村餐饮生产的过程及场景作为产品的核心内容,餐饮产品的生产工艺为主导性资源可以形成一种新的乡村旅游餐饮开发模式。这种开发模式的前提是将饮食资源的生产过程与场景进行策划与包装,不仅满足游客的味蕾,更要满足游客的精神需求。多元化的游客参与方式是这种开发模式的关键,参观当地乡村农耕文化、生产农具变迁的农业博物馆和地方菜系文化的饮食博物馆,观看豆腐坊、酒厂、茶厂里的食物加工过程,体验食物制作部分(如游客自己包饺子、自助烧烤、自己酿酒等),体验采摘瓜果、捉螃蟹、牧牛羊、挤牛奶等农业活动,参加火把节等各种饮食民俗风情文化活动都是游客可以选择的参与方式。

三、环境主题化的餐饮开发模式

有特色的就餐环境可以增加就餐情趣,创造难忘经历。以文化为主题,以餐饮空间为载体,以顾客体验为本质来表现乡村民俗、饮食文化和饮食习俗的餐饮开发模式越来越被重视。无论是美味好看的菜品、游乐化的就餐过程、新颖独特的服务模式,还是精心设计的店内布置(建筑外形、建筑内的灯光、色彩、设施设备、背景音乐、装饰形态、人员服饰)等都可以凸显乡村餐厅的主题餐厅的特色。当游客沉浸在乡村主题餐厅的氛围里,就能短时间内发现饮食文化的精髓,并体验不一样的就餐情趣。

四、特色菜品的餐饮开发模式

对于追求"味蕾"享受的游客认为美食比名山大川更有吸引力,独有乡村风味的特色美食或私家菜更让人向往。因此一些名不经传的村落,凭借地方独有的特色美食和私家菜,成为游客的追捧地,如乐山西坝豆腐、临江鳝丝、牛华串串香、苏稽的牛肉席等。将有潜力的地方特色美食和私家菜作为招牌菜,以点带面,全面促进地方餐饮的开发模式成为自然资源较为缺乏乡村的重要开发模式。此类地区需要不断挖掘地方的乡村旅游餐饮资源,筛选特色鲜明的地方小吃、地方菜肴和私家菜,并通过宣传推广,使之成为本地的旅游美食招牌,然后通过特色菜品的晕轮效应吸引更多的游客前来。

五、地域集聚的餐饮开发模式

旅游餐饮资源常常散落在各个乡村,并呈现辐射范围小、影响力低的特点,此有必要将乡村旅游餐饮连片经营,或建造乡村美食街(区),将分散的特色乡村餐饮汇集。餐饮企业以产业链或价值链为纽带,在一定的地域空间范围内,整合多种餐饮要素,形成具有一定规模、一定空间形态和组合特征的餐饮服务区是交通便利的乡村可以选择的开发模式。集聚经营为顾客搭建一个方便、舒适、开放的就餐环境,并能有效利用集聚效应来提升当地乡村美食的影响力。地域集聚化开发成功的关键是根据客源距离、交通状况和景观资源等条件选择合适的集聚区域,并使乡村旅游餐饮不断向集约化、特色化和休憩化的方向发展。

六、节庆引爆的餐饮开发模式

乡村餐饮本来就具有深厚的文化底蕴,而将文化与美食有效黏合的是节庆,很多以美食为主题的乡村都创办过美食节,其主题主要有传统的民俗活动、民间节日以及民俗文化。乐山夹江和丹棱县的梅湾村每年举行桃花节,五通桥端午节赛龙舟捉鸭子活动持续举办多年。通过节庆,迅速吸引大量游客,在发掘和弘扬当地美食文化的同时,迅速提高了旅游地的知名度,也有效拉动了当地旅游经济的增长。

七、旅游餐饮商品化的开发模式

当游客游玩完毕会慕名选购当地特产带回家与人分享,其中游客选购最多的是土特产和地方特色食品。即将当地风味食品(小吃、点心),土特产(肉制品、蛋、禽类、果品、蔬菜),地方饮料(酒、茶),保健品,药膳品和当地美食盛装的竹箧器具、饮酒器具进行工业化、规模化和系列化生产,使之成为包装精美、风味独特、便于携带的旅游商品。如金陵盐水鸭、西湖龙井、盱眙龙虾等不仅在周边超市有售,通过游客传播,现在已经远销到全国各地。做好乡村旅游餐饮产品的商品化开发,能有效满足游客的购物需要,带动当地农副产品的销售,还能促进旅游地的传播与推广。

2.2 开展乡村特色菜肴产品设计

一、原汁原味原则

乡村特色菜肴开发首先要在食物的"原汁原味"上下功夫,即在地道的乡土原料、乡土滋味、乡土做法、乡土器具、乡土吃法、乡土礼仪等餐饮要素下功夫,千万不可把城市宾馆、酒楼的做法简单地搬到"农家"来。首先,旅游者到乡村游玩的目的是观赏美丽的田野风光和体验别具一格的农家生活风情,只有原汁原味的乡村菜肴才能令旅游者有耳目一新的感觉;其次,城市宾馆、酒楼的做法是与其建筑、基础设施、装修的档次、格局及专业人员的素质相配套的。漂亮的餐桌摆台只有放在富丽堂皇的餐厅中才觉得好看,把它搬到农家小屋,就有点不伦不类了。

二、卫生安全原则

党的二十大报告强调"加强重点领域安全能力建设。"食物的安全与卫生在任何时候都应予以足够的重视,因为这是消费者最为关注的事情。乡村的饮食安全卫生,既有它的弱点,也有它的优势。弱点是不少地方的基础条件比较薄弱,村民的安全卫生意识还有待进一步加强和提高;优势是大多数适宜开展旅游的乡村自然环境保护较好,遭受的人为污染较少,土生土长的食物的安全性较高,水质也较好。在开发乡村餐饮时,首先要确保优势因素得以充分发挥,做好环境保护和宣传工作;其次要逐步改善卫生基础设施和条件,加强对村民的教育和引导,改变不良习惯和行为,让旅游者吃得放心,吃得高兴。

三、因势利导原则

在乡村餐饮旅游开发中,"吃"是一个非常重要的环节,但不是全部,要根据不同的情况把"吃"与其他的乡村旅游活动结合起来。当"吃"的资源或产品吸引力较大时,可以借助"吃"把旅游者吸引来,然后再想办法让他们参与其他的农家乐旅游活动,如农事、民俗、节庆等;当其他的资源或产品的吸引力比"吃"大的时候,则要先通过其他产品或活动把旅游者吸引来,然后再想方设法让他们吃一吃农家菜。如果做得好,"吃"也可能后来居上成为新的招牌产品。自然条件是难以改变的,大规模的旅游项目开发或基础设施改建对大多数乡村是不现实的,民风、民俗的改变不是一朝一夕的事情,农事文化在一定地域范围内的相似性程度是较高的,现代农业或观光农业建设也需要一定的时间,而在"吃"上做出一些特点就要简单和容易一些。

四、市场导向原则

乡村餐饮能否开发成功关键在于是否适应旅游者的口味或喜好。那么,怎么做才有可能适应旅游者的品位或喜好呢?

首先要考虑"谁来吃"?一般来说,到乡村旅游和品尝农家菜的主要是周边的城市旅游者,一般认为其地理半径在 20 公里左右。在"谁来吃"的问题上需要弄清楚两点:首先,不是每个城里人都会来吃乡村菜,应该对有可能来吃农家菜的这部分人的数量、消费习惯、能力和特点有较清楚的了解,否则就很难做到有的放矢。例如,如果对旅游者的数量没有一个大致的了解,一窝蜂地到处都是"乡村菜",最后的结果只能是恶性竞争。其次,虽说乡村旅游的地理半径在 20 公里左右,但如果确有特色或卖点,也是有可能将更远的外地旅游者吸引过来消费的。

其次考虑吃什么?二十多年来,中国餐饮市场大致是按着"吃菜肴"——"吃服务"——"吃文化"的路线发展而来的。旅游者或城里人之所以对土里土气的乡村菜感兴趣,是因为他们已经对城市餐饮的菜式感到厌倦。地道的乡村土菜对他们的吸引力主要是:原料新鲜并比较安全,做法古朴而滋味浓厚,器具、设备朴实且别有风味风情,服务简单却热情有加,风光自然又别具美感。由此可见,旅游者或城里人感兴趣的实际上是乡村的生活文化,也就是说他们想吃的是"乡村文化"。因此,只有在浓郁的乡村风味的背景下来开发农家菜,让游客在吃的过程中真实感受到乡村的生活风情和味道,才有可能吸引旅游者的注意。

最后考虑多少钱?农家旅游餐饮定在什么价位是个复杂的问题。定高了,旅游者或城里人不买账;定低了,经营者又不能赚到应有的利润,会失去继续经营的动力。由于不同地区之间的经济发展和消费水平存在很大的差异,所以很难制定一个通用的公式或方法。不过,在具体操作时,如果能对以下几个问题加以充分考虑和综合平衡,应该能得出一个比较合理的价位方案。其一,要了解邻近市镇餐饮中低档产品的价位在何种幅度,并以此作为参照来制订价位,因为旅游者或城里人对农家菜的价格认可度大致在这一区间;其二,要看周围的竞争或供需状况。如果竞争激烈、供大于求,价格就不可能在一个较高的位置上;反之,如果产品具有鲜明的特色,并且是难以模仿或替代的,即便是"低价产品"也可以卖出较高的价格来。关键在于要善于寻找或发现这种特色,并打造出"只此一家别无分店"的效果来。

任务三
实施乡村餐饮业态管理运营

任务目标
1. 了解乡村餐饮业态管理运营的特点。
2. 理解乡村餐饮业态科学管理的方法。

3.1 乡村餐饮业态管理运营的特点

一、产销即时性

乡村餐饮业务管理是通过对菜点的制作和对客服务过程的计划、组织、协调、指挥、监督、核算等工作来完成的。其业务过程表现为生产、销售、服务与消费几乎是在瞬间完成的,即具有生产时间短,随产随售,服务与消费处于同一时间的特点。这就要求乡村餐饮必须根据客人需要马上生产,生产出来立即销售,不能事先制作,否则就会影响菜的色、香、味、形,甚至腐烂变质,造成经济损失。由此可见,做好预测分析,掌握游客需求,提高工作效率,加强现场控制,是餐饮管理的重要课题。不仅如此,乡村餐饮作为主要的创收部门,与住宿相比,具有收入弹性大的特点。乡村住宿收入来源于住店客人,其房间数和房价保持相对不变,收入是相对固定的,其最高收入往往是一个可预测的常量。而乡村餐饮的服务对象除了住店客人外,还有非住店客人,而且客人的人均消费也是一个弹性较大的变量。乡村饭店可通过提高工作效率、强化餐饮促销、提高服务质量等手段提高人均餐饮消费量,使餐饮的营业收入得到较大幅度的提高。

二、内容复杂性

乡村餐饮业务构成复杂,既包括对外销售,也包括内部管理;既要考虑根据饭店的内部条件和外部的市场变化,选择正确的经营目标、方针和策略,乡村要合理组织内部的人、财、物,提高质量,降低消耗。另外,从人员构成和工作性质来看,餐饮既有技术工种,又有服务工种;既有操作技术,又有烹调、服务艺术,是技术和艺术的结合。这必然给运营管理增加一定的难度,要求经营者既要根据客观规律组织餐饮的经营管理活动,增强科学性;又要从实际出发,因地制宜,灵活处理,提高艺术性。同时,乡村餐饮成本构成广泛,变化较大。从原材料成本来看,有的是鲜活商品,有的是干货,有的是半成品,有的是蔬菜瓜果。这些原材料拣洗、宰杀、拆卸、涨发、切配方法和配置比例存有明显差异,加工过程中损耗程度各不相同,而且有些原材料的价格往往随行就市,变动幅度较大,给菜品合理定价带来了一定难度。此外,还有燃料、动力费用、劳动工资、餐具等易耗品的消耗,家具、设备的折旧等,其中有些是易碎品,损耗控制难度较大。因此如何加强餐饮成本控制,降低消耗,往往是乡村餐饮管理的重要课题。

三、影响多元性

乡村餐饮质量是管理的中心环节,但由于影响餐饮质量因素较多,使餐饮质量控制难度较大。首先,餐饮是以手工劳动为基础的。无论是菜点的制作,还是服务的提高,主要靠人的直观感觉来控制,这就极易受到人的主观因素的制约。员工的经验、心理状态、生理特征,都会对餐饮质量产生影响,要做到服务的标准化难度较大。其次,客人的差异大。俗话说:"众口难调",游客来自不同的地区,其生活习惯不同,口味要求各异。这就不可避免地会出现同样的菜点和服务,产生截然不同的结果。再次,依赖性强。乡村餐饮质量是一个综合指标,餐饮质量的好坏,不仅依赖市场的供应,而且还受到饭店各方面关系的制约。菜点质量如何,同原材料的质量直接有关,对协作配合的要求也非常严格。从采购供应到粗加工、切配、炉台、服务等,都要求环环紧扣,密切配合,稍有差错,就会产生次品。

四、品牌忠诚低

一般在乡村餐饮消费上,客人求新求异、求奇求特的消费心理使其在餐饮消费上不断追逐新产品、新口味、新服务,常会出现"吃新店、吃新品"的一窝蜂"随新赶潮消费"现象。另一方面,乡村餐饮企业很难为自己的装饰、服务方式等申请专利,因此,倘若某一产品或服务能吸引客人,则仿者甚多。这一切都给餐饮管理带来了很大挑战性,如何培养品牌忠诚,如何寻求专利保护成为乡村餐饮研究的重要课题。

3.2 乡村餐饮业态科学管理的方法

一、提升文化品位

乡村餐饮产品原来就是文明和文化的产物,作为特色产品,应努力丰富乡村餐饮市场的文化内涵,提高文化品位,把菜文化、吃文化、餐厅文化、服务文化、经营文化等贯穿于经营活动的全过程。可以采取"引进来,走出去"的办法,"引进来"即开办有关饮食文明、绿色餐饮、健康饮食之类的讲座,举办名人聚餐会、名人品尝会,举行餐饮企业与宾客、市民互动的征集菜名、评选本店名菜等各项活动;"走出去"即利用恰当时间、适当机会参与社会各项美食推介促销活动和公益活动,增加文化的附加值,并通过不间断的宣传,借此推介自己的品牌,扩大社会影响力。

二、创新特色餐饮

(一) 特色餐饮制作创新

在特色餐饮开发中可从菜肴制作方法入手,打破传统惯例。采用精料粗做、粗料细做的方法对原料进行加工,给游客带来别具一格的餐饮文化享受。在精料粗做中,可将山珍、河鲜等乡村特有的绿色原料进行粗做,合理采用现代的烹饪方法,让游客享用到返璞归真的菜肴,如生炝活虾、生吃三文鱼、葱姜牦牛片等。在粗料细做中,对粗粮进行精细加工和制作等。

(二) 特色餐饮味形色创新

乡村旅游特色餐饮既要保证菜肴的味道和外形符合大众市场需求,又要积极挖掘菜肴的寓意,着眼于乡村地域特色,创建特色餐饮品牌。在特色餐饮的"味"上,要追求"味美",只有在"味"上做到极致,才能提升"色"和"香"的价值。乡村旅游特色餐饮要遵循传承与改良相结合的原则,既要坚持菜肴的传统调味技法,又要结合大众口味适当加以改良,进而衍生出新"味"。在特色餐饮的"形"上,要体现出食材烹饪的原生态美和艺术美,即单一菜肴强调色彩搭配,多个菜肴强调造型协调,给游客带来菜肴的形式美。在特色餐饮的"意"上,要挖掘菜肴蕴含的地方文化。如川西郫都区在开发乡村旅游项目中推出了以"农耕溯源"为文化主题的特色餐饮,积极宣传豆瓣的历史渊源和营养价值。

(三) 特色餐饮环境创新

乡村旅游特色餐饮开发不仅要重视餐饮食材、制作、味道上的开发,还要重视餐饮环境的营造,使游客可以融入当地乡村生活氛围中享用美食,彻底放松心情,感受大自然的馈赠。特色餐饮环境开发要以"自然本味"为依托,充分考虑游客崇尚自然、回归自然的精神需求,在此基础上结合乡村现有物质资源开发建设特色餐厅,使餐厅散发出自然的乡土韵味。各地区在特色餐饮环境建设中要避免同质化倾向,以生态、绿色、野趣为原则为乡村旅游增添魅力。同时,在餐饮器皿的选择上也要十分考究,尽量选用地方传统工艺制作的土器皿,营造出田园式的用餐环境,使其区别于城市酒店餐厅环境。

(四) 特色餐饮服务创新

在乡村旅游中,特色餐饮开发要延伸到餐饮服务环节,增加特色餐饮的附加值。在特色餐饮服务中,当地可开展体验性饮食旅游项目,让游客亲自参与饮食活动,深入农家院落体验乡村生活。如北方乡村旅游目的地可提供自助烧烤、涮羊肉等项目,条件较为完善的乡村还可建设"自助"厨房,配备当地厨师,指导游客制作乡村特色美食。此外,乡村旅游特色餐饮服务还可以与文化创新、休闲、生态农业相融合,给游客带来休闲、情感、娱乐等不同层面的体验,满足游客多元化的旅游需求。

三、强化培训管理

质量是餐饮业发展的根本,因此要强化对厨师和管理人员的正规业务培训,尤其是职业道德、敬业精神的培养。要制定控制菜品标准,作为对厨师在生产制作菜品时的要求,也作为在检查控制菜品质量管理的依据。加强控制过程的有效现场管理,如加工过程的控制,配菜过程的控制,烹调过程的控制。还要对厨房制作流程、各部门工作质量、重点环节和部门采取有效的控制方法。要加强接待服务的培训,提高领班、主管的服务管理水平,重点是接待、点菜、沟通、协调、控制、调度、观察、反馈等一系列能力的提高。

四、规划市场布局

布局包括充分考虑厨房设备配置与厅面餐位桌位数的配比;厨房工艺(菜系、菜品特色)与厅面服务的配合;客用、货运、走菜、收离通道确定与布置;迎宾、收银、宾客休息区域,明档陈列品、客用与内部员工卫生间、多类库房等场所的布置;湿区、干区及其过渡区和备餐区的分布;餐厅摆台位置与各类灯光的配合;水产养生池和剖杀场地选择及污物处理系统的设置;各项防疫卫生设施、设备的配制和上水、下水、冷热水、蒸汽、动力电、照明电等的引入引出及控制等。

五、打造龙头品牌

品牌的打造离不开政府的支撑,也同样离不开企业自身的建设。为了塑造乡村美食的品牌,可政企合作,共同参与立项、规划、开发、实施、宣传的各个环节,科学合理地协作完成,整合一批中小企业或个体经营单位,改造一批有悖于可持续发展原则的经营单位,提升一批具有发展前景的能代表乡村地形象的经营单位,形成区域集聚化、规模扩大化、运营科学化、品牌龙头化的本地餐饮业龙头品牌、特产商品业龙头品牌等。

课程思政小红星

职业道德

党的二十大报告中提出:"提高全社会文明程度。实施公民道德建设工程,弘扬中华传统美德,推动明大德、守公德、严私德,提高人民道德水准和文明素养。"2020年11月24日习近平总书记在全国劳动模范和先进工作者表彰大会上的讲话中指出:"新形势下,我国工人阶级和广大劳动群众要继续学先进赶先进,自觉践行社会主义核心价值观,用劳动模范和先进工作者的崇高精神和高尚品格鞭策自己,焕发劳动热情,厚植工匠文化,恪守职业道德,将辛勤劳动、诚实劳动、创造性劳动作为自觉行为。"职业道德虽然是一种社会意识,但它是直接作用于社会行为的特殊意识,具有社会现实性和具体性。职业理想的形成对今后职业道德建立的影响是很大的,而树立正确的职业理想,一般需要有以下几个条件:

第一,把生活看作是一个劳动过程。当确立依靠自己的劳动创造自己的未来时,就会使自己的职业理想建立在一个客观的现实的基础上,就会努力创造条件,不断追求,使职业理想不断升华,人生更显光彩。

第二,热爱自己的祖国,热爱自己的家乡。把个人的职业理想与祖国的命运、父母的企盼、家乡的发展联系在一起,从而把个人的理想与平凡而伟大的职业联系在一起,有了这样的职业理想就会有高尚的职业道德。

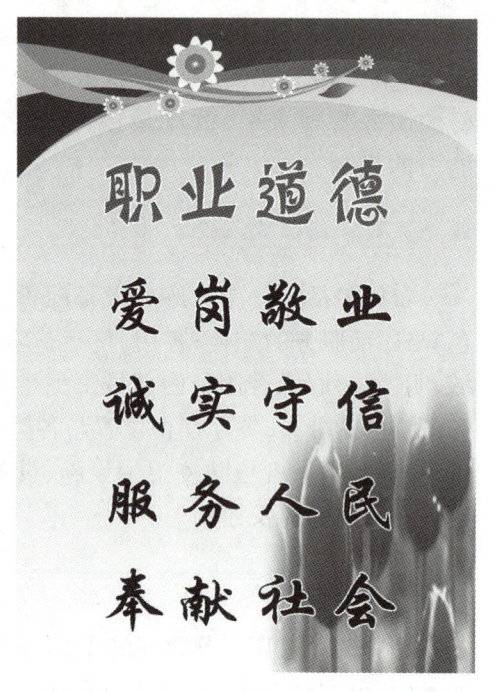

第三,正确地评价自己的职业理想,客观地看待社会发展条件是否允许实现个人职业理想。其实一个人可能一生都在寻求自我职业理想的实现,但客观地认识社会发展水平和实现自我职业理想的条件,就是一个主观见之于客观的过程,只有当理想与现实达到一致时,职业理想才能成为现实。

乡村餐饮日常管理从业人员应该以职业价值观为引领,主动树立乡村旅游服务管理助力乡村振兴的精神,将服务产业助力乡村振兴的精神融入具体的工作中,爱专业、爱行业、爱乡村,在餐饮服务中遵守社会公德、职业道德,保障食品卫生质量,价格上做到童叟无欺,把乡村作为实现自我价值的广阔天地,树立在产业发展、乡村振兴的大潮中,通过服务乡村旅游产业,实现人生价值。

乡村旅游餐饮创新创业

随着旅游观念的转变,城市游客越加青睐乡村美食,乡村美食成为了解乡村历史、文化和生活的重要载体。但受餐饮产品生命周期的制约,很难保持长期的吸引力。因此,如何深入挖掘乡村餐饮资源,创新性开发旅游餐饮产品来保持乡村美食的持续吸引力具有重要的意义。从长远来看,乡村餐饮可以从餐饮产品开发形式和体验方式两个重要方面加以创新发展。

结合旅游资源,因地制宜选择乡村餐饮产品开发形式

建设特色饮食区。旅游发展起步早、旅游餐饮资源丰富的乡村可以利用餐饮红火发展的聚集效应,在知名景点附近和交通便捷的区域规划建设特色饮食区。在政府引导和协会推动下,将分散的自然景点、人文景观、特色农场、休闲设施以及餐饮企业连接起来,形成特色饮食区。

主办美食节庆活动。乡村美食节庆活动不仅能够集中展示美食文化,在短时间内可迅速扩大乡村旅游地的知名度,更能有效延伸当地餐饮产业链,把特色农业、食品加工、餐饮业和旅游业很好地对接起来,显著提高旅游收益。

推出乡村美食线路。自古就有"食在民间",乡村美食种类繁多,但散落在四面八方,由于信息的有限,游客想前往寻求美食享受,但往往不知道从哪里开始,结果自然是蜻蜓点水式地品尝各地小吃。因此旅游条件成熟、餐饮资源丰富的乡村可推出以体验美食为主题的旅游线路。

乡村餐饮产品开发注重体验

除了在产品上创新,还要在与美食相关的活动方面进行创新,以增加乡村餐饮产品的体验性和趣味性。游客美食消费所追求的不仅是感官刺激,还希望能舒缓压力,并找回新的生活体验。与此相应的是乡村旅游餐饮产品不能只是为"食"而"制",更要以"食"而"解"。因此,基于顾客体验消费的餐饮产品创新开发应以食物产品为道具、以餐厅环境为布景、以餐饮服务为舞台,设计出满足游客情感需求的餐饮产品。重视挖掘餐饮产品的文化内涵,通过饮食文化博物馆、美食培训讲座、美食论坛让游客获得新知,让文化与美食更好地共振。

知识拓展	同步案例	关键词点击	在线练习

 创新实践

1. 以你所熟悉的区域为例,谈一谈如何结合乡村振兴开发主题乡村餐饮业。
2. 综合实训:以下是南京江宁金陵水乡钱家渡乡村旅游目的地的一份菜单,结合上一项目"创新实践"环节对钱家渡的简介,结合自主资料收集,从乡村旅游餐饮产品开发的角度对菜品提出优化建议和定价策略。

农家小院

农家特色

- 大盘鸡…………60元
- 麻辣鱼头………38元
- 红烧肘子………65元
- 麻辣酱鸡………60元
- 扒猪脸…………45元
- 红烧鱼…………28元

农家热菜

- 蘑菇肉片………20元
- 西葫芦炒肉……16元
- 醋溜白菜………14元
- 黄豆芽炒粉条…12元
- 虎皮辣椒………28元
- 香菇肉片………22元

- 红烧大肠………35元
- 木须肉…………22元
- 西红柿炒鸡蛋…14元
- 家常豆腐………16元
- 水煮肉片………38元
- 麻辣豆腐………14元
- 麻辣羊血………16元
- 青椒片…………18元

农家凉菜

- 凉拌牛肉………38元
- 凉拌耳朵………28元
- 凉拌猪肚………30元
- 油炸花生米……10元
- 凉拌芹菜黄豆…10元
- 蒜泥黄瓜………7元

- 水煮花生………8元
- 凉拌苦菊………6元
- 拌莲藕…………7元
- 凉拌豆角………8元
- 菠菜鸡蛋皮……9元
- 豆腐皮…………12元

扣碗

- 黄焖鸡块………28元
- 黄焖鱼块………25元
- 梅菜扣肉………35元

主食

- 手工水饺………15元/斤
- 羊肉烩面大份…8元
- 羊肉烩面小份…7元

项目三
乡村旅游营地类业态与产品打造

项目概述

在自驾车旅游飞速发展的背景下,乡村露营地的建设数量也与日俱增,乡村露营地研究对于丰富乡村旅游内涵有着重要的意义。当前我国乡村旅游产业正在发生非常深刻的变化,在个性化休闲背景下,营地的植入会使得乡村旅游更趋于创意化和精致化。本项目主要从乡村营地定位与选址解读;乡村营地设施设备建设;乡村营地体验项目开发;乡村营地管理运营四个维度展开。同时融入诚信经营、安全意识、职业理想与职业道德等课程思政元素。

项目目标

1. 掌握乡村营地定位与选址的内容和方法。
2. 熟悉乡村营地设施设备建设目标及内容。
3. 掌握乡村营地体验项目开发的方法。
4. 贯彻落实党的二十大精神,在经营中树立"安全第一、预防为主"的意识等。

配套微课

微课:乡村旅游营地类产品开发

任务一 进行乡村营地定位与选址

任务目标
1. 理解乡村营地概念及类型。
2. 了解乡村营地项目选址的步骤和方法。

1.1 乡村营地概念及特点

一、乡村营地的相关定义

（一）露营地概念

自行携带相关装备在户外进行生活、游憩的行为被称之为露营。露营地是在自然环境中，在不破坏原有地形地貌、植被绿化的前提下，利用房车、帐篷以及其他特种设施（例如树屋、船屋、集装箱房屋等）开展旅游休闲度假活动的特种旅游场所。也有观点认为，露营地是自驾车旅行体系中的集结点、补给点。露营地成为人们修身养性、感悟自然、出行交流的绝佳场所。

（二）乡村营地概念

乡村露营地指位于风光优美的乡村聚落及其附近区域，与乡村联系密切，在环境上依托乡村景观；在服务上，依托乡村设施的露营地。

乡村露营地特点是其乡村属性、自然属性与旅游活动的结合。一般和乡村度假、农事体验等行为关联。乡村的自然环境、农事民俗和露营地的旅游服务能力和旅游体验性是吸引游客抵达的重要因素。

在共享经济大行其道的当下，乡村露营地的发展中也出现了开心菜园、共享农庄等新的模式，利用乡村的闲置资源为游客提供在城市中难以接触的乡村度假休闲、农事劳作体验等差异化体验。

二、乡村营地的类型

乡村营地类型多样，露营地的分类角度不同内容也有很大差别，主要有以下几类。

（一）依据服务对象分类

从服务对象分类可以分为团队型营地、家庭型营地、学生型营地、儿童型营地、亲子型营地等。

(二)依据建设标准分类

按建设标准可以划分为一星级营地至五星级营地等。

(三)依据开放时间分类

按开放时间可以分为临时营地、日间营地、夜间营地、周末营地、假日营地等。

(四)依据进入营地运输方式分类

根据进入营地的运输方式,可分为房车营地、汽车营地和自行车营地。房车露营地是以房车为主要进入方式和住宿设施的露营地。汽车露营地是汽车进入的主要露营地。自行车露营地是自行车、摩托车、马、骆驼和其他骑行工具的主要露营地。

(五)依据营地主要住宿设施的性质分类

根据营地主要住宿设施的性质,可分为房车营地、机舱营地、帐篷营地等。木屋营地是以木材或复合材料为主要建筑材料的房屋。帐篷营地是以帐篷为主要住宿设施的营地。

1.2 开展乡村营地选址

营地的选址对其客流、客源以及未来拓展都有极大影响,主要表现在区位交通和对周边资源的利用上。在选址前,需参照以下原则进行。

一、乡村营地选址的原则

乡村旅游营地应选址于资源特色、旅游市场环境等良好,旅游产业政策适宜的区域。
乡村旅游营地应选址于相关法律法规及上位规划允许建设的区域。
乡村旅游营地规模应遵循旅游产业发展规律,适应地区旅游发展要求。

二、乡村营地选址的主要方法

(一)分析选址依托

旅游营地可依托乡村建设,宜选址于旅游乡村、历史文化名村、都市农庄、乡村旅游景区(点)、田园综合体等乡村旅游景区(点)内部或周边。
旅游营地可依托道路建设,宜选址于旅游专线、旅游公路、高速公路、国道、省道等公路沿线。

(二)考量周边环境

营地选址应位于景观观赏条件较佳区域,应合理利用区域内已有的自然和人文旅游景观,充分考虑与周边旅游产品的延续性,与其形成一定的互动性,在基础设施和游览活动等方面形成共享和互补。

(三) 勘察立地条件

1. 乡村营地应选址在基础设施条件健全,交通、能源、通讯、水电等条件满足营地建设与经营需要的区域。

2. 乡村营地选址应充分利用低效闲置建设用地、荒地、未利用地。

3. 环境质量要求达标。

(1) 空气质量应满足 GB 3095 的相关要求。

(2) 噪声质量应满足 GB 3096 的相关要求。

(3) 地面水环境质量应满足 GB 3838 的相关要求。

4. 满足生态质量要求

(1) 乡村营地应选址于整体自然植被覆盖率较高的区域。

(2) 乡村营地建设应综合考虑资源和环境承载能力因素。

(3) 营地选址在生态脆弱地区应进行生态敏感性评价。

(4) 营地选址应避开可能发生滑坡、泥石流、塌方等地质灾害和有积水、洪水淹没威胁的地段。

任务二 建设乡村营地设施设备

任务目标
1. 熟悉乡村营地设施设备内容。
2. 掌握乡村营地设施设备建设模式。

2.1 乡村营地设施设备主要内容

在综合考虑国内自驾游市场的动机、组织方式、旅游偏好、生活习惯等因素的基础上,结合乡村露营地的开发建设条件,目前露营地设施主要包括必要设施和可选择设施两大类型。

一、必要设施

必要设施是指露营地所应具备的最基本的设施,包括基础设施、基本设施和附属设施三大类。

(一) 基础设施

包括给排水设施、消防设施、电力设施、通信设施、环卫设施、出入口设施、内部道路设施和标识系统。

给排水设施：为露营地提供给水和排水服务，要求具备充足的水源和完善的给排水系统。

消防设施：为露营地提供消防安全保障。

电力设施：为露营地提供持续的电力供给服务。

通信设施：为露营地提供有线电视和无线网络服务。

环卫设施：为露营地提供环境卫生服务。

出入口设施：要求有醒目的露营地标志和完善的门卫和门禁系统。

标识系统：要求有健全、完善的露营地标识。

内部道路设施：要求有专门的车行道和人行道。

（二）基本设施

包括宿营设施、车辆服务设施、游客中心和营地公共服务设施。

宿营设施：为露营地提供包括帐篷、木屋、房车等在内的住宿服务。

车辆服务设施：为露营地的车辆提供停车、洗车、修车、充电和租车等服务。

游客中心：为露营地提供咨询、休息、寄存、物品租赁、信息查询、物流和金融等服务。

营地公共服务设施：为露营地提供餐饮、购物、洗浴、洗衣、洗漱、烹饪和烧烤等服务。

（三）附属设施

包括物资储备间和员工宿舍。

物资储备间：为露营地提供日常经营、生产的物资储备服务。

员工宿舍：为露营地工作人员提供住宿服务。

二、可选择设施

通常指不同露营地根据自身的类型属性与外部资源依托，在必要设施的基础上，针对游客的需求，可拓展、补充增加的特色性功能设施，包括特色住宿设施、餐饮购物设施、休闲娱乐设施、户外运动设施和商务会议设施。

三、乡村依托型露营地设施内容体系

根据乡村依托型露营地功能特征与市场结构，其主要建设内容在配置基础设施、基本设施和附属设施三大露营地必备设施的同时，可根据露营地的开发条件，选择增加民宿客栈等特色住宿设施，农家乐等餐饮购物设施，乡村博物馆等休闲娱乐设施，采摘园等户外运动设施和会议室等商务会议设施。

2.2　乡村营地设施建设模式

乡村露营地设施规划受道路交通、地形地貌、植被、光照、通风等自然环境影响，尤其是露营区更是对场地的地形、坡度、排水等要求较高，另外规划设计必须满足使汽车顺畅通行的基本功能,往往规划时都是结合场地地形和自然资源特征分区布置。通过对露营地场地设计和总体布局进行大量调查研究,结合露营地所需满足的功能要求,可以将露营地总体规划模式按空间发展类型分为以下三种模式:均衡发展型、辐射型、主轴线型。

一、均衡发展型

这种布局模式的管理中心一般布置在场地的中间或入口处,方便对整个营区的管理。服务中心承担着游客服务、购物、餐饮、住宿等服务功能,这里几乎提供有游客露营生活所需的各种服务。服务区包括小型旅馆、淋浴间(澡堂或温泉)、餐厅、酒吧、咖啡厅、医务室、帐篷租赁部、露营设施租赁部,还有专为汽车露营者提供的汽车维修服务部、加油站等。通常位于整个营地的场地中心,方便为营区内各个方向的游客服务。这种模式能充分利用土地、易于管理、成本低,而且容易组织交通,道路通常都相互平行,易于识别方向;缺点是露营区的景观通常比较单一、乏味,缺少变化和情趣,娱乐活动区通常布置于露营区一侧或周围,主要的娱乐活动和露营区相对独立。

均衡发展型规划模式图

二、辐射型

这种布局模式露营地的管理中心和服务设施中心都建在整块场地的中心或各块地的连接处,以方便对整个营地各个区进行管理和提供服务。各个露营区根据场地的地形和环境特点,不规则地分散布置于管理区和服务区周围,由于场地条件的限制露营区距管理区的距离有比较远的,也有紧挨着的,但不管远还是近,中心管理服务区都像一个枢纽将各个露营区联系在一起,同时向各营区输送物资。这种模式能很好地将既分散又相对集中的零散地块有机结合起来,根据地块的自然条件灵活选择场地用途。各露营区相对独立、景观各异、变化多样、各具特色,还可以结合环境在露营区内增加一些娱乐活动。

三、主轴线型

这种场地布局模式最明显的特征是有一条主道路,各个露营区或活动娱乐区都分散布置于主道路两侧,主道路像一根线,将分散的一个个场地穿在一起。这种场地布局分散,较难管理,管理的中心区通常布置于入口处或相对中间的露营区内。服务设施的布置也相对较困难,要根据各个营区的需求分开布置,对于一些必需的设施,每个露营区都要布置,成本较高。营地中各露营区几乎都是独立的单元,可以结合所处环境特点开发出完全不同的露营特色,可以创造不同的风格,使游客体验更多不同的乐趣。这种布局模式能避开植被景观较好的自然资源,选择相对生态景观较差的区域,易于周边生态环境的营建,可以做出很好的环境。天津蓟州区下营镇山野运动基地露营地和南京市郊的大石湖生态旅游度假区露营地都属于此种类型。

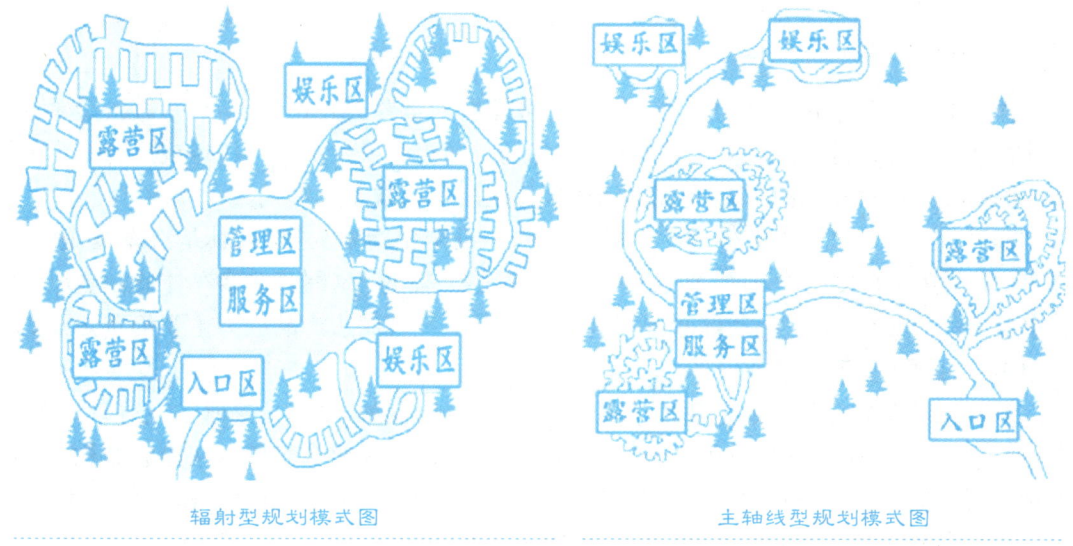

辐射型规划模式图　　　　　主轴线型规划模式图

任务三
开发乡村营地体验项目

任务目标
1. 掌握乡村营地体验项目的开发模式。
2. 熟悉乡村营地体验项目开发的方法及路径。

3.1 掌握乡村营地体验项目的开发模式

党的二十大报告提出"构建优质高效的服务业新体系,推动现代服务业同先进制造业、现代农业深度融合。"作为一种新兴的乡村旅游业态,国内营地正逐渐从单纯的住宿属性到不断融入文化、娱乐元素,其内容不断丰富,形式不断出新,呈现出个性化、融合化的发展模式。

一、"营地＋景区"模式

乡村的营地发展也从单一项目体验逐渐转变成特色核心旅游项目,其主要衍生出两个阶段:1.0阶段主要是依靠周边风景名胜引流,辅之基础的帐篷元素,并不具备其他增值服务。而发展到了2.0的转型阶段,除结合原有的景区资源外,更看重人工服务和活动体验,以及其余特色服务保障,打造品牌文化。

无论哪个阶段,依托"景区＋营地",对露营地来说,可分流景区客流,同时达到客户群体的精准营销;对景区来说,乡村营地不仅缓解了接待压力,而且凭借营地内完善的餐饮、住宿、娱乐等设施可以留住游客,让其由观光型转变为休闲度假型,从而提高客单价,增收盈利。

二、"营地＋体育"模式

体旅融合作为推进体育与旅游双产业经济发展的重要突破点,近年来一直备受关注。而同样作为成熟的跨界模式,"营地＋体育"在近一两年内风生水起,以阿拉善英雄会为蓝本,越来越多的赛事文化被嵌入到露营地内,并逐渐形成常态化模式。

赛事自带IP效应,在普遍消费基础上吸引一批定位消费人群,尤其是汽车类观赏性赛事,吸引游客前来观赛,让游客通过一些专业设备、赛道、氛围营造赛车体验,主动成为赛事项目的宣传源,促进运动体验项目的发展。赛事及其周边产品成为主要消费热点,为营地带来可观的盈利增长点。

一些追求差异化的营地主开始进军小众体育领域,比如,中国首家航空飞行营地落户贵州兴义万峰林,为大众提供了因地制宜的航空体育产品和服务场所。在内容结构上,营地利用所在地区的空域资源,协调规划航空飞行营地间低空目视飞行航线,以此衍生出了航空体育竞赛表演、运动类飞行培训、休闲娱乐等服务模块。

"营地＋体育"的体旅融合模式成熟发展将成为内容、运营模式、市场消费群体、产业形态等多向并行探索的先驱者。

三、"营地＋教育"模式

如今大多数营地建设以休闲娱乐、康体度假、亲子娱乐为首要发展方向,在"假日经济""节日经济"方面已经取得了一定受人瞩目的成绩,但是在整体露营地消费市场尚未成熟的大环境下,如何保持健康良好的运营态势,营地教育成为开启营地"非假日经济"的重要手段之一。

目前教育市场已经成熟化,学生成长的教育需求也愈来愈细分化;这个需求,在教育部等11部门推出《关于推出中小学研学旅行的意见》之后,迎来了爆发式的增长。

研学市场也转变成素质教育的刚需,在转变的过程中,催生了艺术类、拓展类、军事类等各式的素质户外拓展活动,而乡村营地作为研学载体,可占据相当大的市场份额。

四、"营地＋乐园"模式

首先,营地是"野"的,而乐园是"人工"的,"营地＋乐园"的创新融合开发模式,实质上是"野趣"和"人工"的有机融合,是将营地的特色住宿体验与乐园的主题化游玩体验融合成一体,自然野趣与人工主题营造相得益彰,这种独特的尝试,构成了项目复合性的核心吸引力和市场魅力值。

其次,营地更多的是"宿"的功能,不管是房车,还是汽车或者帐篷、木屋营地的氛围,以特有的环境、风景应在不一样的旅居体验,而乐园是"玩"的功能,在乐园里,游客要的是体验,是参与,是互动,是欢乐的氛围。

因此,两者完成了功能上的互补性。玩乐园也不一定只能住"中规中矩"的酒店,而是可以同时体验"野奢"的营地风情。

再者,营地普遍依托自然风光优美的大环境,而传统的乐园则基本上很少能与大自然之天然美景紧密联系,所以,两者的融合兼顾了各种客群需求,也可以达到更广泛的客群覆盖。

五、"营地＋农庄"模式

这种模式最具有乡村旅游特点。"营地＋农庄"基于休闲农业发展现状,依托已建成的旅游资源,在现有的农庄基础上增加建设露营基地,采用智能化旅游基础设施设备,运用互联网、物联网技术和智能化管理平台系统,开展营地建设与运营管理,导入客源、智能化管理,实现效率、效益提升。在解决当前农庄吸引力不足的问题的同时,为休闲农业产业发展提供巨大动能。

3.2　进行乡村营地体验项目开发

我国不同区域在气候、旅游资源、文化、饮食、消费习惯等各方面差异化较大,在乡村营地项目开发建设方面也存在较大差异,在进行乡村营地项目开发时应掌握未来发展趋势,方可以达到最优效果。

一、场地布置

乡村主题性营地活动需要根据项目时间对场地进行布置,时间短,需要使用的场地少,基本不用中途转场;时间越长,需要使用的场地越多,中途可能会涉及多次转场。所谓转场,即同一个场地因为时间背景和任务背景的不同而进行场内布置的更换。

二、项目环节设置

项目各环节可以根据主题的需要进行名字或情节的更换。以研学类营地活动开发为例,共同的特点是体验式学习,通过富有创造性的营地活动,让青少年"有目的地玩"和"深度探索自己"。

三、道具材料设置

主题性活动道具材料的设置并不需要更多的财力和物力支持,很多时候只需要开发思维进行细节处理和改动就可以达到很好的效果。

在布置要素选择上,主题营地活动的布置要素每次使用之前和使用之后必须仔细清点登记,需要能够反复使用,并且容易移动收放,因此建议多使用轻便材质。

安全意识

党的二十大报告中指出:"增强全民国家安全意识和素养。"所谓安全意识,就是人们头脑中建立起来的安全观念。人们在生产活动中,对各种各样可能对自己或他人造成伤害的外在环境条件的一种戒备和警觉的心理状态。

"安全第一"是做好一切工作的试金石,是落实"以人为本"的根本措施。坚持安全第一,就是对国家负责,对企业负责,对人的生命负责。"预防为主"是实现安全第一的前提条件,也是重要手段和方法。"隐患险于明火,防范胜于救灾",虽然人类还不可能完全杜绝事故的发生,实现绝对安全,但只要积极探索规律,采取有效的事前预防和控制措施,做到防患于未然,将事故消灭在萌芽状态,意外事故是可以大大减少甚至可以避免的。

乡村营地教育作为学校教育与家庭教育的"过渡"地带,在孩子成长的过程中起着举足轻重的作用和影响;在营地教育中课程内容固然很重要,而营地安全则是重中之重,只有不断研发新的营内活动内容的同时,不断完善营地的安全,防患于未然,营地项目才能有序顺利地开展。

乡村旅游研学营地创新创业

随着国内外研学市场的火爆发展,农业板块、工业板块、文旅板块纷纷把研学业态引入了经营业态中,旨在通过发展研学、亲子游学、教育营地带来新的一波红利,大流量的客源支撑,带动整个业态的盘活。多业态融合下的乡村营地教育,将为乡村旅游发展带来新的创新的思路,主要表现为以下方面。

国家政策方面,自 2013 年 2 月,教育部首次提出"研学旅行",经过几年的发展,研学旅行从小范围的试点到目前各省市积极开展,并将研学旅行纳入中小学课程体系。2016 年,教育部联合 10 部门印发《关于推进中小学生研学旅行的意见》明确,"各中小学结合当地实际,把研学旅行纳入学校教育教学计划"。2017 年,教育部发布《中小学综合实践活动课程指导纲要》,明确提出中小学综合实践活动课程是义务教育和普通高中课程方案规定的必修课程。2020 年,中共中央、国务院发布《关于全面加强新时代大中小学劳动教育的意见》,强调:根据各学段特点,在大中小学设立劳动教育必修课程,系统加强劳动教育。中小学劳动教育课每周不少于 1 课时,学校要对学生每天课外校外劳动时间作出规定。因此无论是从研学政策,还是孩子的出行政策,政府现在都鼓励中小学生能够在正常的学业阶段去走向社会,通过研学实践去提升学生的能力和素养。由此,各省级教育厅、旅游发展委员会纷纷响应政策,"教育+文化+旅游"的研学旅游市场愈发火爆。

知识拓展　　　同步案例　　　关键词点击　　　在线练习

创新实践

1. 结合红色旅游,谈一谈乡村红色旅游营地项目如何设计并实施。
2. 综合实训:请以你熟悉的或周边的一处乡村旅游营地为例,经过考察,结合下表对其各项情况进行评价,并结合所学,提出优化提升建议。

分析项	(　　　)乡村旅游营地建设情况
营地设施设备建设情况	
营地建设模式与特点	
营地体验项目设计与实施	
营地游客整体满意度	
乡村旅游营地优化建议	

项目四 乡村旅游特色活动与商品打造

项目概述

乡村旅游特色活动与商品打造是乡村旅游发展的核心和灵魂,好的旅游活动与旅游商品可以为乡村旅游发展起到助推作用。本项目主要从乡村旅游节庆活动的设计与开展;乡村旅游研学活动策划与运营;乡村旅游特色商品设计与打造三个维度展开,为乡村旅游特色活动与商品打造工作的顺利实施奠定基础。同时融入创新创业意识、生态文明意识、诚实守信等课程思政元素。

项目目标

1. 掌握乡村旅游节庆活动方案设计与运营流程。
2. 能够有效开发主题性乡村旅游研学活动。
3. 能够有效开展乡村旅游商品设计打造工作。
4. 贯彻落实党的二十大精神,提高"创新思维",践行"创新驱动发展战略",促进乡村旅游活动与商品创新等。

配套微课

微课:乡村旅游活动策划与实施

微课:乡村旅游商品设计与开发

任务一
开展乡村旅游节庆活动

任务目标
1. 了解乡村节庆活动主要类型及特点。
2. 掌握乡村节庆活动开发的路径及方法。

1.1 乡村节庆活动主要类型及特点

一、乡村节庆活动概念与类型

乡村旅游节庆是指乡村中能够对旅游者产生吸引力,并且能用来规划开发形成旅游消费产品的各种乡村节庆活动的总称。

乡村节庆根据主题,依托资源、环境等不同要素可分为多种类型,一般而言,有以下几类。

(一)"特色物产"类

这类乡村旅游节庆是以乡村的农业产品、地方特色商品和著名物产特产为主题,辅以其他相关的餐馆活动、表演活动等开展的乡村节庆活动。

(二)"文化艺术"类

这类乡村旅游节庆文化底蕴深厚,对游客有很强的吸引力。它常常与当地特色文化的物质载体相符合,开展丰富多彩的观光、文化活动。

(三)"自然景观"类

这种乡村旅游节庆是以当地地脉和具有突出性的地理特征(极端地理风貌、典型地理标志地、地理位置)的自然景观为依托,综合展示地区旅游资源、风土人情、社会风貌等乡村节庆活动。

(四)"民俗风情"类

民俗风情就是以本民族独特的民俗风情为主题,设计书法、民歌、风筝、杂技等内容的节庆活动。我国是多民族的国家,各民族的习俗各不相同,可以作为乡村节庆旅游的题材非常广泛。

(五)综合类

综合性的乡村旅游节庆是综合多种不同主题在乡村举办的节庆活动。此种类型一般持续时间比较长、内容综合、规模较大、投入较多,相应地取得的效益也会比较好。

二、乡村节庆活动特点

乡村旅游节庆的根本目的在于享受节庆气氛、参与节庆活动、愉悦体验、享受美好的田园风光、亲身体验乡村生活,从而让人们感悟到自然的魅力和环境的重要性,受到教育和启发,探索乡村的可持续发展。其主要有以下特点。

(一)可观赏性

乡村的旅游节庆活动通常建立在当地独特的自然景观、生产形态和生活风情之上,淋漓尽致地展现乡村的田园风光和自然环境。把乡野农村的风景和娱乐项目作为吸引物,使人们在参加乡村节庆活动的同时,欣赏到城市中没有的田园风光。把乡村的自然景观和人文景观有机结合起来,开发成一个完整的游览对象。

(二)可体验性

乡村的旅游节庆逐步成为典型的体验经济,给旅游者提供一种拥有崭新生活方式和居住地的特有经历。乡村旅游节庆活动能满足旅游者户外游憩的需要,可以让游客回归自然、休假疗养。乡村的辽阔土地为建设各种层次、类型的个性化户外运动提供了便利条件。游客在参与乡村节庆活动的同时,还可以住在当地农家院,吃着农民自己种植的绿色食品,参与简单的农事劳作,采摘果蔬,垂钓品茶,体验与平时不一样的生活。乡村节庆旅游可以使游客了解并体验当地的居民生活。而且很多地区以及少数民族还有自己独特的节日和风俗,如傣族一年一度的泼水节,各地的游客慕名前往,只为了体验当地特色的传统节日,穿着少数民族的服装和饰品,加入当地载歌载舞的活动,这是一种很特别的体验,并且很好地带动了当地的旅游业和乡村产业经济的发展。

(三)可感悟性

农村旅游节庆既有观赏性,更有教育意义,使旅游者深切地感受到人类生存对土地、环境和生态的依赖,培养人们爱护土地,热爱环境的现代发展理念。对优化乡村环境,合理保持乡村特色风貌有显著作用。随着节庆旅游的发展,人们也会感悟到优美的自然环境、传统的民俗、淳朴的民风也是一种生产力。因此,人们会更加自觉地保护生态环境,传承民族文化。而且乡村旅游节庆的发展还能使各地游客通过自身的所见、所闻、所做,挖掘出"乡村传统文化",比如,当地居民的建筑风格、服饰餐饮特色、生活工具等物质文化,以及风俗习惯、传统礼仪等方面的文化。让人们在旅游中得到学习,得出感悟,保护我国传统民俗文化,更好地继承和发扬。青少年在参加乡村节庆活动的过程中,可以了解食物的由来,感悟到农民的辛苦,这能教育孩子们从小就要珍惜粮食、保护环境、珍惜现在的幸福生活等。

(四)可持续性

乡村节庆活动有效地促进和带动了当地经济的发展,为当地村民增加了就业机会,引导人们发展当地配套旅游产业,改善了当地的金融环境,为传统经济注入新的活力。农民在节庆活动中合理地收益,提高了经济水平,也有助于乡村节庆旅游的可持续发展。未来乡村旅游节庆还有很大的发展空间,将会成为一种全新的旅游形式。

1.2 乡村节庆活动的开发

一、科学开展节庆项目策划

(一)注重乡村节庆旅游对文化内涵的挖掘

党的二十大报告指出"增强中华文明传播力影响力。"强调"坚守中华文化立场,提炼展示中华文明的精神标识和文化精髓,加快构建中国话语和中国叙事体系,讲好中国故事、传播好中国声音,展现可信、可爱、可敬的中国形象。"广大乡村作为中华传统文化发源地,民俗民族文化资源丰富。乡村节庆旅游是以独特的乡村民俗民族文化为灵魂的,文化是决定旅游深度发展的主要因素,不仅能提高乡村节庆旅游的品位,还可以使其内容更加丰富。在乡村节庆旅游的发展过程中,要深入挖掘乡村的农耕文化,并且要掌握乡村的文化性,发展其丰富的民间文化。在广袤的农村大地蕴藏着非常丰富的民间文化,应该将这些文化的内涵深入挖掘出来,开发并设计出适销对路、深层次、系列化的独具乡村特色的产品,以此增强乡村节庆旅游的吸引力,提高市场的竞争能力。

(二)加强对节庆旅游活动与产品的创新

党的二十大报告要求"必须坚持守正创新。"千篇一律的活动形式很容易被竞争者所替代,也会给市场造成审美的疲劳。比如音乐节的举办固然离不开音乐,但是围绕音乐的产品形式和主题内涵却有很多,各音乐节举办的意义和目的也不尽相同。

乡村旅游商品既可以作为经济效益的重要收益客体,也可以看作旅游宣传的重要载体。乡村旅游节庆这一项目可以结合相应主题设计旅游商品。比如,可制定某个活动吉祥物,制作相关的文化衫,实行买门票送文化衫的捆绑营销手段,也可以节庆活动为契机,售卖印有当地特色的明信片、邮票或者其他产品等,进一步吸引游客来游玩的好奇心,扩大游客范围。

(三)注重平衡节庆旅游的季节性

可以利用本地的农产特产、民俗风情、自然风景,在一年四季开发不同的乡村节庆旅游,如在春季可以举行一系列的祭祀活动,春季代表一年的开始,是播种的季节,承载着劳动人民的希望,居民可以以祈求新一年的风调雨顺,粮食作物大丰收为主题举办祭祀活动。在夏季沿海、沿河、湖泊、水库区域,可以以垂钓、水上运动等为主题举办乡村节庆旅游,如垂钓节、大型的划船比赛等节庆活动。秋季北方的冬枣、无花果、鸭梨、苹果等农作物成熟,可以举办一系列的采摘活动。冬季可借助原有的湖泊开展一系列冰上项目,比如滑雪、滑冰、冬季垂钓等乡村节庆活动,使乡村节庆旅游不受季节性的影响,并且可以丰富乡村节庆旅游的各级市场。

二、乡村旅游节庆管理与运营

(一) 加强基础设施建设,完善乡村旅游地各项保障措施

旅游基础设施的完善程度既决定了该地区的旅游接待能力,也可看作是该旅游目的地的吸引力与市场竞争力的重要条件。旅游业作为一种新兴综合产业,其所包含的吃、住、行、游、购、娱六大要素涉及各行各业,所以优良的旅游活动的举办需要一张完善且成熟的保障网络体系。在乡村开展节庆旅游项目,要特别重视服务理念的发挥,完善现场的服务引导设施的布置,增加消防、卫生、治安的力度和相应设施的配套力度,争取及早发现问题,及早解决。

(二) 完善节庆管理,推行市场化运作机制

乡村节庆旅游只有充分利用市场化运作模式,才能聚人聚物,充分发挥出节庆旅游项目带来的优势效益,加快促进现代节庆旅游新型产业经济增长极的出现。具体而言,旅游组织者可以通过活动冠名、广告招标、授予荣誉、准许产品推介、供给指定专用产品等方法取得相应赞助与投资。也可以采取灵活多元的营销方式,将全部的旅游商品、票据、配套服务、产品转销或者通过公司代销,以达到减少工作量,增加效益,转移相关风险的目的。

(三) 强化节庆旅游项目举办的联合协同机制

乡村旅游地要充分利用其地理位置的优势来发展节庆旅游。比如镇江世业洲作为长三角的后花园,拥有得天独厚的生态环境和客源市场。但是区域内的南京、苏锡常等地的音乐产业过于发达,上海更有"世界音乐之都"之称,世业洲长江音乐节只能充分发挥其后发优势,不断创新,除此之外,要加强区域内的联合协同。首先,争取周边各大旅游城市的支持,坚持引进来与走出去相结合,加强在各大城市的旅游宣传力度。应该统筹考虑乡村节庆的举办时间和举办主题,避免同一时间段内的客源竞争,同时还要注重节庆举办特色。最后,加强与其他城市节庆活动的捆绑销售,依托大城市的品牌效益,实行跟从机制,更加关注生态、社会等综合效益。乡村节庆旅游项目不能单一的只依赖于当地发展的优势或者项目活动本身,而应发挥节庆旅游项目的连锁效应,寻求联合协同发展的最佳状态,形成长久发展的项目机制,加强区域旅游合作,互通互联,依托品牌节庆,采取跟从策略,注重特色,避免同质化竞争。

(四) 加大宣传力度,拓宽销售渠道

在不断加速的区域经济一体化中,任何区域都不能离开外部大环境,区域旅游之间的合作也变成提升区域旅游产业竞争力的重要途径之一。要想提升本区域在乡村节庆旅游产业中的影响能力,就要主动出击,把互动、互补、互利、共赢作为原则,强化合作意

识,有重点、有规划、有步骤地对乡村节庆旅游商品和线路进行宣传,并且对销售市场进行拓展。

乡村节庆旅游可以通过发放相关的旅游广告,利用电视、报纸、杂志、互联网等覆盖面广、效应强的大众媒介向公众宣传乡村节庆旅游,扩大乡村节庆旅游的知名度和影响力;还可以利用公共营销的方式来宣传自身形象。首先,要对乡村节庆旅游地承办过比较隆重的并且成功的节庆活动及时进行新闻报道;其次,通过组织和举办公益活动,建立乡村节庆旅游的良好旅游形象;最后,也可以利用新兴的宣传平台,比如微信公众平台、微博等加强与游客之间的互动以此加深在游客心目中的印象。

(五)树立品牌,巩固形象

为进一步发展乡村旅游产业,扩大品牌效应,可以结合节庆旅游项目的包装,吸引游客的注意;通过节庆旅游的持续开展,聚集市场口碑;再通过节庆旅游项目中的产业升级,不断扩大经济效益,在旅游市场上就会自然而然地形成对乡村节庆旅游项目的品牌感知与品牌认同,真正为农村区域经济的发展开辟一条旅游发展新路。

任务二 开发乡村旅游研学活动

任务目标
1. 掌握研学旅行概念及价值。
2. 了解目前乡村研学活动开展现状及问题。
3. 掌握乡村研学活动开发的路径及方法。

2.1 研学旅行概念及主要作用

一、研学旅行概念

"研学旅行"很早就进入了旅游业者的视野,2013年《国民休闲旅游纲要》明确提出"要逐步推行中小学生研学旅行"。之后,它为教育部门所倡导,2016年教育部等11部门印发了《关于推进中小学生研学旅行的意见》(以下简称《意见》),要求各地将研学旅行摆在更加重要的位置,各地结合当地实际情况,将研学旅行纳入中小学教育教学计划。2018年文化部和国家旅游局合并,组建文化和旅游部,研学旅行在全国范围内如火如荼地展开了。

根据《意见》,研学旅行是指:"中小学生研学旅行是由教育部门和学校有计划地组织安排,通过集体旅行、集中食宿方式开展的研究性学习和旅行体验相结合的校外教育活动。"所以,研学旅行是教育与旅游的结合,是教育教学的重要内容,是综合实践育人和素质教育的有效途径,更是一个重要的旅游商品和细分市场。在教育领域,中国自古就有"读万卷书行万里路"的传统,所以,研学旅行一经提出便有了很好的发展土壤。近年来,广大乡村经营单位也面向社会大众,以各种形式将旅游和研学活动结合,开发各类型研学旅游活动,达到乡村科普教育的活动,成为研学市场一股新兴力量。综合以上观点,本书中所指的研学活动,既包含了由教育部门和学校有计划地组织安排的学生集体出行的校外教育活动,也包括了由乡村研学经营单位组织开展的、面向大众的群体的社会性科普教育活动。

二、乡村研学活动价值

党的二十大报告中指出"全面贯彻党的教育方针,落实立德树人根本任务,培养德智体美劳全面发展的社会主义建设者和接班人。"作为重要的学生课外综合拓展教育形式,乡村研学活动在青少年学生综合素质养成方面也起到了积极的作用。广袤的中华大地孕育出的不只有优秀的中华儿女,更有令人骄傲自豪的中华传统文化,而农耕文化作为中华传统文化的优秀代表,是中华民族的内在价值。有学者指出,中华优秀农耕文化具有政治治理价值、经济治理价值、社会治理价值、生态治理价值。然而在全球化和城市化的社会发展进程中,传统乡村文化受到了极大的冲击。因此,在当下我们通过开展主题研学活动,挖掘、了解、保护乡村文化显得尤为重要。

(一) 乡村研学活动有助于传承中华传统文化,培养文化自信

我国乡村文化源远流长,博大精深。距今约1万年前,由旧石器向新石器过渡,开始发生了农耕。从此,世界上先后出现了几个各具特色的农耕中心。乡村研学活动的开展有助于培养研学对象的文化自信。习近平总书记曾在多个场合提到文化自信,传递出中国的文化理念和文化观。大力宣传中华优秀传统文化是增强中华儿女文化自信的重要方式。乡村文化属于中华优秀传统文化。少年强则国强,少年自信则国自信。因此,通过开展乡村研学活动,大力宣传乡村优秀文化,将乡村优秀文化引入校园,有利于培养我们国家青少年的民族自豪感,从而增强整个国家人民的民族自信。

(二) 乡村研学活动有助于深化劳动教育改革,培养劳动意识

中华乡村文化是中华民族在长期的农业生产劳作中所形成的一种文化形态,蕴含着劳动的奋斗之美、和谐之美、创造之美,是新时代开展劳动教育的重要资源。2018年9月10日,习近平总书记在全国教育大会上指出"要努力构建德智体美劳全面培养的教育体系,形成更高水平的人才培养体系;要在学生中弘扬劳动精神,教育引导学生崇尚劳动、尊重劳动、懂得劳动最光荣、劳动最崇高、劳动最伟大、劳动最美丽的道理,长大后能够辛勤劳动、诚实劳动、创造性劳动"。劳动教育是我们全面发展教育的重要组成部分,而乡村文化研学旅行课程中的农耕体验性活动给予研学者劳动的机会,使其在劳动中发现乐趣,在劳动中有所成长,在实际动手的活动中培养实践意识和劳动意识,促进身心健康发展。

（三）乡村研学活动有助于创新道德教育形式，提高道德素质

中国是现今世界上几大农业大国之一，水稻产量稳居世界第一。中国的几大农产品基本能实现自给自足。随着社会的发展，科学技术不断更新，传统的人力耕作模式已经发生了翻天覆地的变化，部分传统的农耕文化也逐渐随之消失。如何挽救消失的传统农耕文化，如何让研学对象了解传统耕作、了解农业技术的变化。这是我们社会学校乃至家庭需要正视和重视的课题。为了让学生更加直观地了解农耕文化，可以借助乡村研学活动形式，带学生们走进农村，感受农耕。

（四）乡村研学活动有助于传承活态乡村文化

乡村文化是一种非文字的、活态的生存文化。乡村文化是中华文化的起源，中华民族是农业起源的民族，衣食住行甚至精神都离不开乡村。随着全球化的发展，城镇化的加快，乡村文化渐渐被冲淡甚至是消失。因此，乡村旅游也应该担起传承农耕文化的重任，开发农耕文化相关课程。而农耕文化是一种非文字性的、活态的口头文化，这种文化形式很难有文字的记载，它隐藏在真实的生活中。需要借助乡村研学旅行课程，带领学生走进乡村农耕文化。需要将乡村文化融入研学旅行课程，借助体验性、实践性的课程带领研学对象感受真正的乡村文化。

2.2 乡村研学活动实施策略及路径

一、乡村研学活动主题模式及课程体系设计

随着文旅融合和乡村振兴工程的推进，乡村可以依托内部现有的产业融合研学旅行项目，从而延长产业链，丰富产品体系，带动地区社会经济的发展。一般而言，乡村研学活动开发可以有以下模式。

1. 劳动体验型

劳动体验型多依托农场、牧场、渔场等农业生产生活场所，通过乡土化的农事活动和趣味性的娱乐活动，为研学旅游者提供简单、有趣的乡村劳动体验。

在环境营造上，多追求原汁原味，尽可能将旅游对自然景观的影响降至最低。

在产品设计上，将学习体验完美地嵌入农民的生活中，让体验者从中知农事、学农法，体味农业，融于乡村。

2. 文化熏陶型

文化熏陶型多依托乡村博物馆、纪念馆、非遗传承基地等文化展示场所，以场馆参观、工艺体验、节庆参与等方式，组织研学人员走进乡村优秀传统文化、革命文化和社会主义先进文化"现场"，引导大家更加真切地感受中华文化的源远流长，激发参与者对中华文化由衷的认同之情、崇敬之心、践行之志。例如千岛湖"蚕堡王国"研学体验项目便是典型案

例之一。"蚕堡王国"位于浙江省千岛湖姜家镇双溪村,在老龙泉茧站的基础上建成,是依托双溪蚕桑科普馆,以蚕桑文化为主题打造的特色研学基地。结合基地内500平方米的蚕桑体验区和2 000平方米的蚕堡王国主题情景式体验区,定制开发了包含"时光胶囊、千丝茧室、百变作坊、蚕堡粮仓"等内容的专业蚕桑研学课程。为了做好研学的配套,地方政府对龙泉茧站另一栋老旧的房屋进行文创化改造,打造为蚕桑主题精品民宿"云里雾里客栈·双溪茧舍"。

双溪茧舍研学基地

3. 自然教育型

自然教育型多依托乡村林地、河流、天气等生态环境,将传统教室搬到自然中,通过动植物观察、燃篝火、爬树、做游戏等各种活动拉近儿童与自然的距离,适时开展气候学、动物学、植物学的常识教育和环境意识,提高儿童的洞察力、注意力,培养其主动发现、解答问题的能力,让孩子自由、自主的自我发展。

二、乡村研学活动开发路径

(一)挖掘在地文化,创建品牌乡村研学旅游产品

具体开发项目时,应结合乡村自身的民俗文化特性,为乡村研学产品提供新思路,为旅游者带来别具一格的旅游体验。一是以乡村生活场景习惯来设计农事体验类研学产品,例如:稻田捕鱼、农场抓鸡、打糍粑等活动;二是依托乡村生活中的生活工艺品的制作,打造天然的文化产品,它强调学生参与到整个工艺的制作过程,通过动手、动脑进行创意,从而创造一种个性化的体验,充分激发学生的想象力。这类的工艺体验类产品有蜡染、刺绣体验、竹制品制作、木制品制作等;三是以乡村特有的环境,进行经典的游戏娱乐,比如丢手绢和萝卜蹲、抢凳子比赛、寻找宝藏、掰玉米等趣味游戏。让学生在参与这类乡村休

闲游乐类产品过程中对乡村的生活习俗有更深的认识;四是乡村趣味体育,乡村体育类项目不像正式的体育竞赛那么严肃和强调竞赛性,它可以是当地人们的户外运动习俗,或者一种户外生存能力,通过简化和趣味化,成为一项参与性很强的旅游项目。不仅满足了人们追求户外运动刺激性的需求,同时还能充分感受当地人的体育文化,也是乡村文化研学产品开发的新思路。例如:滑草、滑沙等。

(二)科学安全组织实施,切实达到预期效果

研学活动是一种开放式的学习方式,与传统的校内学习不同,这种开放式的学习要走出课堂,走出学校。这就要求组织者预先要制定好严密的实施流程,确保活动的开展,预防各种意外情况的发生。

组织保障:行政主管部门建立工作领导机构,制定有关制度,不断总结推动,为学校开展研学活动提供政策支持。行业主管部门及承办方要制定具体工作方案,建立研学旅行长效管理体系。

课程保障:由活动组织方制定研学课程方案,将研学活动和课程改革结合。在课程开发时,注重这些前期调研,才能够有针对性地开发学生喜欢的、适宜学生年龄与身心发展阶段的研学课程。

安全保障:活动组织方制定详细的安全应急预案,要对参与活动的人员进行安全防范知识和技能培训,力求做到防患于未然。

成果保障:研学后及时做好研学旅行的总结工作,消化、吸收研学成果。总结交流经验,不断完善学校研学旅行课程设计和方案制定,提升研学旅行活动科学化水平。

(三)打造专业教师队伍,提高从业人员素养

对于开展一次研学活动来说,组织者要进行全方面把控。要对研学导师的组织能力、规划能力与管理能力进行系统性培训,保证研学导师对于研学旅游过程中需要的最基本知识与能力能够得到保证,只有及时认真组织与处理好每一次的研学活动,才能使所组织的活动有意义,方能够得到学生、家长与社会的好评。因此,建立健全研学导师培训制度,开展对研学旅行专兼职教师和相关人员的全员培训,明确培训目标,努力提升研学导师的知识整合能力,观察、研究学生的能力,课程资源开发和利用的能力等十分重要。

(四)建立科学的评价体系,丰富评价方式

研学旅行在大部分旅游者看来,与普通旅游最大的区别在于,研学旅行开展结束后需要对本次活动进行相应总结,判断是否达到预期、能否起到一定的效果,而一般意义的旅游主要还是在于是否具有足够的趣味性。建立科学的评价体系与评价方式对研学活动进行总结评价,分析今后能否继续开展此类活动以及如何开展。另外,在每一次活动结束后,研学导师可以对学生接下来时间段里的各方面变化进行评价,并与参与活动之前的表现进行对比,推断分析学生发生的变化与研学活动是否有关以及变化能否达到预期。

任务三　打造乡村旅游特色商品

任务目标
1. 掌握乡村旅游特色商品概念及特点。
2. 掌握乡村旅游特色商品打造的路径及方法。

3.1　乡村旅游特色商品概念及特点

一、乡村旅游特色商品概念及分类

乡村旅游商品是指伴随乡村旅游而产生的，供消费者购买的，具有乡村特色的商品。乡村旅游商品是对乡村特色物产、地域文化高度浓缩后的产物。乡村旅游商品可以分为以下几类。

（一）乡村土特产

它具有很强的地域性，以地道正宗、绿色生态为主要卖点，通常没有独立企业品牌，但一般会有一个较有影响力的地域品牌，如赣南脐橙、信阳毛尖、怀柔板栗、安然苹果、杏花村酒、阳春面条等。

（二）民间工艺品

与土特产类似，具有较强的地域文化属性，不同文化体系下的工艺品不尽相同，更有一村一品之说。特色民间工艺品通常包括雕刻、剪纸、版画、陶瓷、饰品、竹编、草编、布匹、皮影、泥娃娃等。民间工艺品有精雕细琢的，也有粗犷质朴的，取决于当地的工艺水平和文化习惯。

（三）农村生产生活用品

如今，随着乡土情怀的兴起和乡村创客的涌现，部分乡村的生活用品变得时尚起来，如绘有当地民族文化图案的服饰、手包成为时尚界的宠儿，当地优良的木材家具、质朴的陶瓷、竹编的灯饰也被都市人所喜爱。

二、乡村旅游特色商品主要特点

（一）地域性

乡村旅游商品作为乡村劳动人民劳动生产的产物，与当地地理区位、气候环境、地域文化紧密联系，带有很强的地域属性。"橘生淮南则为橘，生于淮北则为枳"，也道出了这种差

异性,而这种地域性的特点很大程度上就是不同地方的乡村旅游商品吸引人购买的原因。

(二) 乡土性

质朴接地气、原汁原味是乡村旅游商品的内在生命力,是乡村旅游商品区别于城市普通商品最明显的特色。乡土性是乡村给游客一种关于土地,关于传统农耕文化的记忆,乡愁乡味也多来源于此。

(三) 文化性

乡村旅游商品多少都带有当地的文化特征,只不过有些商品文化感知度较强,如当地的民间工艺品;有些文化感知度比较弱,如某些土特产。

(四) 艺术性

并不是只有著名旅游城市、大型旅游景区的旅游商品才具有艺术性,乡村旅游商品同样也具有艺术特性,这种艺术性的高度取决于民间艺人的水平。

(五) 体验性

与普通商品待价而沽不同,乡村旅游商品十分注重参与体验性。旅游的过程本身就是一次体验,同样,很多旅游商品的制作也带有旅游的体验性,比如亲手采摘的水果,制作一件手工艺品等。乡村旅游商品吸引人购买的原因和体验的价值息息相关。

(六) 实用性

抛开旅游的身份限定,它与普通的商品相似,也具有实用性。作为商品的一种,乡村旅游商品或是穿戴、摆设,或是使用、珍藏,要避免让旅游者买着高兴,回家即丢在一边无任何用途的情况发生。

3.2 乡村旅游特色商品开发路径

一、保护"原汁原味"与新内涵、新商品的"双管齐下"

党的二十大报告指出"坚持以文塑旅、以旅彰文,推进文化和旅游深度融合发展。"纯正朴实的乡土风情、独特的民间艺术,是乡村旅游商品的生命,是乡村旅游商品生存、发展的根本。这就要求它的制作工艺、风格要尽可能保持"原汁原味",并对其传统工艺进行保护,给予政策的扶持,鼓励"新生命"的加入,将正宗的手艺传承下去,且政府应给予适当的扶持。虽然手工制作在效率上不及现代化的流水生产,但每件商品都是民族智慧的结晶,是文化的沉淀。往往一件"原汁原味"的乡村旅游商品会唤起长辈对自己童年的回忆;引发青少年去了解乡村的兴趣。

同时我们应注意到旅游业的发展,需要不断开发新商品来满足游客日益多元化的需求。乡村旅游商品亦如此。"原汁原味"是乡村旅游商品同一般商品的竞争优势,但如果一成不变,人们会逐渐降低对它的购买欲望,需求量将日趋萎缩,最终不得不退出市场。

面对市场经济的残酷竞争,对乡村旅游商品的开发必须未雨绸缪。如果说"原汁原味"是第一代乡村旅游商品的卖点,那么"融入新内涵、推出新商品",则是第二代乡村旅游商品开发的重点。第一代乡村旅游商品已经从开发到经营有些时日,需要考虑对其进行完善、更新,加强其艺术性、创新性、纪念意义,而推出新商品。

二、乡村旅游商品的个性化、差异化开发

根据弗洛伊德总结的个性理论:正是那些深层次的需求,激发消费者去购买已经"个性化"的品牌,以满足潜在欲望。所以说,个性差异是任何一个商品存在和发展的基本要求。具体到乡村旅游商品,要着重突出"乡村"这个主题,挖掘各地乡村特色,展示乡村旅游商品的独特魅力、价值,从而打造出自己的品牌。

同为乡村旅游商品,各地间也要突出差异。要根据各地的具体情况、现有资源,进行各地乡村旅游商品的定位,不可盲目模仿它地的乡村旅游商品特色、经营模式。如年画、布老虎、刺绣、蜡染、剪纸、风筝、土特产等,它们既可以放在商店里作为一般商品销售,又可以将其深加工、再开发,做成具有乡村特色浓郁、散发着乡土气息的乡村旅游商品。如:以某地乡村生活、习俗、节庆为主题的年画,附上对所画内容的介绍,说明来历,讲述渊源;以本村的历史人物为题材的刺绣,并绣上他的丰功伟绩,表达村民对他敬仰之情的朴实话语;以某地乡村的景区风景为题材的蜡染,并标注出署名村名,以及村民对游客的美好祝愿,使其成为具有观赏性、实用性、纪念性的乡村旅游商品。这些特色化的乡村旅游商品见证了旅游者的旅游体验,是旅游者美好回忆的浓缩,有着不可替代性。

三、强化乡村旅游商品的参与体验性开发

首先让游客现场参观制作过程,了解大体流程手法,充分调动游客的好奇心,使其对乡村旅游商品产生兴趣。然后,为游客提供"实践"机会,亲自参与制作,将自己在乡村旅游的感受,即兴融入创作作品中,用亲身经历诠释自己理解的乡村旅游。同时,游客在参与的过程中,更加了解乡村。旅游者返回后,可以帮助做更为生动的宣传。另外,为了吸引回头客、提高复游率,还可以在参与过程中设立奖励制度。这里指的"奖励制度",并不一定是价格优惠,也可以是人们创作的作品可以暂时保存在加工现场,供其他人参观,定期评选出优秀作品,给予名誉上的奖励。设置初衷是考虑到人们希望"被重视、被肯定"的心理需求,同时投入少,回报多。旅游者就可能会不只一次地来,还会请亲朋好友来欣赏自己的作品,分享其中的快乐,从而会带来潜在消费群体。挖掘人们的创造灵感,使其最大限度地投入参与过程中,让人们在轻松中体验到自己的创作意义,满足人们的成就需求。

四、加强乡村旅游商品知识性

旅游商品是经济与文化的载体,而文化是旅游商品的灵魂。消费者希望对自己买下的乡村旅游商品有更多了解。比如:制作工艺的产生渊源,制作技术的演变过程,反映了

什么文化内涵，寄予了人们怎样的期望等。

根据上述需求，可以在商品的包装里附上一份关于上述内容的介绍，增加乡村旅游商品的文化底蕴，提升商品的档次，从而获得更可观的收益。同时，对于比较贵重的乡村旅游商品，还要附上质量认证书。一方面是为了让消费者放心购买，另一方面也是为了防止不法商贩以劣质品欺骗消费者，扰乱乡村旅游商品的市场秩序。

五、打造乡村旅游商品品牌意识

品牌代表着卖方对买方一种对于质量、服务、诚信、文化等方面的承诺。乡村旅游商品要想做出品牌，需成立专门组织，融入现代化的管理理念，连锁的经营模式，并加以现代的宣传方式（如：建立乡村旅游商品的网站、举办大型宣传活动等），营销策略。

课程思政小红星

创新创业意识

党的二十大报告中提出："坚持守正创新。坚持科技是第一生产力、人才是第一资源、创新是第一动力，深入实施科教兴国战略、人才强国战略、创新驱动发展战略，开辟发展新领域新赛道，不断塑造发展新动能新优势。"党的二十大报告又提出："完善促进创业带动就业的保障制度，支持和规范发展新就业形态。"

创新创业是指基于技术创新、产品创新、品牌创新、服务创新、商业模式创新、管理创新、组织创新、市场创新、渠道创新等方面的某一点或几点创新而进行的从业、创业活动。

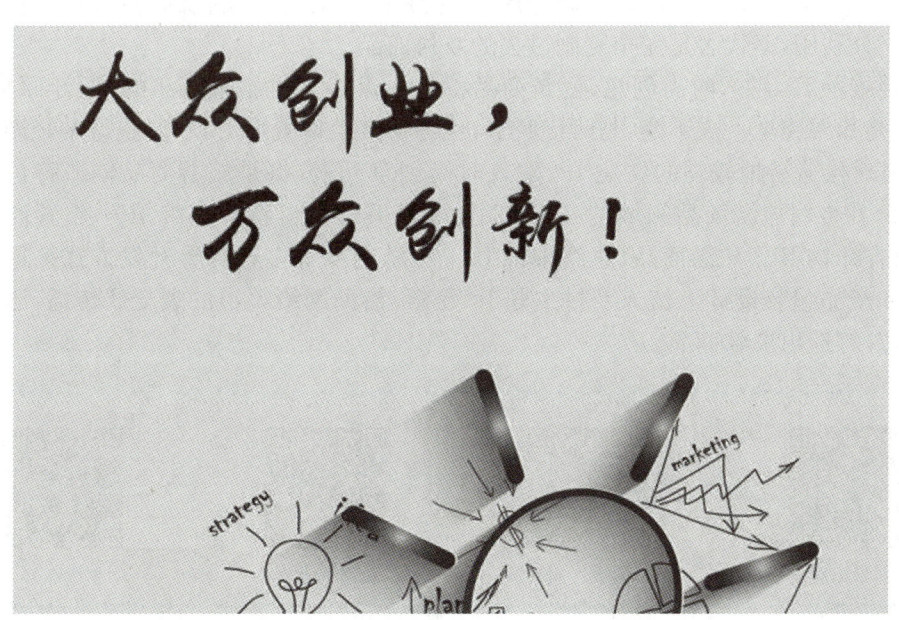

创新创业教育是以培养具有创业基本素质和开创型个性的人才为目标,不仅仅是以培育在校学生的创业意识、创新精神、创新创业能力为主的教育,而是要面向全社会,针对那些打算创业、已经创业、成功创业的创业群体,分阶段分层次地进行创新思维培养和创业能力锻炼的教育。

乡村特色活动与商品设计是乡村文化传承与发展的重要抓手,在乡村振兴背景下更是大有可为。我们应该善于抓住发展机遇,以传承与创新为主线,创新创业为目标,以旅游商品开发为抓手,提高创新创业意识,激发动力,提升创新创业综合能力。

乡村旅游商品创新创业

乡村旅游商品开发必须首先了解和研究乡村旅游者需求,根据乡村旅游者的需求和购买行为来开发乡村旅游商品。现在的乡村旅游者具有较高的文化素养和审美能力,更偏重旅游的文化感知,追求特色化、个性化的旅游商品。同时,乡村旅游商品提供的不仅仅是产品和服务,还需要注重售后服务和口碑。

就地取材,开发原汁原味的旅游商品。纯真质朴的乡土风情,生态绿色的果蔬、独家秘制的美食、独特的民间工艺,或者取自于大地的天然材质,是乡村旅游商品的核心吸引力,这就要求乡村旅游商品的开发尽可能"就地取材",强调其"原汁原味"的特征。在土特产方面,果蔬以生态绿色为主要卖点,食材以当地独特的口味、独家秘制为亮点,用来吸引消费者。特色工艺方面,强调其传承了的传统工艺技术,富有文化内涵,如传统剪纸、根雕、陶瓷。生活用品方面,以取自乡村的材料为主,并融入传统工艺,打造木制家具,竹编篮子、草鞋、蜡染围巾等。在这里"原汁原味"强调的是对传统文化的传承,对乡村原生态材料的充分利用,不代表是完全复制过去的乡村商品。

对接旅游IP,融入时尚创意,创新商品特色。保持乡村旅游商品的"原汁原味"固然重要,但是如果完全一成不变,与时代脱节,也容易产生审美疲劳,不能获得年轻游客的青睐。通过对接旅游地较强的文化IP,融入时尚创意元素,将是旅游商品创造特色的有效途径。IP在乡村旅游商品领域的开发利用,可以采取乡村特产品牌IP+旅游商品衍生物、乡村吉祥物IP+旅游商品、热门影视IP+旅游商品等多种跨界开发方式。通过在产品策划和产品包装设计上植入乡村主题IP元素,借助网络渠道的裂变式传播,迅速引发粉丝效应,打造出爆款商品。

知识拓展

同步案例

关键词点击

在线练习

创新实践

1. 选择某一主题乡村旅游区,调研其乡村节庆开发现状,并进行优化设计。
2. 综合实训:请针对以下乡村旅游目的地简介,开展自主资料收集,分别从乡村旅游土特产品、乡村旅游民间工艺、乡村旅游生产生活用品角度为其设计3款乡村旅游商品,并设计品牌,确定价格。

全国乡村旅游重点村——仙姑村

坐落在茅山脚下的常州金坛仙姑村,村域面积4.35平方公里,总人口1 682人。这里青山绿水,环境优美,风景怡人,旅游资源丰富,道教文化源远流长,村内有三门五庙的古迹。村内已有十余家农户自办农家乐,仙姑咸猪蹄、茅山老鹅、炖鸡蛋、野山菇、地皮菜等,名扬方圆百里,已形成具有农家特色的仙姑菜系。村内有境月池、农家屋、生态园、水库等,已形成吃、住、玩为一体的休闲格局,形成了仙姑村"道路两旁树成廊、河堤两岸树成行、房屋河塘相交错、农家长廊好风光"的美景。仙姑村的稻草工艺具有盛誉,村中心广场上稻草猴、茅草屋、稻草垛、稻草牛及富有江南风格的庭院背景墙,吸引游客驻足留影。

主要参考文献

[1] 李旭辉.农家乐旅游中餐饮卫生监管机制研究[J].河北企业,2013.
[2] 余松筠.多文化背景下的乡村旅游餐饮服务存在的问题及对策[J].城市旅游规划,2019.
[3] 李初叶.温州乡村民宿发展研究[D].广西师范大学,2016.
[4] 张延,代慧茹.民宿分类研究[J].江苏商论,2016.
[5] 龚桂莉.民宿旅游理论与案例研究[J].山西农经,2017.
[6] 贾云倩.基于旅游发展的房车营地规划设计研究[D].西北农林科技大学,2016.
[7] 罗光华."互联网+"背景下文化创意乡村旅游产业发展及升级对策研究——以贵州省为例[J].中国农业资源与区划,2016.
[8] 李静,国伟.营地教育与研学旅行相结合的大趋势分析研究[J].当代体育科技,2018.
[9] 谢建宏.社区视角的青岛乡村节庆研究[D].中国海洋大学,2014.
[10] 陈怡梦.论贵州旅游产品的开发——从旅游心理角度[J].贵州商业高等专科学校学报,2014.

乡村旅游创新开发与经营实务

主编 张 骏 卢凤萍

模块三

乡村旅游管理与服务

南京大学出版社

目 录

项目一　乡村旅游形象塑造 ·· 001

　　任务一　开展乡村旅游形象设计 ·· 002

　　任务二　打造乡村旅游形象体系 ·· 006

　　任务三　宣传提升乡村旅游形象 ·· 012

　　课程思政小红星："审美素养"的提升 ······································ 015

　　创新创业加油站：乡村旅游形象创新设计 ·································· 015

　　创新实践 ·· 016

项目二　乡村旅游营销推广 ·· 017

　　任务一　确定乡村旅游营销模式 ·· 018

　　任务二　打通乡村旅游营销渠道 ·· 021

　　课程思政小红星：诚实守信 ·· 023

　　创新创业加油站：乡村旅游营销创新策略 ·································· 024

　　创新实践 ·· 025

项目三　乡村旅游综合管理 ·· 026

　　任务一　开展乡村旅游经营者管理 ·· 027

　　任务二　开展乡村旅游旅游者管理 ·· 031

　　任务三　开展乡村旅游原住民管理 ·· 036

　　课程思政小红星：新发展格局、新发展理念 ································ 038

　　创新创业加油站：乡村旅游目的地创新管理 ································ 039

　　创新实践 ·· 039

项目四　乡村旅游对客服务 ··· 040

　　任务一　制定乡村旅游对客服务标准与规范 ···································· 041

　　任务二　提升乡村旅游从业者基本素养 ·· 043

　　任务三　增强乡村旅游从业者服务技能 ·· 048

　　课程思政小红星：终身学习 ·· 051

　　创新创业加油站：乡村旅游对客创新服务 ······································ 051

　　创新实践 ·· 052

主要参考文献 ·· 053

信息化资源目录

项　　目		信息化资源	页　码
模块三　乡村旅游管理与服务	项目一 乡村旅游形象塑造	**微课学习：** 乡村旅游形象塑造	001
		知识拓展： 旅游宣传口号的作用	016
		同步案例 任务1案例：乡村旅游形象设计——麟凤村乡村旅游形象和导视系统 任务2案例：河南省尉氏县：万亩桃园现美丽风光　展示乡村旅游新形象 任务3案例：一部戏带火一座城	
		关键词点击： 乡村旅游形象 旅游形象系统 乡村旅游形象感知 乡村旅游形象定位 乡村旅游目的地品牌形象识别	
		在线练习： 单选题 判断题	
	项目二 乡村旅游营销推广	**微课学习：** 乡村旅游营销推广	017
		知识拓展： 新媒体营销的模式与趋势	025
		同步案例 任务1案例：当雄县多举措推进乡村旅游发展 任务2案例：乡村旅游收入300亿元，电商销售390亿元——江苏乡村产业振兴成绩单亮眼 任务3案例：会宁县2021年度"培育网红支书·代言家乡味道"网络直播系列活动	

续表

项　目		信息化资源	页　码
模块三　乡村旅游管理与服务	项目三 乡村旅游综合管理	**关键词点击：** 乡村旅游营销策略 乡村旅游营销渠道	025
		在线练习： 单选题 判断题	
		微课学习： 乡村旅游从业人员管理 乡村旅游游客管理 乡村旅游原住民管理	026
		知识拓展： 乡村旅游综合管理模式	039
		同步案例 任务1案例：乡村研学旅游产品成为游客体验新亮点 任务2案例：当原住民遇见乡村文创	
		关键词点击： 乡村旅游个体经营者 游客管理 游客行为 游客安全管理 旅游体验	
		在线练习： 单选题 判断题	
	项目四 乡村旅游对客服务	**微课学习：** 乡村旅游对客服务	040
		知识拓展： 乡村旅游从业人员服务质量测评	052
		同步案例： 任务1案例：贵州乡村旅游地方标准出炉 任务2案例：重庆市石柱县乡村旅游从业人员培训开班	
		关键词点击： 乡村旅游服务质量管理体系	
		在线练习： 单选题 判断题	

项目一 乡村旅游形象塑造

项目概述

乡村旅游形象的塑造关系到旅游吸引力的彰显和游客满意度的提升,在乡村旅游目的地建设与旅游者活动过程中不断得以凸显、展示和强化,良好的乡村旅游形象可以为目的地发展奠定坚实的基础。本项目从乡村旅游形象的概念和体系构成入手,结合案例分析乡村旅游形象打造的方法和步骤,以及宣传、推广和提升优化的路径与方式。同时融入审美素养提升、"大国三农"情怀、生态文明意识、工匠精神等课程思政元素。

项目目标

1. 理解乡村旅游形象的概念及结构。
2. 掌握打造乡村旅游形象的技术要求及工作要点。
3. 能够结合乡村旅游资源和游客需求因地制宜地打造乡村旅游形象并实现优化与推广。
4. 贯彻落实党的二十大精神,秉持社会主义美学观,培育审美能力,促进"德智体美劳全面发展"等。

配套微课

微课:乡村旅游形象塑造

任务一
开展乡村旅游形象设计

任务目标
1. 掌握乡村旅游形象的概念和内涵。
2. 掌握乡村旅游形象系统的构成要素。
3. 掌握乡村旅游形象设计原则。

1.1 乡村旅游形象的概念

形象是由人们所感觉到的客观要素在心中的组合印象。旅游目的地形象，是指旅游者对某一旅游地的总体认识和评价，是人们在选择旅游地时把收集到的各种信息摄入脑中，形成对旅游地环境的整体印象，是对目的地的感知印象。

乡村旅游形象属于旅游目的地形象，目的地区域特指乡村。所以乡村旅游形象可以说是旅游者在乡村旅游过程中，对乡村旅游目的地基础设施、服务水准、景观认可度等外在感知和内在感受的综合印象。乡村旅游形象可以概括为人们对乡村旅游目的地的各种感知印象、看法、感情和认识的综合体现。简而言之，乡村旅游形象是人们对乡村旅游目的地的综合认识和总体评价。

1.2 乡村旅游形象系统

党的二十大报告教导我们"必须坚持系统观念。万事万物是相互联系、相互依存的。只有用普遍联系的、全面系统的、发展变化的观点观察事物，才能把握事物发展规律。"在形象传播的商业时代，乡村旅游目的地的品牌化、企业化、商品化发展趋势愈加明显，乡村旅游地需要进行形象设计，使其内部形成一个"共同体"，外部成为既追求"利润"又具有良好社会形象的旅游点，这就要求建立明确的乡村旅游形象系统。

旅游形象系统（Tourism Image System，简称 TIS），是企业识别系统（Corporate Identity System，简称 CIS）在旅游形象中的具体表现，除了包含 CIS 的理念基础（Mind Identity，简称 MI）、行为准则（Behavior Identity，简称 BI）、视觉形象（Visual Identity，简称 VI）三部分外，还包括听觉形象（Hear Identity，简称 HI）和风情识别（Folk Identity 简称 FI）。

乡村旅游地的形象设计也应根据 TIS 的基本原理和程序进行，即首先确定形象设计的理念基础，其次是对行为准则、视觉形象、听觉形象和风情识别等进行设计，最后对所策划设计的形象进行传播。

一、理念基础（MI）

乡村旅游地的形象设计主要体现在对旅游产品的创意、构思、规划与包装。其最终目的都是为了适应形象导向的时代背景，通过宣传口号以及 VI、HI、FI 和 BI 的行销传播深入旅游者心中，从而增强旅游产品的吸引力、扩大市场占有率。因此，MI 是旅游形象设计的核心和灵魂，也是乡村旅游地开发建设的理念基础。旅游产品概念的内涵设计必须建立在广泛而深刻的理念分析基础之上。

二、行为准则（BI）

BI 是旅游形象的动态识别形式，是乡村旅游地资源的活性化，是实践经营理念与创造旅游文化的准则，主要包括以下两个方面。

（一）内部行为准则

乡村旅游地应通过对员工的组织管理、教育培训和行为规范等措施，使员工对旅游地的理念基础达成共识，增强凝聚力，从根本上改善运行管理机制。基本的行为准则有如下几点。

1. 真诚、自觉的服务

游客对乡村旅游地的满意程度除景观外，很大程度上取决于员工的服务态度。要建立良好的旅游形象，旅游地必须狠抓服务质量，以"客人第一""顾客就是上帝"为宗旨，发自内心地解决客人的困难和合理要求，对不合理的要求作耐心和委婉的解释，其目的是令游人感到员工热情周到的服务。

2. 高效率的工作

工作效率的高低也会体现旅游地的服务水平，影响旅游地的形象。因此，员工必须通过培训，达到上岗要求，熟悉本身业务，这样旅游地才能高效运营和高效服务。

3. 科学的经营管理

引入现代企业制度，明确责、权、利，奖惩分明等。

（二）外部行为准则

乡村旅游地应致力于提高其美誉度，树立良好的整体社会形象，可采取如下措施：
1. 定期举办诸如民俗表演、乡村节庆、民间艺术展等各种活动；
2. 定期组织特殊人群的免费参观游览，并开展联谊活动；
3. 若条件允许的话，可开展捐助等公益活动。通过以上活动，乡村旅游地既能为社会尽一份力，又能树立良好的社会形象，还能通过新闻媒介的宣传扩大其影响。

三、视觉识别（VI）

VI 既可以是 TIS 的静态识别符号，也可以是演变的识别符号，是个体化、具体化、视觉化的传递形式，其项目最多，层面最广，效果最直接。

VI以视觉传播感染媒体,将旅游理念、文化特质、服务内容、企业规范等抽象概念转化为具体符号,形成一定的内外感应气氛,使用一定的传播程序,把旅游产品推向社会,产生轰动效应和持续效应。

乡村旅游地的视觉识别设计一般包括视觉符号识别设计和视觉景观形象设计。

(一) 视觉符号识别设计

乡村旅游地的视觉符号识别应在MI的指导下进行构思与设计,但要注意其科学性、艺术性和经济性,一般来讲,它主要包括以下几个方面。

1. 旅游地名称。名称是游客认识旅游地的起点,因此应取一个好的名字,以提高旅游地的美誉度和认可度,产生强烈的吸引力。

2. 旅游地标徽。在有条件的情况下,可根据当地文脉、自然条件和形象传播受众的特点,进行旅游标徽的设计。

3. 标准字体。尽量使用汉字,若有外国游客,要采用双语。

4. 旅游纪念品。其设计应体现当地的乡土特色,地方性越浓厚、越独特,该地旅游形象的传播力就越强,因此应在民间手工艺品,如剪纸、印染、竹雕、竹编、陶瓷制品等方面下功夫。

5. 交通工具。可根据当地的资源和乡土特色进行设计,如马拉车、牛拉车、骑马、骑骆驼、坐轿、乘画舫、摇橹船等乡土交通方式能起到很好的形象传播作用。

大塘金香草谷视觉符号设计

6. 户外广告。其形式主要有旗帜、条幅、标识牌、路牌或方向牌、导游图、灯具广告、模型广告等。户外广告的设计首先要考虑到与周围景观的和谐搭配,尽量选用木材、石料等天然材料,外观形式上要趋近自然形态。例如,由树干和树枝组成的指路牌比干冷的钢架、铁架路牌更能融入景区环境当中;对于古建筑群内的户外广告,形式要求古朴,色调要求凝重,以更好地与周围环境相协调。

7. 从业人员的视觉形象。其最直接最重要的是员工的服饰形象设计,一方面要体现地方特色,另一方面要符合员工的身份特征。

(二) 视觉景观形象设计

视觉景观的美和吸引力是乡村旅游地发展的永恒因素之一,开发、设计、美化、发展乡村景观的视觉因素,是塑造乡村旅游地形象的重要组成部分。乡村景观主要由乡村田园景观、乡村聚落景观、乡村建筑景观、乡村农耕文化景观和乡村民俗文化景观所构成。它们具有丰富的内涵,与城市景观形成了巨大的反差。所以乡村旅游地的视觉景观形象设计要突出乡村景观特色,挖掘乡村文化内涵,体现特有的乡村意象,重点放在景观斑、景观廊、景观基的空间组织和文化体现上。

四、听觉识别（HI）

听觉形象一般包括旅游地的语言、民歌、地方戏曲、背景音乐、旅游主题曲等。一般来讲，旅游者对当地语言和独具特色的歌曲最感兴趣，而乡村旅游地自然景观独特、民族风情浓郁、文化底蕴深厚，具有很多值得挖掘的听觉形象素材。

五、风情识别（FI）

风情识别一般是指乡村旅游地中唯一具有并且能够成为该地区形象代表的节目或者活动。例如青海省有两个全国唯一的少数民族自治县——互助土族自治县和循化撒拉族自治县。在长期的历史发展过程中，各自形成了自己独特的文化传统、风俗习惯和生活方式，形成了各具特色的民俗风情。该地区风情识别系统设计主要为：

土族风情——轮子秋、安召舞、宴席曲、七彩的服饰、醇香青稞酒以及独特的节日安召纳顿节。

撒拉风情——具有中亚游牧民族特点的服饰、歌舞、饮食等。

1.3 乡村旅游形象设计原则

旅游形象是旅游区的生命，也是不同旅游区之间形成竞争的有力工具。良好的乡村旅游形象定位有利于提高旅游地的知名度，同时把握旅游产品开发及其市场发展的方向，为旅游消费者购买决策提供信息帮助，形象设计突出表现形式是乡村标识系统。

一、地方特色原则

乡村的自然和文化旅游资源是乡村旅游地旅游形象定位策划的基础和前提条件。标识系统的设计要从旅游村落当地地方文化中汲取精华，体现地方特色，从而使标识系统的某些特征具有不可替代性。在进行乡村旅游地形象构建时，地方文脉分析是必不可少，极为重要的。地方文脉研究包含了区域的乡村的自然和文化价值研究，因此形象的定位必须体现乡村旅游地的自然和文化资源的价值。

二、差异化原则

乡村旅游地形象定位反映了旅游地的资源品级和产品开发的前景，也为旅游区的市场正确定位提供参考。在各级政府为解决农村问题而鼓励大力发展乡村旅游的情况下，众多乡村旅游地的诞生使得不同旅游地存在旅游产品雷同现象。而同类旅游产品之间存在明显竞争，只有通过差异化的、特色鲜明的形象策划，乡村旅游地才能发挥持久的魅力，形成各自的竞争优势。

三、综合性原则

标识系统的规划设计是一项综合性的工作。比如向游客介绍村落环境与文化传统是乡村旅游标识的一个重要作用。为了让游客全面而深刻地认识与感受乡村生活,就需要多学科的合作,包括生态、建筑、旅游、地理、艺术等多方的专业人员通力配合;涉及地方民俗方面,还需要征询当地居民的意见。多学科背景下建设的标识系统才能是科学而全面的。此外,由于旅游产品的不可运动性决定了产品需要旅游形象的传播为潜在旅游者所认知,引导旅游者要获得一个什么样的旅游经历来影响旅游者的购买决策。旅游地的旅游吸引物也是一种旅游产品形式,各种吸引物形象的叠加,形成旅游地的基本形象,因此,构建乡村旅游地形象时必须与旅游产品策划相结合。

四、系统性原则

乡村旅游地形象系统是一项系统工程。构成要素之间有一定的层级关系和组织构架,以整体形象展示在旅游者面前。因此,在规划设计时要有全局观念,把个体特征统一到整体的风貌形象中去,达到整体上的最佳状态,实现乡村旅游目的地的最佳形象设计。

五、生态美学原则

生态美是建立在生态人文观基础上的一种具有生态哲学意义的美学概念。生态美包括了自然美、生态关系和谐美和艺术与环境融合美。与强调对称、规则的人工雕琢形成鲜明对比。乡村旅游形象设计以自然生态规律和生态美法则为指导。效法自然,尊重乡村旅游地自然风貌,力求使形象系统成为乡村景观的一部分。

六、消费者可接受原则

旅游地形象的传播对象是旅游者,在定位旅游地形象时,受众调查和市场分析是必不可少的环节。旅游地形象的构建,其目的也是为了更大限度地开发潜在旅游市场,让游客更清晰、方便地了解旅游地的特点及其独特之处,从而诱发旅游动机,乡村旅游地形象定位应当考虑旅游者心理是否能够接受。

任务二　打造乡村旅游形象体系

任务目标

1. 掌握乡村旅游形象的科学定位要求。
2. 掌握乡村旅游形象体系设计的内容。

2.1 乡村旅游地形象的现状调查与识别

乡村旅游形象是乡村旅游目的地建设的组成部分。良好的旅游地形象有利于旅游品牌的形成和旅游吸引力的增强。在旅游形象定位确定前,需调查现有旅游者对乡村旅游目的地特有文脉特征、自然景观特征的印象感知,为后期旅游形象定位提供经验借鉴。

一、现状调查内容

1. 乡村旅游地知名度和美誉度

调查旅游者对乡村旅游目的地的了解程度、喜爱程度,即调查旅游地的知名度和美誉度等。了解游客对某地某些事物的熟知程度有利于旅游营销策略的制定和实施。

知名度特指真实和潜在的旅游者对旅游目的地识别和记忆的状况;美誉度是指真实和潜在旅游者对目的地的褒奖、赞誉、喜爱情况;认可度是旅游者对旅游地的产品和服务纳为自己消费对象的程度。

2. 乡村旅游地感知形象调查

所谓乡村旅游感知形象是指游客对乡村旅游地各类要素的体验感知及情感评价的综合,代表了游客对旅游地的真实感受。在旅游决策和旅游行为理论中,旅游感知形象是影响潜在旅游者做出旅游目的地选择的重要因素。

乡村旅游形象的调查主要包括乡村旅游地形象构成要素的调查,了解旅游地在旅游者心中具有怎样的形象内容,为什么会形成这样的印象。通过该问题的调查可以即时发现旅游目的地旅游形象定位口号是否与游客实际感知到的形象存在差异,为更合理的形象定位提供依据。

乡村旅游感知形象的测量可以采用结构化和非结构化两种测量方法。比较常用的对感知形象的研究倾向于实地调查,如对游客进行问卷调研,调研围绕主题展开研究,维度划分如下表。非结构化的测量方法,主要结合网络信息,如游记、点评、博客等,这些信息往往能表达游客的最真实感受。

乡村旅游地感知形象维度划分表

感知形象类型	感知形象维度	感知形象类型	感知形象维度
认知形象	乡村旅游活动形象 乡村旅游资源形象 旅游设施形象 旅游服务形象 旅游价值形象 乡村环境形象	情感形象	安全的 拥挤的 气氛轻松的 安静的
		意动形象	形象满意度 旅游满意度 重游意愿 推荐意愿

2.2 乡村旅游地旅游形象定位

乡村旅游形象定位是指在对乡村旅游资源、旅游环境和旅游条件分析的基础上,着重于对今后发展起长期、稳定、根本作用的因素进行综合分析研究,并对该地区的旅游业进行定位。

一、乡村旅游形象定位方法

在乡村旅游形象定位中,把影响旅游形象的最重要因子归纳为四个方面:地方文脉、资源条件、区位因素、战略管理。不同的方面可以被分解为众多的要素,众多的要素和因子组合就构成了乡村旅游形象定位的内容基础。而其中,资源条件又是所有因子中最重要的因素,是整个乡村发展旅游、宣传旅游形象的起点。

根据乡村本身旅游形象影响因子组合情况,可以把乡村旅游形象定位分为两种方式,一种为综合型定位,另一种为特色型定位。

1. 综合型定位

在一些乡村旅游目的地,其旅游形象影响因子之间相对比较平衡,众多的资源要素都比较优越,因而在形象定位总体选择上很难有特别偏重的方面,需要采取一种兼容并包的大概念的抽象定位,这种方式就是乡村旅游形象的综合型定位。

2. 特色型定位

特色型定位,是以影响乡村旅游形象中最重要、最具吸引力的因子或要素为重点进行的旅游形象定位。

二、乡村旅游形象定位的基本过程

区域旅游形象的建立一般包括前期的基础性研究和后期的显示性研究。基础性研究包括地方性研究、受众调查和分析、形象替代性分析等;显示性研究主要是讨论、创建旅游形象的具体表达,如理念识别、视觉符号以及传播口号等。乡村旅游地旅游形象的实现过程中,地方文脉分析占重要地位。形象建立的基本过程同样包括前期的基础研究和后期的展示(如下图所示)。

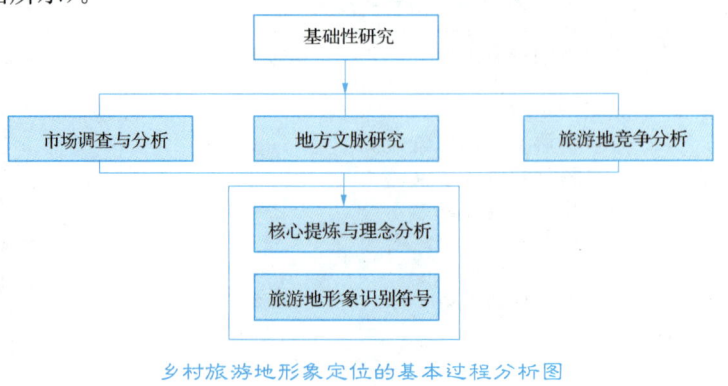

乡村旅游地形象定位的基本过程分析图

(一)基础性研究

1. 地方文脉分析

地方文脉分析主要是对乡村旅游地的资源特色和传统的民俗民间文化或后期形成的乡村社区文化等进行分析,寻找区别于其他地区的乡村环境氛围特性并具有代表性的旅游地本质。在乡村旅游形象设计中,地方文化的分析是关键,也是旅游形象的灵魂所在。

2. 受众调查与分析

在通过文脉分析得出旅游地基本形象后通过对旅游者关于目的地认识与感知来确定旅游目的地的总体印象。它是选择旅游地形象宣传口号的基础和前提,因为旅游地形象传播的对象是旅游者,通过调查确定形象,目的是满足潜在旅游者的预期心理。

3. 形象替代性分析

旅游地竞争分析目的是为了体现旅游地的个性化与差异化。旅游地难免存在竞争,同时旅游者对旅游目的地认知过程中,存在"先入为主"的效应,因此,策划定位旅游地形象时必须进行竞争性分析,以免处在其他同类旅游地的形象遮蔽中。

(二)显示性研究

1. 乡村旅游形象定位模式

乡村旅游地形象的客体是乡村区域,而主体包括规划设计师和旅游者。设计师是完成旅游地形象的基础信息分析—核心理念提炼—形象包装的过程,而旅游者则是完成对旅游地形象的评价。旅游地形象是由开发者和旅游者共同决定的(如下图所示)。

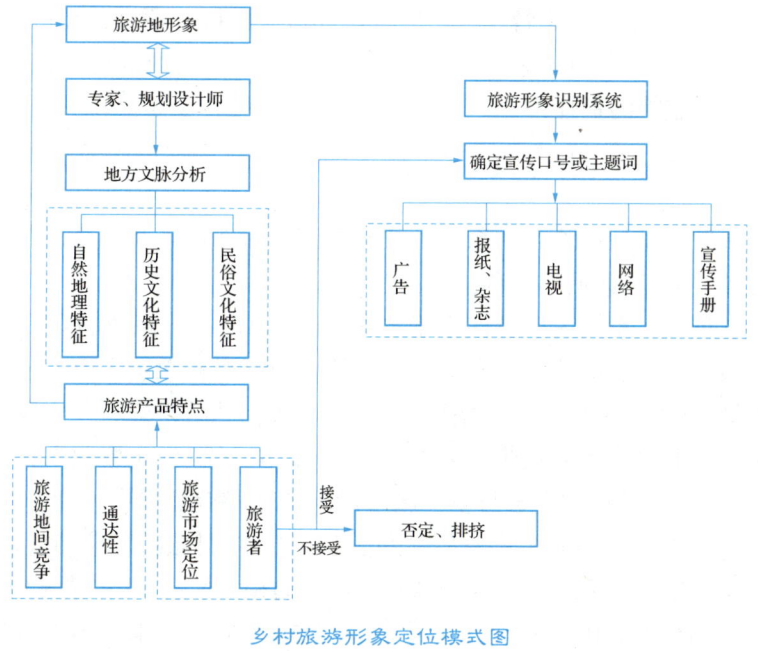

乡村旅游形象定位模式图

2. 乡村旅游目的地品牌形象识别

乡村旅游目的地品牌形象识别是基于对乡村旅游目的地的整体规划,把视觉部分的调研分析和设计定位提升到品牌营造的层面,从而进行开发、策划、设计等一系列的战略活动。核心是将品牌的经营理念、经营宗旨和经营项目通过视觉传达原理,用直观的视觉形象表现出来。

旅游目的地品牌形象识别是一套严谨、清晰的识别系统,其构成要素由旅游目的地的基础项目与应用项目组成,基础系统项目包括名称、标志、专用字体、色彩、吉祥物、口号等;应用系统项目主要有宣传册、信纸、广告、包装、纸袋等。

3. 乡村旅游形象口号设计

形象定位的最终表述往往以一句口号加以概括。口号是旅游者易于接受的了解旅游地形象的最有效方式之一,具有以下特点:

地方特征——内容源于文脉,口号的实质内容来源于地方独特性,提取地方性的元素充实到主题口号中;

行业特征——充分了解游客的心理需求和偏好;

时代特征——语言紧扣时代,反映旅游需求的热点、主流和趋势;

广告效果——具有广告词的凝练、生动和影响力。

2.3 乡村旅游地形象管理

乡村旅游品牌形象树立之后,可能会出现许多新矛盾和新问题。若要实现品牌形象长远发展需开展高效严格、长期性的品牌管理,完成营销、形象、质量等管理工作,修正、提高和完善乡村旅游品牌形象,创造更大化的经济价值。

实际操作中,乡村旅游形象管理部门应该从乡村旅游形象调查分析诊断,乡村旅游形象导向模式,乡村旅游形象定位策略,乡村旅游形象主题确定到乡村旅游形象的设计、传播、评价,切实起到监管的责任。

一、常态管理——建立乡村旅游形象信息系统

乡村旅游形象信息是反映乡村旅游形象的外部和内部环境及形象营销、评价、管理的现状和特征的各类信息、数据的总称。

乡村旅游形象信息系统主要由四个子系统组成:内部报告系统、形象信息情报系统、形象信息调研系统和形象信息决策支持分析系统。内部报告系统主要用于乡村旅游形象策划、营销、评价、管理人员提供乡村旅游形象内部运营的"结果资料";形象信息情报系统则用于向乡村旅游形象决策人员提供乡村旅游外部环境的"变化资料";形象信息调研系统则系统地设计、搜集、分析和报告与乡村旅游形象特定营销环境有关的资料和研究结果,用以开展、修正和评估与乡村旅游形象相关的活动,监视乡村旅游形象绩效;形象信息决策支持分析系统,是通过收集和解释形象经营及环境中的相关信息,并将之转化为现实的形象活动。在实际运作的过程中,这四个子系统从乡村旅游的内、外部环境中收集各种形象信

息,形象信息经过信息系统加工后传输给旅游形象相关管理部门,作为形象决策的依据。

二、动态管理——追踪监测乡村旅游形象状态

在市场经济的动态竞争条件下,乡村旅游形象状态将会随着市场吸引力和竞争实力的变化而变化,而在良好状态、一般状态和较差状态三个状态之间相互转换。从经营战略管理的角度讲,旅游形象处于不同状态时应采取的战略应该分别是扩张战略、稳定战略和收缩或撤退战略。

较差状态时,一是应该更新观念,调整形象战略,明确形象导向模式,采取切实可行的形象实施策略,实行有效的具体措施;二是进行战略性策划,以发展促调整;三是引入新的形象理念,创新形象发展模式。

一般状态时,一是应该审视乡村旅游目的地的旅游环境条件,进行总体形象战略的调整,增强旅游发展动力;二是强化旅游竞争机制,实行优胜劣汰,扶持优势产品、优势企业、优势功能区的发展;三是构筑新的乡村旅游框架,延伸旅游产业价值链,提高乡村旅游的综合实力。

良好状态时,需要实施形象领先者战略,进行长期的战略性规划,积极培育形象品牌,扶持特色产品,将优质企业和优势项目做大做强,促进乡村旅游全面发展。

三、危机管理——避免和减轻危机事件的影响

党的二十大报告指出"提高公共安全治理水平。坚持安全第一、预防为主,建立大安全大应急框架,完善公共安全体系,推动公共安全治理模式向事前预防转型。"乡村旅游形象的危机管理就是针对乡村旅游形象危机信息和危机事件提出的,如公共卫生危机、恐怖事件、严重治安问题等。从危机产生的根源,可以将乡村旅游形象危机分为旅游业受波及引起的危机和旅游业内部的危机两大类。旅游业受波及引起的危机,是指发生在其他行业里的危机产生的负面影响波及旅游行业,使旅游业客源骤减、乡村旅游形象受损,如战争、金融风波、恐怖主义、公共卫生危机等。旅游业内部的危机,是指发生在旅游业运营的范围内,直接对游客或旅游从业人员发生威胁、影响旅游活动的危机,如针对游客的袭击、饭店火灾、旅游娱乐设施发生意外,强买强卖,不当经营引起的纷争等。从总体上看,危机事件主要通过三个因素影响城市旅游业:安全性因素、社会经济性因素和物质性因素。

乡村旅游形象危机管理是指为避免和减轻危机事件给乡村旅游形象带来的严重威胁,通过研究危机、危机预警和危机救治,以恢复现存旅游经营环境、恢复乡村旅游消费信心为目的而进行的非程序化的决策过程。乡村旅游形象危机管理体系包括政府(主要是城市旅游主管部门)、旅游企业、旅游从业人员、公众(旅游者)等多个行为主体;其主要途径包括沟通、宣传、安全保障和市场研究等多个方面。

四、优化管理——提升乡村旅游形象功能

乡村旅游形象优化管理的核心体系是理念形象、战略形象与技术形象。理念形象是对形象思想、形象战略的归总和提升。战略形象是对乡村旅游形象的长期谋划和思考。技术形象是具体操作实施中的形象策略。

任务三 宣传提升乡村旅游形象

任务目标
1. 能够结合乡村旅游形象传播的特点，分析乡村旅游形象传播策略。
2. 能够全面地对某乡村旅游目的地提出旅游形象提升建议。

3.1 乡村旅游形象传播特点与渠道

特色鲜明的旅游形象能建立起旅游产品与旅游者之间的需求关系，满足旅游者多种精神需求，使旅游品牌形象与旅游者认知相符，满足旅游者的期望，进而产生心理上的亲近与喜好。

乡村旅游形象传播是旅游经营者通过可以控制的各种宣传媒介和形式，对旅游地商品、服务和观念等信息进行群体化、社会化的传播，从而有效影响公众对乡村旅游地的形象认知，最终达到促成旅游地营销计划的活动。

一、乡村旅游形象传播特点

1. 系统性

乡村旅游形象传播，作为一个系统，包含了五个方面的要素：传播者（传播主体、信源、发信者）、受传者（潜在和现实旅游者）、信息、媒介、效果。乡村旅游形象传播完全符合传播学的"5w"模式，即 who（谁）、say what（说什么）、through which channel（通过什么渠道）、to whom（对谁说）、with what effect（取得什么效果）。

2. 连续性

根据旅游者的消费心理和行为特征，旅游地形象传播可以在旅游者旅游的不同阶段（游前、旅行途中、抵达旅游地）采取不同的传播载体（如广告、公关等）组合，进行旅游地形象的传播。旅游形象只有在不断的传播中才能得到进一步的提升。旅游目的地形象传播是一个有计划的完整过程。

3. 互动交流性

乡村旅游目的地形象传播是一种双向信息交流与信息共享的过程。

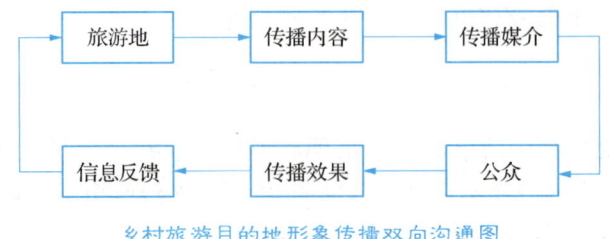

乡村旅游目的地形象传播双向沟通图

二、乡村旅游形象传播渠道

党的二十大报告指出"增强中华文明传播力影响力。"传播渠道在乡村形象传播中的作用尤为重要。旅游目的地形象传播途径很多,有广告、直接行销、促销、公关促销及其他等。乡村旅游目的地形象传播的主要途径包括网络传播、影视传播、新闻传播、节事传播、口碑传播等渠道。

1. 乡村旅游形象的网络传播

乡村旅游形象的网络传播具有范围广、开放性、可见性、交互性的特点。

从网络传播的形式看,网络传播较为多样,主要包括:

(1) 全国大型综合旅游网。如携程旅行网、意高旅游网、中华旅游网、中国电子商务网、信天游等。

(2) 商务活动为主的网站。以订票、订房、订团等商务活动为主的网站,如中国旅行顾问网、中华旅游报价网等。

(3) 旅游官方网站。如文旅部门官方网站等旅游机构为宣传目的地形象而制作的网站。

(4) 旅游企业网站。如一些旅游企业为宣传自身形象设立的网站和平台。

(5) 综合性门户网站旅游频道。如新浪网、搜狐网、网易和 e 龙综合性门户网站旅游频道。

2. 乡村旅游形象的影视传播

可把其旅游产品植入影视表演作品里面,凭借其艺术性再现形式把原始内容展示给普通观众以扩大知名度和影响力。这种传播方式能够将当地乡村旅游形象刻画得惟妙惟肖,具有乡村视觉美感;并且用连续的故事情节将人们带入具体情境之中,源于生活且高于生活地对原始材料进行深化和加工;波及范围较广,持续时间较长,令人印象深刻,有较大的吸引力。比如 2021 年《山海情》的热播,就让宁夏乡村旅游的发展广为人知。

乡村旅游形象的影视传播

3. 乡村旅游形象的新闻传播

报刊、广播等大众媒体的新闻事件报道是会被借用的手段,谋求受众对旅游地的深入了解。因其对信息的处理较为写实和全面,它在影响面和可信度上是可以获得加分的。另外,新闻传播能够以果园、蔬菜棚、竹园、湿地、温泉甚至生态县等农业产业发展和乡村旅游为报道对象,具有权威色彩,让受众及时地获取一手资料,更好地做出相应决策。

4. 乡村旅游地形象的节事传播

节事活动被认为是宣传乡村旅游地形象的良好方式,以互动来赚得眼球成为其有力卖点。尤其是在本土特色上进行有效挖掘,融入民俗民族的元素,这些具有不可复制和不可转移的项目使游客玩出精彩,领略风情,充分参与,拥有强烈的主人翁感受。同时乡村旅游纪念品和旅游土特产品也发挥着举足轻重的作用,主要在于实物可以看得见摸得着,被赋予了载体的功能。

5. 乡村旅游地形象的口碑传播

口口相传最终通过游客对目的地进行推广,一对一、点对点,游客可以将自身对乡村旅游地形象的感受直截了当地表达出来。对于乡村旅游目的地而言,在对形象传播渠道加以甄选的时候,应当考虑乡村旅游地自身的资源特点和既定传播目标以及受众的敏感性等因素。

总体上,对于乡村旅游目的地而言,在对形象传播渠道加以甄选的时候,应当考虑乡村旅游地自身的资源禀赋和既定传播目标以及受众的敏感性等因素。

3.2 乡村旅游形象传播策略

一、优化旅游形象传播体系,促进多角化传播

把旅游传播体系的构建放在首位,是乡村旅游发展壮大的生命线。

(1)引入手机传播,使得旅游目的地形象家喻户晓。尝试创作乡村民谣,构成闲情逸致的精神食粮。还可通过通信公司的平台,以短信和手机报的方式进行广泛的宣传,让人们熟悉乡村旅游的热点,从而产生良好的社会效应。

(2)与乡村旅游网、航空旅游网等媒体进行广泛合作,主动寻求帮助,利用现代媒体优势平台进行强势宣传,促使新型旅游形象的提升。

(3)力求纸质平面媒体与广播电视媒体构成有机链条,地市与县市展开空间合作,增加必要投入,形成宣传的繁荣景象。

二、从根源上改善旅游形象,提高传播声望

在竞争激烈纷繁复杂的现代乡村旅游大舞台中,要想谋求发展,必须突出优势并力求脱颖而出,吸引公众,制造"聚集效应"。据此,有关部门应当优化传播软环境,增强传播信誉度,多多树立正面形象。无论是从目的地本身的地理特征抑或民风民俗角度,都要拿捏好主打旅游产品及配套服务体系的宣传。

三、树立乡村旅游整体形象,明确传播定位

树立乡村旅游整体形象是增强旅游市场开拓能力和发展旅游业的关键所在,形象整体感的建立可以使传播环节愈加紧凑。建立好人—地感知以及人—人感知的乡村旅游整体形象,针对游客、服务者和其他群体的三角系统,明晰目标受众的联结点,根据其特质和需求做好不同的传播定位,以灵活方式把形象的整饰和文脉的提升搭配得当。

"审美素养"的提升

2018年8月31日,习近平总书记指出:"做好美育工作弘扬中华美育精神,让祖国青年一代身心都健康成长。"2020年9月22日,习近平总书记在教育文化卫生体育领域专家代表座谈会上的讲话指出:"把握文化产业发展特点规律和资源要素条件,促进形成文化产业发展新格局。文化产业和旅游产业密不可分,要坚持以文塑旅、以旅彰文,推动文化和旅游融合发展,让人们在领略自然之美中感悟文化之美、陶冶心灵之美。"

中国特色社会主义进入新时代,人们充满了对美好人格、美好生活、美好社会的美好憧憬和向往,拥有美丽心情和美丽人生是每一个人的共性诉求。美是生活的基本要素,存在于几乎所有领域之中,生活中从不缺乏美,缺的是善于挖掘、发现、感受美的眼睛,因为美或不美归根到底是一种来自内心的情感、情绪的体验。美的本质其实是"人的本质力量的对象化",天地之间,所有琳琅满目、俯拾即是的美好,都经受了心灵的创造性转化。我们需要唤醒审美感觉、强化审美认知、提高审美鉴赏力,去发现美、认识美、理解美、体验美、欣赏美、创造美、展示美、体现美。

乡村旅游的形象塑造需要有一定的审美能力。只有懂得何为美,才能创造美、欣赏美,才能更好地做好相关工作。提高审美素养,首先要提高个人的文化艺术的素养,提高审美的眼光,提高鉴赏文化艺术的水平,在文化艺术的养分中熏陶,是从俗到雅的渐变过程。

乡村旅游形象创新设计

可持续设计与共享性

可持续设计是结合可持续发展思想与循环经济理论在设计改造应用的统称。乡村旅游品牌形象设计中要深入实地调研,通过观察、沟通、实践、分析,来了解旅游目的地的习俗、文化、生态环境,分析当地人与人之间、人与环境之间的关系。设计上要注重形象产品的审美、功能、人体工程学、生产、市场经济、环境保护等因素。同时,还应注重消费行为上的可持续设计与共享性设计,有目的地设计可持续与共享性的服务,创造可持续可共享的用户行为环境,引导和鼓励个人、群体树立可持续性的消费观念。

合理利用自然环境

良好的生态环境是重要的旅游资源,许多乡村旅游地兴起与发展源于独特的自然环境。因此,在旅游目的地形象建设过程中,要注重生态环境的保护与合理利用,遵循自然规律。这主要包含两方面的含义:一是从资源充分利用与环境保护的角度出发,降低成本,减少资源损耗,坚持可持续发展路线;二是从设计美学的角度出发,在视觉设计元素汲取和自然环境利用上,要让设计和环境相和谐。

知识拓展

同步案例

关键词点击

在线练习

创新实践

1. 请以您的家乡或您熟悉地域的某个乡村旅游点为例,对其已有的旅游形象进行分析,指出其优点与不足。
2. 综合实训:请以你熟悉的或周边的一处乡村旅游目的地为例,经过考察,结合下表进行乡村旅游目的地的形象设计。

形象设计项	(　　　)乡村旅游目的地形象设计
营地设施设备建设情况	
营地建设模式与特点	
营地体验项目设计与实施	
营地游客整体满意度	
乡村旅游营地优化建议	

项目二
乡村旅游营销推广

项目概述

将市场营销策略应用到乡村旅游业的发展过程当中,能够对乡村旅游的市场资源进行有效整合,促进乡村旅游向着更加科学、健康、高效的方向发展。本项目主要叙述乡村旅游市场营销的重要理论,结合相关案例进行拓展,引导学习者了解乡村旅游营销策略、营销模式、营销趋势等。同时融入诚实守信、法治精神、工匠精神等课程思政元素。

项目目标

1. 掌握乡村旅游营销模式与发展趋势。
2. 了解乡村旅游营销的重要渠道。
3. 贯彻落实党的二十大精神,弘扬"诚信文化",弘扬"劳动精神、奋斗精神、奉献精神、创造精神、勤俭节约精神,培育时代新风新貌"等。

配套微课

微课:乡村旅游营销推广

任务一 确定乡村旅游营销模式

任务目标
1. 掌握不同类型的乡村旅游市场营销模式。
2. 了解乡村旅游市场营销的发展趋势。

1.1 乡村旅游市场的营销模式

一、体验旅游营销

体验营销是企业通过采用让目标客户观摩、聆听、尝试、试用等方式，使目标客户在心理、情绪、感受上亲身体验企业提供的产品或服务，让顾客实际感知产品或服务的品质或性能，从而使顾客认知、喜好并购买的一种营销模式。体验营销以满足顾客的体验需求为目标，以服务为平台，以有形产品为载体，生产、经营高质量产品，拉近企业和顾客之间的距离。产品、服务对顾客来说是外在的，体验是内在的、存在于个人心中。

体验营销的主要策略有以下几种。

1. 感官式营销策略

感官式营销是通过视觉、听觉、嗅觉与触觉建立感官上的体验。主要目的是创造知觉体验，增加产品的附加值。如江西婺源油菜花节的营销就利用了大片油菜花海的照片，增强旅游者的视觉震撼，激发出游动机。

2. 情感式营销体验

情感式营销体验是在营销过程中，要触动顾客的内心情感，创造情感体验，其范围可以是一个温和、柔情的正面心情，如欢乐、自豪，甚至是强烈的激动情绪。情感式营销需要真正了解什么刺激可以引起何种情绪，以及能使游客自然地受到感染，并融入这种情境中。如银川镇北堡西部影视城的营销，就利用"红高粱""大话西游"等经典影视作品，激发旅游者的怀旧、追忆等情感。

3. 思考式营销策略

思考式营销是启发顾客的智力，创造性地让顾客认识和解决问题的体验，用惊奇、诱惑引发顾客产生联系。

4. 行动式营销策略

行动式营销策略是通过偶像、角色，比如影视歌星或著名运动员来激发顾客，使其生活形态发生变化，从而实现产品的销售。比如云南文山普者黑录制《爸爸去哪儿》就取得了很好的营销效果。

二、娱乐旅游营销

所谓娱乐营销就是借助娱乐的元素或形式，将产品与消费者的情感建立联系，从而达到销售产品的营销模式。娱乐营销的关键目的在于让消费者"潜移默化"地接受品牌信息。湖南卫视、江苏卫视、浙江卫视相继推出的真人秀节目带火了一批乡村旅游区域。

三、体育旅游营销

体育营销就是以体育活动为载体来推广企业品牌和产品的一种营销模式。体育营销包括两个层面：一是指将体育本身作为产品营销；二是指运用营销学的原理，以体育赛事为载体而进行的非体育产品的推广和品牌传播等营销活动。由于体育活动背后蕴藏大量的商机，体育活动的公益性和公信力比较高等特征，一些景区通过体育赛事迅速成名。宁夏中卫沙坡头景区 2010 年举办汽车拉力赛、2015 年的越野拉力赛，通过这些赛事，被评为 2016 中国体育旅游十佳精品景区之一。

四、概念营销

所谓概念营销是指企业在市场调研和消费者洞察的基础上，将产品或服务的特点加以提炼，创造出某一具有核心价值理念的概念，通过这一概念向目标顾客传播，从而激发目标顾客的心理共鸣，最终促使购买的一种营销理念。

概念营销的特征表现为创造需求，引导消费；细分市场，主动定位；差异营销，个性营销三种。从消费者的心理需求出发，通过市场的细分来创造消费者的需求是核心。

五、事件营销

事件营销的概念是指通过策划、组织和利用名人效应、新闻价值以及社会影响的人物或事件，引起媒体、社会团体和消费者的兴趣与关注，以提高企业或产品的知名度、美誉度，树立良好的品牌形象，最终促成销售的目标和手段。事件营销也是当今众多景区经常采用的营销手法，2016 年春节期间野象谷景区利用一头叫"竹笋牙"的野象因失恋而破坏路边停放的小汽车，一时名声大作，得到了内地及港澳台多家媒体的转载，为本来声名鹊起的野象谷再添一把火。云南普洱国家公园利用公园散养动物这一特性，在暑期举办了"动物奥运会"，中秋节举办了"森林音乐会"使得新兴的景区在滇西南极具竞争力。

六、关系营销

关系营销是把营销活动看成是一个企业与消费者、供应商、分销商、竞争者、政府机构及其他公众发生互动作用的过程，其核心是建立和发展与这些公众的良好关系。关系营销的本质概括为：双向沟通、合作、双赢、亲密、控制等。

七、网络营销

网络营销既可以对乡村旅游品牌及其产品进行宣传推介、建立客户关系，又可以通过

建立客房预定中心,对乡村餐饮、旅馆进行营销,以方便游客选择和预定,主要表现为:

1. 网站营销,内部网站的完善和推广;
2. 微营销,又称 V 营销,分为微博营销和微信营销;
3. 平台营销,比如携程、驴妈妈、同程、马蜂窝等线上旅游代理商的合作推广;
4. 新媒体营销、旅游达人的推广;
5. 微信公众商城的建立,目前微信公众平台服务推出了网上支付等功能,手机支付相对于 PC 端支付要方便得多,只要关注微信公众号,即可在手机上实现。可以很好地利用微信公号的粉丝,通过一系列的线上游戏活动,不定期推出一些小奖品,成功地将粉丝转化为经济收入。

八、影视营销

影视作品,作为一种群众喜闻乐见的大众娱乐形式,旅游景区主动根据景区资源和特点设计拍摄以景区场景为主的影视作品,以这种隐性的广告宣传形式对景区进行形象广告宣传,所起的巨大拉动作用是一般广告形式和渠道形式所难以比拟的。

乡村旅游作为一种新兴旅游产业,必须要形成自己独有的营销理念,构建切合乡村旅游实际情况的营销观念,又符合现代旅游企业市场营销的运行模式,进而促进乡村旅游资源的整合与升级,这将有利于乡村旅游业的长久有序发展。

1.2 乡村旅游市场营销趋势

随着我国乡村旅游业飞速发展和走向成熟,乡村旅游市场营销方式也正在发生着重要的变革,并直接决定了乡村旅游产业的发展。这种变革所体现出的趋势主要有以下几个方面。

一、品牌化营销趋势

在经济全球化时代的今天,经济的竞争就是品牌的竞争。现代旅游产业的竞争同样也是旅游品牌的竞争。在现代营销理念当中品牌可以说是营销的核心和灵魂,品牌作为吸引消费者购买的重要因素之一,应该全面简洁地向消费者传递本身所代表的独特形象和旅游产品吸引力。乡村旅游的竞争在未来也会突出表现为品牌的竞争。

二、营销理念紧扣可持续发展主题

目前,乡村旅游发展已越来越重视旅游资源的开发与生态环境的协调发展,以实现真正的绿色生态旅游。在市场营销方面,绿色营销观念开始引起经营者的重视。在进行旅游产品的宣传和促销时,通过充分的信息传递来树立乡村旅游产品的绿色形象,使之与旅游者的绿色需要相协调。传统的分发传单、制作大幅广告标语等宣传手段,不仅效果欠佳,而且有一定的环保问题。

三、营销策略更注重与游客的沟通和协调

乡村旅游发展到一定阶段后,各方面的沟通协调就显得尤为重要,特别是游客及旅游从业人员的沟通和协调。乡村旅游是为了满足城市居民回归大自然的心理需求,并为他们提供一个理想的度假旅游目的地而出现的,因此如何通过沟通准确地了解并把握住乡村旅游者的旅游需求,争取回头客,才是乡村旅游开发设计的最终目的,也是其营销的侧重点。

四、营销模式向网络化延伸

随着乡村旅游的进一步发展,以农户为基本生产单位的方式很难适应农业和农业旅游日益发展的社会化、知识化、规模化,甚至网络化的需求。区域旅游网络体系逐渐形成,这样的体系要求形成整体规划,进行联合促销。在现代旅游营销理论的指导下,营销模式开始出现新的发展。运用先进的网络技术,开展旅游电子商务服务,成为很多乡村旅游企业进行营销的首选,乡村旅游的营销模式开始向网络化延伸。

任务二 打通乡村旅游营销渠道

任务目标
1. 掌握乡村旅游营销渠道的具体内容。
2. 结合新形势,思考如何创新乡村旅游营销渠道。

2.1 理解乡村旅游营销渠道

在市场营销活动中,由于旅游市场、旅游企业、旅游中间商和旅游消费者等多种因素的影响,旅游产品的营销渠道形成了多种状态,同一种旅游产品可通过不同的营销渠道销售。

一、直接营销渠道和间接营销渠道

直接营销渠道是指旅游产品不经过旅游中间商而直接销售给旅游者;间接销售渠道则是借助旅游中间商将乡村旅游产品最终转移到旅游消费者手中的流通途径。间接营销渠道根据经过中间商的环节多少还可分为一级、多级和多级多层营销渠道。

二、长渠道和短渠道

根据介入旅游中间商层次的多少,将营销渠道分为长渠道和短渠道。所经过的中间层次越多,营销渠道就越长。渠道短,则信息传递快,销售及时,能有力地控制营销渠道;渠道长,信息传递慢,流通时间较长,对营销渠道控制困难。

三、宽渠道和窄渠道

营销渠道的宽度是指旅游产品的销售渠道和销售网点的数目与布局。它涉及中间商的数目以及本企业和中间商面向旅游市场所设立销售网点的数目及其分布的合理程度。数目多且合理,渠道就宽。

结合自身特点选择适宜的营销渠道。主要有以下两种策略。

1. 合理选择营销渠道

一般而言,新的旅游产品投入市场时应采用长渠道,即与旅行社合作,采用直接销售与间接销售相结合的方法,尽快打开市场。新开发的乡村旅游目的地,可以聘请经验丰富、社交广泛的营销人员,向选定的旅行社推销,提高他们对新产品的支持度,吸引尽可能多的旅行社,通过定价优惠,结盟合作,互惠互利等方法与旅行社联合促销,使销售活动辐射范围更广,获取充足的客源。

而旅游产品一旦发展壮大或进入成熟期,已被大多目标顾客所了解,就采用短渠道,如水乡古镇周庄等一些相对比较成熟的乡村旅游点就可以采取这样的直接营销渠道策略。设立乡村旅游经营者自己的销售网点,直接对旅游者销售,这样可以掌握了主动权,节省费用。

2. 加强与中间商的合作

旅游中间商是旅游产品销售的重要渠道,旅游机构、旅行社等在组织客源方面起着极为重要的作用。乡村旅游区应该与目标旅游市场的中间商建立良好的合作关系。通过走出去、引进来的办法,邀请旅游中间商到乡村旅游景区来旅游、考察等,以获得中间商对乡村旅游景区资源的肯定。准确定位,然后制定合理的价格,对旅游中间商经销不同数量的旅游产品实行不同比例的价格折扣。争取能尽快打开市场,从而能推动营销发展。

2.2 乡村旅游营销渠道运营

乡村旅游作为一种新兴的旅游模式,有着极为广阔的发展空间和巨大的发展潜力。面对目前旅游市场的激烈竞争,如何打通适合乡村旅游景区的市场营销渠道,成为当今旅游业为了吸引广大旅游者所亟待解决的问题。

一、有选择地利用传播媒体

首先要考虑成本比较低,影响面又比较大的传播方式,特别是在引资期和开发期。例如,传播媒体可选择目标市场地区的地方日报、晚报、早报等,它们具有较高的当地市场覆盖率和读者量大的特点。也可以在目标市场地区召开旅游产品说明会或组织旅游中介机构采线活动。而中后期则可以考虑选择层次较高、影响力较大的电视台和报刊。

二、影视营销

拍摄宣传片,借助电视广告、纪录片等影视媒体形式,提高乡村旅游知名度,吸引游客前来观光。同时,如果有电视、电影、广告等题材需要,可免费提供场地等。这种方式适用于乡土气息、田园氛围的宣传。

三、节庆营销

乡村旅游的目标市场主要是短距离的一日或两日游,及清明、端午等国家法定节假日和十一黄金旅游周。因此,促销宣传的时间相对集中在节前,集中人力、物力和财力,在较短时间,以较密集的宣传攻势,争取达到在节假日的旅游高峰。同时,充分利用当地的节庆习俗,进行促销、宣传,开拓大众市场。

四、网络营销

近年来,由于互联网的普及,有相当一部分人受众是通过网络了解旅游目的地及相关信息的,而且乡村旅游的受众多为自助游客,因为网络营销更为重要。

五、关系营销

地方政府及旅游部门,在协调好各旅游区、各利益相关群体、游客之间的关系的基础上,可以通过各旅游目的地旅游公司建立稳定、牢固的业务联系,邀请相关部门学习考察等,扩大乡村旅游知名度。在乡村旅游区打造商务型度假山庄、大型拓展项目,有针对地对集体、企事业单位推广。

六、政府推介

由政府组织在重点客源城市和主要旅游区进行旅游项目推介,并采用多种方式进行旅游宣传,策划旅游专线,吸引更多游客,同时树立政府形象,扩大知名度。比如,推广生态农业的科普教育功能,可以专门在各中小学范围推广前去参观,既开阔了青少年的视野,也提高了乡村的科普氛围,对经济效益起到带动作用。

七、与商家联合推介

跟商家联合,在促销、抽奖等活动中设立乡村旅游某功能区免费游等类似奖项,以此来树立目的地形象,扩大知名度。

诚实守信

党的二十大报告中提出:"广泛践行社会主义核心价值观。"诚信是社会主义核心价值观的重要组成部分。诚实,即忠诚老实,就是忠于事物的本来面貌,不隐瞒自己的真实思想,不掩饰自己的真实感情,不说谎,不作假,不为不可告人的目的而欺瞒别人。守信,就是讲信用,讲信誉,信守承诺,忠实于自己承担的义务,答应了别人的事要去做。忠诚地履行自己承担的义务是每一个现代公民应有的职业品质。对人以诚信,人不欺我;对事以诚信,事无不成。

在乡村旅游营销的过程中,也要遵循"诚实守信"的要求,对于旅游宣传既要体现出地域和企业的优势与特色,也不能做虚假和不实的宣传。各类营销活动的开展,则需要秉持对游客负责的态度,做到言而有信,否则会造成不良的社会影响,最终阻碍旅游目的地、企业和个人的发展。

乡村旅游营销创新策略

乡村旅游营销策略在信息技术发展背景下,必须要立足于市场的竞争实际和消费者的实际需求,不断创新理念、丰富形式,积极探索适合我国乡村旅游市场发展规律的营销创新策略。

移动互联网自身所具有的深度产业融合能力、极强的创新能力和咨询信息的丰富性特征,为乡村旅游营销模式的创新提供了得天独厚的便利条件,并对消费者的消费行为产生了尤为深远的影响。移动互联网条件下,不仅拓宽了乡村旅游与消费者之间双向沟通的渠道、拓宽和延伸了信息传播与获取的链条,结合电子商务的快速发展,为乡村旅游产品真正走向市场,为广大消费者提供身心愉悦的消费体验提供了更加便捷的途径。基于此,移动互联网环境下,乡村旅游营销模式创新中,应当积极打造和创新"智慧营销"模式,即积极多元化的移动互联网资源,立足于新一代移动网络信息技术,实现旅游资源在信息领域内的高度共享、快速传播、集约服务和管理变革,为广大消费者提供品质更高、服务更好的信息服务。

知识拓展	同步案例	关键词点击	在线练习

 创新实践

1. 选取你感兴趣的乡村旅游目的地，通过查阅文献资料及实地调研，归纳总结其乡村旅游营销现状、模式，并提出优化改进的策略。
2. 综合实训：请以你熟悉的或周边的一处乡村旅游目的地为例，结合以下表格，为其设计综合营销方案。

营销维度	（　　　）乡村旅游目的地综合营销方案
主要营销模式及其原因	
主要营销渠道选择及其原因	
营销活动开展方式	
其它创新性营销策略	

项目三
乡村旅游综合管理

项目概述

乡村本地居民,即原住民,与外来的乡村旅游经营者和游客之间因为旅游活动联系在了一起。而乡村旅游中的旅游者、经营者、原住民又因为立场和利益的不同,易在旅游活动中产生矛盾,产生难以统筹兼顾,科学管理的难题。本项目主要通过分析乡村旅游的不同参与主体的特征,结合相关案例进行拓展,分析优化管理的策略与方法。同时融入"新发展理念"等课程思政元素。

项目目标

1. 掌握乡村旅游经营者的概念与管理方法。
2. 掌握乡村旅游旅游者的管理内容与方法。
3. 掌握乡村旅游原住民的概念与管理方法。
4. 贯彻落实党的二十大精神,"完整、准确、全面贯彻新发展理念,着力推动高质量发展,主动构建新发展格局"等。

配套微课

微课:乡村旅游从业人员管理

微课:乡村旅游游客管理

微课:乡村旅游原住民管理

模块三 乡村旅游管理与服务

任务一 开展乡村旅游经营者管理

任务目标
1. 掌握乡村旅游经营者的概念。
2. 掌握乡村旅游经营者管理的主要内容。

1.1 乡村旅游经营者的概念

乡村旅游经营者是指以营利为目的,从事乡村旅游经营活动的公民、法人和其他经济组织。乡村旅游经营者是乡村旅游发展的重要组成部分,乡村旅游业的发展与乡村旅游经营者的能力、素质、动机等因素密切相连。近几年,我国乡村旅游发展迅速,成为旅游业的一个新的增长点,为解决三农问题提供了一个新的突破口。党的二十大报告提出"巩固和完善农村基本经营制度,发展新型农村集体经济,发展新型农业经营主体和社会化服务,发展农业适度规模经营。"这也为乡村旅游经营的规范有序发展进一步指明了方向。

乡村旅游经营者又分为集体经营者与个体经营者,根据经营者身份的不同又可以分为本地经营者和外来经营者。而就目前发展的实际情况而言,在乡村旅游产业发展过程中,仍以个体经营者为主要组成部分。乡村旅游个体经营者在乡村旅游投资、开发和经营中占据重要位置,在不断推动乡村旅游发展中具有极为重要的作用,不断为乡村旅游开发注入新思想、新动力,也是促进乡村振兴的重要主体。

1.2 乡村旅游经营者的业务管理

一、生产管理

乡村旅游以农、林、牧、副、渔产品为体验的核心资源,所以农、林、牧、副、渔的生产管理特别重要。生产管理是针对农产品的生产流程加以规划与控制的活动,包括以下内容:

1. 乡村旅游区规划

规划应兼顾工作效率与田园景观的美化,因此,公路、灌溉渠道、农舍设施也应该成为综合规划的内容。

2. 田区规划

田区、果园规划应考虑游客体验的需要,每块田区面积不宜过大,排列不必方正,布局线条要有美感。果园栽植果树不宜过密,保留解说及游客拍照的空间。区域内要有透光性,园中环境经过整理,看起来感觉舒爽。

3. 设置设施或机械设备

现代化设备以及先进的机械,具有农事教育的作用。

4. 设定生产制度

农产品由特殊的生产制度,如轮作制度、差异化生产制度或专业化生产。为配合四季生产、开花、结果不间断,应妥善规划生产制度,乡村旅游区可以详加解说这些生产制度。

5. 品种资料分析

品种资料包括农产品种类、来源产地以及产品的市场定位,都可以列为解说材料。休闲农场可根据主题性,选择单一品种专业化生产或多元复合式生产。

6. 栽培管理

应加强栽培过程的适时、适料、适量控制,并以价值分析法降低成本,栽培管理的各个阶段都可设计游客的体验活动。

7. 收获管理

农产品的品质重点在新鲜度、安全性、美观性、消费者口感,因此应加强收获前相关因素的控制,包括收获技术、产品分级、包装及必要的保鲜处理或加工、收藏及运输等问题。农产品的采收是游客参与的高潮,乡村旅游可举办节庆活动招徕游客。

二、游憩管理

1. 游憩机会的发展

以农业资源的"生物性"和农村资源的"生活型"为核心,综合设计游憩体验活动。农村及农业资源可以分为五类:

(1) 自然资源:发展自然探索、自然教育、生态体验、生态旅游的活动。
- 气象资源:日出、落日、云海、彩虹、星相、季风等。
- 水文资源:农村的溪流、河床、山涧、瀑布、温泉等;滨海地区海景、潮汐、浪花等。
- 植物生态资源:植物发芽、生长、授粉、开花、结果的过程都有自然教育的意义,配合农时都有不同的生长阶段。
- 动物生态资源:利用农村的稀有动物,如昆虫类、禽类、兽类、鸟类(留鸟与候鸟)设计活动,提供自然教室的知性之旅。

(2) 景观资源:发展赏景、自然与民俗美学体验活动
- 地形地质景观:农村有平原、河流、沼泽、水塘、曲流、山坡、悬崖、峭壁、峡谷等。
- 植物景观:观花、观叶、观果植物,四季会有变化。
- 动物景观:禽畜类、鸟类、昆虫类、鱼类等,体态、姿势、体色等都极讨人喜欢。

(3) 产业资源:发展农事体验、农业教学、风味餐饮、农庄民宿、养生健身活动。
- 各种农园、林业、畜牧、水产养殖等产品。
- 农、林、牧、副、渔经营的各个阶段。

(4) 文化资源:发展乡土民俗体验、乡村文化解说教育、传统文化探索等活动。

- 传统建筑资源：古建筑遗址、古道老街、古宅、古城、古井、古桥、废墟、旧码头等。
- 传统雕刻艺术及手工艺品：具有地方特色的艺术品，如石雕、木雕、编织、服饰、古农具及家居用品等。
- 民俗活动
- 各种文化设施与活动

（5）人的资源：发展历史寻根、缅怀先人的活动，如农村的历史人物、具有特殊技艺的农渔民、村里的知名人物等。

2. 游憩容纳量

乡村旅游依赖天然力，万物生生不息而欣欣向荣，方能塑造美丽而有活力的世界。因此，在游憩管理过程中必须要有"游憩容纳量（recreational carrying capacity）"的概念，以免因追求经济利益而超用资源致使破坏环境。

学者们对游憩容纳量的普遍定义如下：一定的游憩区域内，在某种开发程度下及一定时间内，仍然维持一定水准，且不致对环境或游客的体验造成过度的伤害。游憩容纳量可根据参数特性的不同划分为四类：

（1）生态容纳量（ecological carrying capacity）：着眼于对生态系统的冲击，如乡村旅游的开发，对自然生态所造成的冲击。

（2）实质容纳量（physical carrying capacity）：着眼于可供使用的空间数量，如整个乡村旅游区可供使用的空间。

（3）设施容纳量（facility carrying capacity）：着眼于设施的数量是否满足游客需求，如停车场、餐厅、盥洗室等。

（4）社会容纳量（social carrying capacity）：着眼于损害或改变人性体验所造成的冲击，如开放野生动物供游客捕猎食用，对人类保护自然生物的良性善性冲击。

三、餐饮管理

田园餐饮以提供乡土口味的菜肴与当地土产为主，因此田园餐饮较具地方特色。

1. 餐饮管理的意义

乡村旅游提供的餐饮更多的是地方风味餐饮，亦即田园餐饮。所谓餐饮管理，即是在游客满意及经营效益的目标下，提供特色餐饮服务的计划、执行和考核的过程。

2. 餐饮服务的特性

乡村旅游极其重要的营业项目；

乡村旅游主要经营活动的辅助单位；

若遭客人不满，容易影响乡村旅游区的声誉；

卫生安全、服务态度与菜色是成功的关键。

3. 餐饮作业管理

（1）餐饮作业流程：食物送至客人桌前均会经过以下流程。

- 采购：以最合理的价格购买适当的物品为原则。
- 验收：每次采购的物品入仓前，均需对其品质、数量进行检查。
- 储存、发放：对购进的物品妥善加以储存，并依先进先出的原则加以利用。
- 准备：每次菜肴在完成前，均需经过处理、挑拣、洗涤、切割等手续。
- 菜肴成品：准备好的菜肴烹调为成品。

(2) 作业标准化：包括配方标准化、建立标准化采购规格、烹调程序标准化、建立标准分量。

(3) 厨房卫生：厨房应区分为烹调区、准备区及清洁区，并保持各区整洁卫生。

(4) 安全与消防：厨房是最易发生意外事件的场所，故餐饮从业人员应特别重视厨房工作安全与消防安全。

4. 经营成功的要素

(1) 建立持久性竞争力：建立独家口味；建立特有的服务系统；卫生安全值得游客信赖；改进菜肴口味并不断推出新菜色。

(2) 稳定既有客源并不断开发新客源。

(3) 控制餐饮成本：做好餐饮成本分析；寻找降低餐饮成本的办法。

四、住宿管理

1. 住宿管理的意义

所谓住宿管理，就是乡村旅游在游客满意及经营利益的目标下，提供住宿服务的计划、执行、考核的过程。

2. 住宿经营与管理的流程

(1) 确定经营动机：副业经营或主业经营；季节经营或全年经营。

(2) 农家内部资源与社区环境分析：经营住宿业务资源的优势与弱点；环境有利与不利于住宿发展的因素。

(3) 投资评估：预估游客全年住宿人数及营收；预估住宿设施房间数及投资额；估算投资报酬率及回收念书；评估投资可行性。

(4) 决定经营策略：通俗化，简易服务，低价位；高格调，高价位；建筑造型特殊，另类风格；结合乡村旅游。

(5) 制订发展计划及营销计划：住宿业务中、长期发展计划；住宿业务年度营运计划（含体验设计、行销、服务、人力运用、财务等计划）。

(6) 行销管理：市场调查，游客行为分析；同业调查，市场地位分析；住宿设施融入农场的企业识别体系；决定定价方式；游客订房方式；广告宣传（含架设电脑网站）；同业组织（如休闲农业区或地方民宿协会）行销的协力。

(7) 服务管理：制定住宿服务的项目；制定各项服务的水准；居住环境整理；客房卫生管理；住宿安全维护；废弃物及废水处理；同业组织（如休闲农业区或地方民宿协会）服务事项的协力。

(8) 人力管理：住宿业务的人力预估；自家与雇工人力运用；乡村旅游其他营业部门

与住宿业务人力调配;员工教育训练;员工沟通与指导,激励与考核。

(9)财务管理:建立收支记账及会计制度;计算民宿的损益平衡点人数;编制财务报表,实施财务分析。

(10)绩效评估:根据各项营运指标,实施住宿业务的绩效评估;实施经营诊断,研提住宿业务营运改善方案。

3. 乡村住宿业经营成功的要素

(1)融合农村资源,引导游客参与乡村旅游体验或乡村旅游活动,以突显出住宿体验的特色。

(2)动人的行销计划,抓住游客的心。特别是精美生动的网页,最能够吸引年轻客群。

(3)亲切温馨的服务态度,让游客有回家的感觉。

(4)营造特殊的风格,如传统建筑、地方文化、标新立异、异国风情、生态景观、绿建筑等亮点。

(5)企业化经营管理,有效运用人力、物力、财力资源控制成本,追求适当利润,以达到永续经营。

任务二 开展乡村旅游旅游者管理

任务目标
1. 理解游客管理在乡村旅游发展中的重要性。
2. 学习乡村旅游游客管理的方法。
3. 培养理论结合实际的能力,有效进行乡村旅游游客管理。

2.1 乡村旅游游客行为管理

一、游客行为管理认知

游客行为是在进行旅游的游客所发生的行为,是作为个体的游客在认识、购买、消费和评估旅游产品、感受等全过程中所反映出来的心理过程、心理特征和表现的行为等。游客的旅游行为一般涵盖四方面的内容:一是游客的出游特征;二是游客的态度与偏好;三是游客的动机;四是游客的行为差异。

二、乡村旅游游客行为管理方法

1. 服务型管理方法

服务型管理方法是一种"软"性的管理方法,是指通过管理者对游客提供人性化的服务，间接地引导、改变影响游客意愿和行为的因素，使游客自觉地遵守景区的各项规章制度，得以实现管理的目的。

2. 控制型管理方法

控制型管理方法是一种比较直接的管理方法。旅游景区通过制定各项规章制度来控制游客行为以达到管理的目的。

三、游客不文明现象游客管理举措

在乡村旅游目的地，游客不文明现象主要表现为两大类：一种是游客在游览过程中随意丢弃各种废弃物的行为，如随手乱扔纸、皮、塑料袋、饮料等。另一种是游客在游览过程中不遵守相关游览规定，如乱攀乱爬、乱涂乱刻、违章拍照等。

对于游客不文明现象，多采用引导式的游客行为管理方式，主要包括以下几点。

1. 宣传、教育引导

如乡村旅游景区利用广播、LED显示屏、温馨提示牌、活动宣传海报、宣传单页、展板等形式，通过宣传、教育、提示、引导的方法约束游客的行为。景区内如果有游客乱扔废弃物，清洁人员采取上前跟随的方式清扫，通过及时的保洁服务为游客营造优美、舒适的游玩环境。

2. 通过提供设施设备引导

在旅游旺季，游客等候时间较长，会出现插队现象。插队现象不仅影响排队秩序，也容易引起其他游客不满，产生抱怨、投诉、甚至大家斗殴事件，造成安全隐患，可以通过在游客排队区加盖遮阳篷、增加座椅等方式使游客正常有序排队，有效避免插队现象的发生。

3. 旅游示范引导

乡村旅游区倡导人人是旅游景区的形象大使。只要是公司的员工，不管是保洁员、导游、服务员，还是公司领导，看到垃圾，第一时间捡起。通过员工个人的行为规范影响游客，共同遵守规范。

2.2 乡村旅游游客安全管理

一、乡村旅游安全管理认知

"没有安全就没有旅游。"旅游者出行安全影响到潜在旅游者的出游动机形成或取消。旅游安全事故不仅给旅游者带来伤害，也会给旅游地、旅游企业带来重大损失。旅游安全管理是指为了确保乡村旅游的安全，从而有目的、有计划地对目标区域进行旅游安全规章制度、应急救援、预警机制等综合管理。

由于乡村旅游具有活动区域和活动对象的乡村性以及旅游活动的季节性与地域性等特点，乡村旅游安全问题的表现形态与一般旅游安全问题的表现形态相比较，某些方面更加突出。

对于乡村旅游而言,旅游者认为安全问题最大的旅游环节依次是餐饮、住宿、交通以及游览。餐饮方面的安全表现形态有食物中毒;住宿方面的安全表现形态主要有偷盗等;交通方面的安全表现形态是交通事故;游览安全的主要表现形态有疾病、犯罪、游览事故等。

二、乡村旅游游客安全管理措施

通过对乡村旅游安全的原因分析,可以采取的对策主要有以下几点。

1. 完善硬件设施

硬件设施设备是景区旅游活动正常运作的基础,也是保障旅游安全的一个重要因素。乡村旅游地的硬件设施建设主要从以下方面入手。

(1) 交通设施

交通设施主要从防护栏、警示桩、交通标志、停车场等方面进行完善。特别是对于停车场,应当适当扩大停车场面积、改善停车场环境、增加摄像头等防盗措施,安排现场指挥和看管人员等。旅游旺季时,乡村旅游区域交通可适当增派现场指挥人员,维持现场秩序,避免混乱。必要时,适当控制人流,以保证游客的安全。

(2) 游览设施

景区的游览设施主要从景点的线路、标志、警示牌等方面进行改善。第一,景区内的不良道路要及时改善。第二,一般乡村旅游地的游览道路比较狭窄,旅游旺季时很容易发生堵塞、拥挤、摔倒等,所以可设有多条旅游线路。第三,区域内的每一处景点都应该设置明显的景点标志,在危险地带设立安全警示牌。

(3) 食宿设施

食宿安全是乡村旅游安全中游客最关心的两个方面,也是最容易发生安全问题的方面。比如,餐饮方面,每一间经营餐饮的农家都应该配置独立、干净的厨房,拥有消毒柜、冰箱、保险柜、吸油烟机等配套设施。已经破裂或沾有污渍的餐具要及时更新,保证用餐环境的干净、卫生。

(4) 急救医疗设施

在旅游活动中,由于天气、人为等原因引起的旅游安全事件较多。当发生安全事件时,及时的救助可以在一定程度上降低伤害,所以乡村旅游区域应该配置必备的急救医疗设施,如常用的药物、担架、急救车、消防器材等。

2. 提高旅游者安全意识

旅游者是旅游活动的主体。所有的安全问题的处理都围绕着旅游者开展。

(1) 加强对游客的道德宣传

通过对游客的道德宣传,引导游客相互谦让、互尊互爱、礼貌待人。

(2) 强化安全信息传递

通过旅游宣传册、旅游指南、告示等多种渠道加强对旅游者安全信息的传递。

3. 加强行业安全管理

(1) 建立安全预警机制

乡村旅游目的地应根据气象部门的预告，及时获取关于台风、地震、大风、暴雨等各种灾害性天气的信息，也可以根据以往发生突发性事件的经验进行统计预测，并把这些相关的信息告知游客。

（2）严格行业准入制度

旅游行业是一个服务性的行业，从业人员应该具备相应的知识和技能，如餐饮的从业人员就应该参加食品卫生安全培训，同时需要办理相关证件等，如健康证、营业执照、卫生许可证等。

（3）建立跟踪考察制度

在日常的经营管理活动中，管理人员应对相关的经营场所，从业人员的卫生、安全、制度遵守等情况进行定期检查及不定期抽查。对于表现优秀的进行奖励，对于检查或抽查不合格者，责令马上改正或停业整顿或直接撤销营业执照。

（4）加强信息沟通

乡村旅游区域发生的安全事件应第一时间向社会公众发布。一方面加强游客的旅游安全意识，提高警觉；另一方面可以避免社会公众的猜疑，以讹传讹，损害旅游地的市场形象。

（5）建立行业反馈机制

可以通过旅游服务接待中心、游客调查问卷、网络论坛等多种形式获取游客对乡村旅游地的看法，建立反馈机制，听取游客的建议，不断调整，完善目的地建设。

2.3 乡村旅游游客体验管理

一、乡村旅游中的游客体验类型

根据人的参与程度和人与环境的相关性的不同把体验分成四种类型，即娱乐（entertainment）、教育（education）、逃避现实（escape）和审美（estheticism），并认为最丰富的体验包含所有四种类型的体验。相类似的，乡村旅游中的游客体验也可以分为这四种类型。

1. 教育体验

对于城市居民来说，农村是一个充满未知的新奇世界，传统的农事活动、建筑风格及空间布局、淳朴的人际关系、民风民俗等都使城市居民充满好奇，对其有着强烈的认知意愿，游客通过积极的参与，在乡村旅游轻松愉快的氛围中实现了求知的欲望，从而得到了精神上的充实、自豪与愉悦。

近年来许多乡村旅游地开发了多种教育项目，学校和父母往往会利用这些项目来完成对子女劳动技能和吃苦耐劳精神的教育，让孩子参与各种农事活动，如放羊、喂鸡、种植蔬菜、采摘水果和砍柴等，使孩子体会到劳动的知识和乐趣，从而间接实现了教育的目的。

2. 娱乐体验

娱乐体验指的是游客在乡村旅游中通过观看各种演出和参与各种娱乐活动，利用各种器官所获得的精神愉悦。许多乡村旅游地都有着传统的文化体育活动（如各种地方剧目、斗鸡、斗牛等），可以考虑把这些活动搬上舞台，以供游客在旅游之余观赏，从而达到消遣的目的。此外，乡村旅游地也可以另外开发一些有乡村情趣的表演活动，如小猪赛跑、野鸭放飞、松鼠散果等，从而尽可能给游客带来更多的娱乐体验。

3. 逃避体验

游客在城市深受工作及生活压力之苦，在渐渐迷失自我的同时急需找到精神上的家园，来实现心理上的缓解和精神上的补偿，游客希望通过逃离城市，在乡村纯朴自然的环境中放松自我，与自然融为一体从而达到自由、超越和解脱的精神状态，这种体验成为游客寻找精神家园和实现梦想的一种方式。游客到农村体验田园生活，可以使自己在相对淳朴的人际关系中放松自我，在恬淡、与平常生活相隔绝的田园世界中把自己从日常的紧张状态中解脱出来，在无牵无绊的状态下，使自己的身心自由融入这片纯净的世界，最终得到彻底解脱后的舒畅、愉悦。乡村旅游地要为游客带来良好的逃避体验，要保持乡村的自然风貌，为游客营造一种纯朴、轻松、与世无争、远离凡尘的乡村氛围。

4. 审美体验

审美体验需要游客的主动参与和全身心的投入，从而也获得了其他体验所无法比拟的超凡情感历程，甚至达到一种忘我的境界，因此，这是乡村旅游当中最高层次的一种体验。游客在乡村旅游中的审美对象包括农村自然生态环境、农民的生产生活、农村特有的民俗文化等，只要游客有良好的心态，就能在这些审美对象身上处处得到美的感受，获得审美的愉悦。小桥流水，渔舟唱晚，乡村处处荡漾着美的影子，只要游客用心感受，就能得到这种令人难以忘怀的审美体验。

二、乡村旅游中的游客体验管理

所谓游客体验管理是指乡村旅游地战略性管理游客对旅游地全面体验的过程。要使游客在乡村旅游地获得全面并且高质量的旅游体验，采取必要的步骤及措施对游客体验进行全面管理是必需的。

1. 确定游客体验管理目标

实现游客的体验最大化是管理者比较容易想到，也是最理想的目标，但是由于信息的不充分及决策行为的非完全理性，游客体验最大化目标在游客体验管理过程中很难被有效执行。因此，乡村旅游地在对游客体验管理过程中确定一个可以执行的管理目标是非常重要的。例如，设定一个游客能够接受的最低体验下限，然后寻找一些合理指标来反映这个最低体验下限，并且把这些指标作为游客体验管理目标就更为合适。

2. 分析游客的体验需求

乡村旅游游客体验动机的推拉模型显示乡村旅游的游客主要可分为两种类型：一种持有新奇体验追求动机，这种类型游客主要包括那些从未体验过乡村生活而且有强烈体验欲望的城市中的成年人和对未知事物有强烈求知欲望的城市儿童；另一种持有环境规避体验动机,这种类型的游客主要包括那些处于环境压力之下的人群,这些人群希望在纯朴的乡村环境能得到最大程度的放松。前面一类游客从事乡村旅游活动主要出于求知、求奇、求乐的体验需求,而后一类游客参与乡村旅游主要出于逃避与放松的体验需求。

3. 建立游客体验供给平台

游客怀有各种体验需求来到乡村旅游地,乡村旅游地应能形成有效的体验供给能力,以满足游客的体验需求,而要形成有效的体验供给,建立多样化的游客体验平台是重要的途径。乡村旅游地能够提供的游客体验主要包括四种类型,即教育体验、娱乐体验、逃避体验及审美体验。不同类型的游客体验可以用于满足游客的不同体验需求,如乡村旅游地可以通过提供教育体验、娱乐体验及审美体验等体验产品来满足游客的新奇体验的需求,而逃避体验产品则符合游客环境规避体验的需求,但前提是乡村旅游地必须首先把各种体验要素组合起来、形成多种类型的游客体验产品,建立起完善的游客体验平台。

4. 与游客保持密切接触

当前的游客体验平台提供的体验产品能否满足游客的体验需求?多大程度上满足了游客的体验需求?游客体验水平有没有达到体验管理目标?这些都需要管理者建立与游客的接触机制,让游客把实际得到的体验水平反馈给管理人员,从而为管理人员对体验产品进行创新或采取下一步的管理措施提供依据。这种接触可以通过管理人员与游客面对面的访谈和交流来完成,也可以通过设计、发放及回收游客体验调查问卷的方式来完成。借助这种接触及沟通,管理人员实际上完成了对游客体验质量的动态监测。

5. 游客体验产品的创新

一旦发现乡村旅游地原来提供的体验产品无法满足游客需求或游客体验水平低于事先设定的游客体验管理目标后,乡村旅游地要致力于游客体验产品的创新,使新的游客体验平台能更好地满足游客的需求。从而增强游客的忠诚度和回头率,使乡村旅游地能始终保持旺盛的生命力。

任务三
开展乡村旅游原住民管理

任务目标
1. 理解原住民的概念。
2. 理解原住民对乡村旅游开展的影响。
3. 掌握乡村旅游发展过程中原住民的管理方式。

3.1 原住民的概念及对乡村旅游发展的意义

在乡村旅游中,原住民一词主要指世代定居在乡村旅游地,或乡村旅游地的本地居民,是为了同游客、乡村旅游地的外来经营者进行区分。

乡村旅游原住民是乡村旅游目的地的主人,不仅是当地旅游发展的核心利益相关者,同时也是当地旅游产品硬件与软件的重要组成部分,直接关系到当地旅游资源的质量和品质,影响旅游者的价值感知。乡村旅游发展的过程中,当地的建筑、景观、风俗习惯、民俗节庆、民间艺术等都是乡村旅游资源的重要组成部分,而当地居民正是这些资源的创造者、使用者,是乡村旅游产品硬件与软件的重要组成部分,他们通过服务以及日常生活中的衣食住行来表达和演绎乡村地方文化。

3.2 乡村旅游区域原住民对旅游发展的态度

有学者将态度定义成个体对某些现象的动机过程、情感过程和知觉过程的持久组织。"持久组织"强调了态度的动态性和可变性。根据旅游发展的不同程度,原住民对发展旅游业的态度演变分化为四个阶段。最初阶段为"愉悦"(euphoria)。此阶段特征是游客数量少、素质高,能尊重并能很好融入当地文化,目的地针对游客的商业活动也相对较少,原住民和旅客之间不存在竞争关系,彼此和谐相处。第二阶段原住民的态度为"冷漠"(apathy)。此阶段游客数量增多,原住民对于游客的存在已经习以为常,原住民和游客之间的关系逐渐变得程式化。第三阶段原住民的态度为"烦恼"(irritation)。此阶段游客数量激增,原住民和游客对资源的竞争趋于激烈,游客的存在明显影响了原住民的生活,原住民对旅游业的发展表现出担忧。最后一个阶段是"反抗"(antagonism)。原住民对游客表现出明显的敌意,试图通过不合作乃至对抗努力减少旅游业发展带来的破坏作用。当然,这四个阶段的发展并不是必然的,目的地完全可以采用某些方式,固化"愉悦"阶段,规避冷漠、反抗等阶段的出现。

众多因素影响着乡村旅游目的地的原住民态度。例如,原住民的历史和文化会影响他们的态度。同一地区不同文化背景下的原住民,往往对发展旅游的态度不同。再比如社区归属感也成为影响原住民态度的一个重要因素。据研究表明,个体居住年限越长、家庭关系越紧密、社会优越感越强,则个体的社区归属感越强,而社区归属感与原住民发展旅游的态度呈正相关。在众多因素中,原住民的主观价值对其态度的影响较大。这种价值可以经济的形式表现出来,也可以非经济的形式表现出来。经济上的价值包括个人收入、税收、就业岗位等;非经济形式的价值包括社区自豪感、多元文化或环境、更多的娱乐设施和餐饮选择、更好的购物环境、更好的基础设施建设等。经济上的价值和非经济的价值可能有同等重要的作用。

3.3 乡村旅游区域原住民管理的方式

由于原住民的态度是动态变化的过程,这就要求给原住民提供准确、可靠的信息,全面介入原住民的态度变化过程。在乡村旅游开发前、开发中和开发后全过程监控和管理旅游开发和原住民的关系。在旅游开发之初,就将社区划分为不同类型,找到社区的特点,根据特点关注原住民态度变化,在实践中逐渐消除原住民的偏见,为旅游业发展提供一个良好的环境。同时引入旅游教育和培训,根据原住民社会的价值标准和原住民对旅游业态度形成与发展的规律,为原住民提供有目的、有计划、有组织的旅游教育,促使原住民产生内在的思想运动,以形成发展乡村旅游所期望的积极态度。

在乡村旅游开发中,需要充分评估历史、文化和成员社区归属感对原住民态度的影响,引入综合指标有效调控原住民的态度,针对具体指标反映的不同情况对症下药。同时,旅游开发者在初期要避免原住民对旅游产生不切实际的高期望,从而导致他们将来对最终的旅游业开发失望,形成难以控制的负面态度。

在日常管理中,发展乡村旅游,要强调原住民在其中的主体地位。具体有以下主要策略:

1. 要注重对原住民生活方式、文化特色的尊重。通过政策引导、资金支持等方式,通过原住民弘扬本土特色文化,开发具有乡村旅游地特色的文化旅游产品。

2. 激励原住民参与乡村旅游。要培育原住民的市场意识,激活、培育和保护村民的积极性与创造性。

3. 要拓宽原住民在乡村旅游经济中的参与渠道。这个过程中,管理者应重在引导社会资本,以项目带动村民致富。

4. 要加强对产业发展的引导与监管。缺乏监管,乡村旅游可能会掉入过度商业化、同质化、无序失范的陷阱。一个理想的乡村游发展路径,应当是以村民自治与参与为核心,多方互动,和谐互馈。

新发展格局、新发展理念

党的二十大报告中明确提出:"加快构建新发展格局,着力推动高质量发展。""全面推进乡村振兴。""发展乡村特色产业,拓宽农民增收致富渠道。"党的十九届五中全会审议通过的《中共中央关于制定国民经济和社会发展第十四个五年规划和二〇三五年远景目标的建议》,对"十四五"时期如何加快构建新发展格局进行了系统阐述,明确提出要"以推动高质量发展为主题,以深化供给侧结构性改革为主线,以改革创新为根本动力,以满足人民日益增长的美好生活需要为根本目的,统筹发展和安全,加快建设现代化经济体系,加快构建以国内大循环为主体、国内国际双循环相互促进的新发展格局"。新发展格局是在新发展理念指导下,适应我国新发展的阶段特点而做的主动选择。新发展阶段下,旅游如何适应构建国家新发展格局的基本要求,推动我国旅游高质量持续发展,成为旅游领域重大的研究课题。

我国国内旅游发展历程表明,休闲农业和乡村旅游是我国旅游形态中最具活力的旅游类型之一,也是我国旅游对经济社会发展与进步贡献率最高的旅游形态之一。从我国经济社会发展历程来说,乡村旅游也是破解我国改革与发展难题的一个重要的领域。因此,从新发展理念出发,在新发展阶段,要将乡村旅游和休闲农业,作为农业现代化进程中的重要组成部分,作为全面体现新发展理念重要旅游形态,全力推动使其形成高质量发展态势。

乡村旅游目的地创新管理

大数据时代,智慧旅游建设吸引了来自学术界与行业界的广泛关注,也是创新乡村旅游目的地管理的有效方式。旅游业是对信息敏感、对信息反映强烈的行业,具有综合性强、关联度大、产业链长等特点,所产生的直接数据与相关数据庞大而复杂。同时,大数据也是旅游业实现转型升级的必然选择,旅游大数据完美契合了大数据海量、多样、快速、富有价值的特点,数字经济成为全球经济增长的重要驱动力。探索巨量的旅游数据,并加以收集、分析和应用,洞察和预测游客的消费行为特征和价值取向等,能大力改善旅游产品和服务质量,改善旅游企业绩效,预测旅游热点,开展科学合理的旅游预警与综合管理。

结合大数据技术推动旅游业转型升级是推进农业农村现代化的重要举措,可为区域协调、可持续发展产生较好的经济效益、社会文化效益提供重要保障。旅游管理模式创新变革中,应用大数据中有用的信息,促进旅游目的地科学发展与行业革新,推进智慧旅游发展对提高竞争力具有十分重要的作用。未来乡村旅游管理中,善于利用现代科技开展决策和行动,是乡村旅游管理科学化、高效化发展的关键。

知识拓展	同步案例	关键词点击	在线练习

 创新实践

1. 选取你感兴趣的乡村旅游目的地,通过查阅文献资料及实地调研,归纳其乡村旅游综合管理的现状,并分析其优化提升的策略。
2. 综合实训:请以你熟悉的或周边的一处乡村旅游目的地为例,从利益相关者协调角度,对优化旅游者、原住民、经营者的关系,促进乡村旅游目的地有效治理提出具体建议。

项目四
乡村旅游对客服务

项目概述

优质的服务是游客提升旅游满意度的重要因素。在当下乡村旅游快速发展的阶段,乡村旅游的基础设施建设不断升级,旅游产品也呈现出多样化、个性化的特征。而在硬件设施设备不断提升的同时,对客服务的发展也显得至关重要。本项目主要从对客服务标准与规范、对客服务技能、服务人员的素养提升三个角度,探讨如何提升乡村旅游对客服务质量。同时融入"全面发展""终身学习"等课程思政元素。

项目目标

1. 掌握如何制定对客服务标准与规范。
2. 了解如何提升服务者自身的素养及其意义。
3. 掌握对客服务技能提升的方法。
4. 贯彻落实党的二十大精神,促进"终身学习",践行"爱党报国、敬业奉献、服务人民"的要点等。

配套微课

微课:乡村旅游对客服务

任务一
制定乡村旅游对客服务标准与规范

任务目标
1. 掌握服务质量标准与规范的主要内容。
2. 明确服务质量管理体系的构建。

1.1 服务质量标准与规范的构建

乡村旅游的知名度越高、等级越高,游客对乡村旅游的质量期望也越高。乡村旅游为了保证和提高产品质量就必须构建服务质量标准与规范,以稳定乡村旅游服务质量水平。

一、制定乡村旅游服务质量标准

在乡村旅游升级与长久发展的目标下,服务质量内部标准的制定应从以下方面考虑。

首先,要紧扣评星级乡村旅游点、乡村旅游重点村建设的各项标准要求。以标准为依循,各类国家标准、行业标准、团队标准的制定都对乡村旅游的各个方面提出了具体的要求。从一线人员的待人接物、游线安排设计,甚至沿途休憩座椅、垃圾箱等硬件设施的设计与安放都有所涉及,乡村旅游点要认真学习各级各类标准,有的放矢地开展工作。

db32t 1666-2019 乡村旅游区、点等级的划分与评定
A12
备案号:

DB32
江苏省地方标准
DB32/T1666-2017
乡村旅游区(点)等级划与评定
StandardofratingforJiangsuRuralTouristArea
2017-10-12 发布 2017-12-12 实施
江苏省质量技术监督局 发布

江苏省乡村旅游区(点)等级划分与评定标准

乡村旅游点自身服务标准的制定要简单易懂,可操作性强,使员工在具体工作中便于操作,并且发挥主观能动性,在干好工作的同时,对标准的实施提出建设性意见及建议。不同类型、不同条件的乡村旅游管理人员要根据乡村旅游资源特色、地理状况等,对现有标准进行本土化改造,走有特色的升级转型之路。最后,能与时俱进,定期修订标准。对乡村旅游来说,资源在市场上的吸引力、乡村旅游经营管理战略、目标客源市场、社会发展变化与人民生活水平等各方面的变化因素都会造成乡村旅游内外环境的改变,乡村旅游应根据变化随时调整内部服务质量标准,与时俱进,以立于市场前端。

二、服务质量标准与规范的细化

乡村旅游不同业态、不同岗位的工作内容和服务规范都有很大差异。标准宜切合实际、可操作。目前乡村旅游的规范、标准更多的是定性描述,不够细致,缺少定量的要求。这一方面是因为乡村旅游服务产品的开放性、复杂性、综合性等特点,另一方面也是业界

对乡村旅游服务标准量化的重视程度还不够。乡村旅游服务内部标准的细化与规范从下列方面进行尝试。

1. 一线服务人员的服务标准与规范

乡村旅游点中，停车场、售票处、检票处、游客中心、娱乐演出点、游乐项目点、乡村景区导游、景区内部交通乘坐点、餐饮、购物等都是直接与游人接触的一线岗位，因此对人员的服务要求就较高。

2. 一线服务等候时间的量化限定

每位游客在乡村旅游的停留时间都是有限的，为了保证服务的时效性，因此对游客提出的每项服务需求都须在规定的时间内完成或做出反应，以提高游客的满意度。例如游客投诉的处理答复时间，医疗、抢修、安保人员最晚到达事发地的时限等。

3. 二线服务工作内容量化与规范

很多部门的岗位是不与游客直接接触的，但其作用同样重要，影响着游客在景区的体验。如园林绿化、卫生等部门，同样需要对其工作进行量化标准与规范。

4. 服务设施布局规模的量化标准与规范

为了减少乡村旅游投资，更科学合理利用乡村旅游的各项设施，应根据乡村旅游的功能布局、接待规模、活动内容、线路安排、游客需求与习惯等因素，设置部分可移动、可拆卸的旅游服务设施，根据季节与游人需要随时转移。

5. 乡村旅游资源保护的规范量化

旅游资源是乡村旅游的核心吸引物。对于乡村旅游资源，必须设立专职人员进行保护与监测，在关键地点安装摄像头，随时关注资源动向，防止各种由人力、自然因素造成的破坏。还要为重点资源建立保护制度，填写保护工作日志，在游人密集地设立提示牌，加强游人保护意识。此外，乡村旅游区的防火、防盗、防震、防灾、防虫等工作也应作为每日重要的工作内容，建立制度，随时防范。

6. 乡村旅游区环境质量控制的量化标准

要根据环境空气质量标准、城市区域环境噪声标准、地表水环境质量标准、污水综合排放标准等国家标准的要求，定期对景区内外不同地点的大气、水体、噪音分贝值等环境质量进行监测并详细记录，随时关注各项变化，对隐患进行排查，及时解决出现问题。

1.2 服务质量管理体系的构建

乡村旅游服务质量管理体系的构建与升级需要包括全体从业人员、游客、外部组织在内的多方积极参与。

一、游客参与制

游客是乡村旅游的直接服务对象，其对服务质量的切身感受对景区质量的评判与改进最有说服力。乡村旅游景区应通过问卷调查、游客意见箱、各种投诉等获取景区现有服务存在的问题,使游客真正参与到景区服务质量管理过程中。同时要鼓励游客为乡村旅游景区出谋划策,帮助乡村旅游景区在服务上再上新台阶。

二、全体从业人员参与制

从业人员是乡村旅游景区服务质量改进的参与者与具体实施者,他们是乡村旅游服务管理活动的主要力量。乡村旅游的点滴进步都需要全体从业人员发挥主观能动性,积极实现。

三、跨部门参与制

乡村旅游的服务质量管理涉及安全、绿化、导览、质量等主要职能部门,它们对乡村旅游的服务质量管理都负有重要责任。乡村旅游的各个部门都要明确各自的目标和任务,同时强化各部门之间的联系。

四、专业规划设计公司与行业组织人员参与制

专业的规划设计公司可以对乡村旅游的升级提供切实有效的整改措施,帮助其在短时间内实现质的飞跃。因此,乡村旅游应当积极与规划专家、旅游行业组织的人员进行沟通,邀请他们为乡村旅游的服务质量提升献计献策。

任务二　提升乡村旅游从业者基本素养

任务目标
1. 了解乡村旅游从业人员素质教育的内涵等基本理论。
2. 认清乡村旅游从业人员素质教育的重要性。
3. 掌握乡村旅游从业人员素质教育培训的内容、原则及基本类型。

2.1　乡村旅游从业人员素质教育的内涵

一、素质的内涵

"素质"可以说是一个生理学或心理学概念,抑或是在学校教育活动和社会生活中被泛化的概念,"素质"这一概念有狭义和广义两种理解。

狭义的素质,就是指生理学和心理学意义上的概念,即"遗传素质"或"先天素质"。在心理学上,素质是指人与生俱来的生理特点,主要体现在感觉器官和神经系统方面,但人的心理内容和发展水平是靠先天具有和后天形成来决定的。

广义的素质,是指教育意义上的概念,具有全面性。它是人的各种社会属性的综合,是人在先天禀赋的基础上与后天共同作用下形成的人的身心发展的总水平,它是在环境和教育共同影响下形成和发展起来的,具有稳定的特性。人的素质包含很多方面,如心理素质、身体健康素质、科学文化素质等。

二、职业素质的内涵

职业素质是指劳动者在一定的生理和心理条件的基础上,通过教育培训、职业实践和自我修养等途径而形成和发展起来的、在职业活动中起决定作用的、内在的、相对稳定的基本品质。

职业素质的基本特征,分为五点:

第一,职业性。职业素质是一个人从事职业活动的基础,并且总是同职业联系在一起。不同的职业对职业的素质要求不同。

第二,内在性。职业素质是主体对其内涵有意识地学习、训练、内化、积淀和升华的结果,要通过人的活动能力和社会行为才能表现出来。

第三,稳定性。一个人的职业素质是经过较长时间的教育培训,以及在长期从业实践中逐渐形成和发展起来的。它一旦形成,就会以稳定的形式表现和反映出来。

第四,整体性。整体性是职业素质很重要的特点。从业人员的职业素质是和人的整体素质有关的,是各种素质的综合表现。

第五,发展性。人的素质是通过环境、教育和个人参与社会实践而相互影响逐步形成的,它具有全面性和稳定性。但是,一个人的职业素质不是静止不变的。随着社会的发展,人们总是不断地提高自己的职业素质以此来适应社会发展的需要。所以,职业素质具有发展性。

三、职业素质教育内涵

职业素质教育,是指遵循教育规律和个人发展的需要,全面提高个人的职业素质,发展其创造性思维与创造性个性,从而促进社会的发展和帮助其实现个人的价值。

四、乡村旅游从业人员培训内涵

培训是指知识和技能以及工作态度的传授,包括实际操作方面的模拟活动。培训是在短时间内提高学员能力的主要措施和途径。

乡村旅游从业人员培训,是指乡村旅游点为适应业务工作和人才培养的需要,对员工采取训练、进修等方式促使员工增进知识、技能、道德、品行以适应现职工作或担任重要工作。

2.2 乡村旅游从业人员职业素养培训的内容及原则

一、乡村旅游从业人员职业素质教育培训的内容

职业素质在人的职业活动和职业行为中发挥着重要的作用,职业素质的构成包含很

多方面,主要包括:

1. 思想政治素质

党的二十大报告指出"深入实施人才强国战略。培养造就大批德才兼备的高素质人才,是国家和民族长远发展大计。"作为乡村旅游从业人员,也应该强化自身思想政治素质。思想政治素质指从业者在政治认识、思想觉悟、世界观念、价值观念等方面的素质。思想政治素质是职业素质的灵魂。

2. 职业道德素质

职业道德素质指从业者在所从事的职业活动中能够遵守其职业所规定的各种职业道德规范,这其中包括对道德的认识、道德的修炼修养、行为规范、纪律强化、坚定的意志等方面的素质。道德素质是职业素质的根本。

3. 科学文化素质

科学文化素质指从业者对自然、社会和思维科学知识掌握的状况和水平。科学文化素质要求从业者要具有丰厚而全面的知识水平。乡村旅游目的地对从业人员的文化知识、文化素养具有较高的要求,乡村旅游目的地是游客间接获得知识的地方,所以要求从业人员必须具备一定的基础知识。

4. 专业技能素质

专业技能素质指从业者的相关旅游服务专业知识和技能,以及相关的语言、管理技能等。

5. 身心素质

身心素质是一个人成长、成才的基础素质,其内涵包括健康的身体素质和健康的心理素质。身体素质指体质和健康(主要指生理)方面的素质。心理素质包括对事物的认知和感知,个人的兴趣、爱好、习惯,个人丰富的想象力和情感,个人的气质和能力等方面的素质。

6. 审美素质

审美素质是指从业者所具备的审美经验、审美情趣、审美能力、审美理想等各种因素的总和。审美素质既体现为对美的接受和欣赏的能力,又体现为对美的鉴别能力和创造能力。

7. 社交方面的素质

社交是每个人在这个世界上都要面临的活动,人与人之间的接触都要通过交往来实现。乡村旅游员工只有具备较好的语言表达和社交活动能力,才能与游客友好共处。

8. 工作创新方面的素质

创新是一个国家的灵魂,只有创新才能不断进步。一个企业也要有时时创新的精神,这样才能在企业中立于不败之地。创新精神也是创造个人价值的表现形式,创新包括:知识的创新、方法的创新、能力的创新等。乡村旅游员工还要在具备扎实的基础知识上继续学习、终身学习,在学习中有所创新。

二、乡村旅游从业人员职业素质教育培训的基本原则

职业素质教育是一项复杂的工程,是一个由学校和社会组成的有机体。而乡村旅游

员工职业素质教育是以脱离学校为背景,对从业人员进行在岗职业素质教育的学习活动。因此,在开展乡村旅游目的地人员培训需要遵循一定的原则。

第一,乡村旅游景区职业素质教育培训要理论联系实际。乡村旅游景区对员工的职业素质教育培训,要紧紧围绕乡村旅游景区生产经营活动这一中心,提高针对性、实用性,要讲求实际,突出时效、学以致用,不搞形式,不走过场。要结合国家、行业或部门的发展目标和发展情况,有计划、有步骤地实施,避免超越发展阶段的盲目冒进。乡村旅游从业人员,分直接从业人员与间接从业人员。直接从业人员主要是指直接参与旅游产品的规划、管理、服务的从业者,这部分从业人员要求有一定的专业知识水平,其中农民从业人员也不少。间接从业人员是指为旅游产品提供间接服务的从业者,比如乡村旅游区交通运输业从业人员、餐饮服务人员、农产品或工艺品供应者等。要提高乡村旅游区的综合竞争力,关键是提高从业人员的素质,所以对乡村旅游从业人员的教育培训,重点应放在对农民从业者的培训上。

第二,乡村旅游景区职业素质教育培训要因人开发。乡村旅游景区进行职业素质教育的客体是个人,但由于每个人的成长环境、性格、受教育程度、身体状况等方面的差异,因此每个人对教育培训的要求都是不一样的。所以,乡村旅游区要充分考虑到个体的差异,采取适于其发展的方式方法,使乡村旅游区员工个体素质和水平得到最大限度的提升,优势得到最有效的发挥,从而为促进社会发展和乡村旅游发展做出应有的贡献。所以,在实施培训工作之前,应先对乡村旅游从业人员的培训需求进行调查分析,对乡村旅游从业人员培训内容的实用性要强,重点针对旅游从业人员在工作及创业中所遇到的问题。

第三,乡村旅游员工职业素质教育培训应适应我国社会经济发展的特点。乡村旅游培训要一切从实际出发,不能脱离社会大环境,乡村旅游职业教育必须要适应我国社会经济发展的现状,并且在此基础上随着社会经济的进一步发展,不断创新。

第四,乡村旅游区职业素质教育培训的最终目标是提高员工的综合素质。乡村旅游员工素质参差不齐,由于员工个人的学历、知识储备、个性、所处岗位等方面的不同,乡村旅游景区应从基层员工、中层员工、高层员工三个层次对员工进行职业培训,职业培训应从乡村旅游区员工的社会交往、科学文化、工作技能、学习创新等方面进行。

使员工能够掌握如何交际、如何竞争和如何处理各种问题的能力。现代社会的发展对人的发展提出了更高的要求,员工在实际工作岗位中不仅要具备全面的专业知识,而且更需要具有健全的心理素质和灵活处理问题的能力以及社交活动能力、创新意识。这些素质的培养和提高,需要从业人员在乡村旅游区职业素质教育培训中得到启发和学习。

尤其是对参加培训的农民群体,由于一般而言,其自身文化水平不高,对农民旅游从业者的培训应该分阶段进行。针对农民、农民所处的环境(自然环境和社会环境)等特点,按照实用、实际、实效的原则与因地制宜的原则,采取不同方式、不同层次、不同内容的农民培训,使培训能够顺利进行,且取得实际效果。

第五,乡村旅游区职业素质教育培训要遵循适用性原则。培训模式并非是包治百病的灵丹妙药,而是有一定的适用性,存在一定的适用范围。这种适用性至少包括三方面:一是适用对象。不同的培训模式适用于不同的群体。这要求根据受训群体的文化背景、年龄大小、性别差异、经济情况等因素,开展适合他们的不同层次、不同内容的培训。二是适用地区。不同地区存在着社会差异、经济差异、文化差异、自然条件差异等,这就要求不同的地区根据自身特点,合理选择、借鉴、构建适合本地区的培训模式,而不能盲目照搬其他地方的经验。三是适用时期。不同的时期,人们的培训需求和社会对培训的要求都有所不同。这就要求培训模式必须体现出所处时代的特点,要紧跟时代脚步。

2.3 乡村旅游从业人员职业素质教育培训的基本类型

一、"学校＋农户"型

乡村旅游从业人员部分来自当地的农民,对农民的培训很大程度上要依托于乡村现有的成人教育和职业教育资源。当地政府提供资金,由当地的旅游职业教育院校等机构提供培训资源。这种类型的培训模式,一方面加强了"教"与"学"目的性,另一方面为学校提供了"产学研"实验基地。

二、"政府＋农户"型

政府相关部门有针对性地通过培训班、送教上门、一对一帮扶等多种教育和培训方式,为从业人员讲授国际国内开发乡村旅游、开办家庭民宿等先进经验,提高乡村旅游从业者的素质和旅游服务技能。

三、"公司＋农户"型

"公司＋农户"是一种产业化经营模式,在旅游从业人员培训中同样得到了广泛应用,其具体形式多种多样。其核心是以一个技术先进、资金雄厚的公司为龙头,以分散的乡村旅游农户为基础的一种利益均沾、风险共担的经济共同体。在做法上由占股份较多的公司来组织培训,使村民具备参与旅游开发经营、旅游服务的技能,打造乡村旅游开发、经营、管理的团队。

四、"旅游协会＋农户"型

乡村旅游要上层次、上规模,旅游协会应发挥主要作用。协会将分散的乡村旅游经营者组织起来,定期开展业务培训,通过对农民的教育和引导,改变以往农民个体型的粗放式经营,通过改善服务设施,建立经济合作体,实现乡村旅游的规范化经营,保护农民自身利益,使乡村资源得到合理利用。

以上各类型可以互相交叉、补充,从整合教育资源优势角度来看,由政府来统筹协调,社会各方面助学是搞好乡村旅游从业人员教育的最佳途径。

任务三 增强乡村旅游从业者服务技能

任务目标
1. 明确乡村旅游从业人员专业服务技能培训的重要性。
2. 掌握乡村旅游从业人员服务技能提升的主要内容。
3. 掌握乡村旅游从业人员服务技能提升的方法。

3.1 乡村旅游从业人员专业服务技能提升策略

一、针对不同对象和人员实行分层培训

总体而言,乡村旅游人才可分为两类:一类是经营管理人员,一类是服务人员。由此,培训也应有针对性,一是加强对经营管理人员的培训。举办旅游经营管理培训班,组织旅游经营者代表定期集中培训或外出考察,介绍经营管理理念、乡村旅游项目策划和开发;提高乡村旅游经营管理水平和档次,发展壮大旅游经营管理人才队伍。二是对一般从业人员开展岗位技能培训活动。传统技艺和乡土文化传承、导游服务、交通、客房、餐饮、旅游纪念品和娱乐活动设计、服务礼仪和服务规范、市场营销等内容。

二、提高培训自编教材的质量

可以结合当地旅游文化资源的特色,整合协会、院校、机构、乡村旅游企业等各方资源,编制一套有地方特色的、操作性强的、实用性的乡村旅游职业教育特色培训教材,提高乡村旅游从业人员的实践水平。

三、开展灵活多样的培养模式

在人才培养模式方面,要以有针对性的短期培训为主,以学历式教育为辅。根据农业和旅游业的特点,帮助广大学员解决工学矛盾,可采用农闲时间、旅游业淡季做集中培训,利用晚上开设"小灶"培训,组织培训人员到点、到乡、到村进行集中培训,通过送教入村,送教上门,为广大学员提供便利。

在培训方式上,可采用案例教学法、示范带动法、现场参观调研法、成功经营者现身说法等形式增强培训效果;在一些关键环节上,培训指导教师要深入各村、各点有针对性地开展专项现场咨询和指导,让学员边培训边实践、边培训边经营。通过灵活多样的培训方式和内容,全面提升乡村旅游从业人员的素质,培养适应新农村建设的旅游市场发展需要的专业人才。

3.2 乡村旅游从业人员服务技能的提升

一、乡村旅游从业人员的仪表美

仪表即人的外表，是一个人精神面貌在容貌、服饰和发型等方面的外在体现。人的仪表往往与其生活情调、思想修养、道德品质和文明程度密切相关。在人际交往中，仪容仪表是一个不容忽视的重要因素，良好的仪容仪表往往会给人留下美好的第一印象。

乡村旅游从业人员作为旅游者较早直接接触的对象，应自觉地重视自己的仪表，设法给旅游者留下一个美好的第一印象。一般来说，人的仪表美是其形体美、服饰美和发型美的有机组合。

二、乡村旅游从业人员仪态美

随着主客交流增多，旅游者的注意焦点会从旅游工作者的仪表转向仪态。仪态美是个体审美化的较高层次。潇洒自如、优雅多姿的翩翩风度会强化人们对仪表的审美感知。仪态美的形成离不开环境的熏陶和人为的训练。对于旅游服务人员来说，要在社会生活实践中自觉地观察和体味其他社会成员（特别是本行业中的同事）的优雅姿态（坐态、站态、行态等），从中找出与己相宜的参照模式，随后加以综合，并在反复的模仿演练中使其个性化、自然化。古人说，"站如松，坐如钟，行如风"，对君子的仪态美提出了明确的要求，同样，对于旅游服务人员仪态美的打造也可以从站、坐、行这三个最基本的方面展开。

三、乡村旅游从业人员语言美

乡村旅游从业人员与游客最主要的交流工具之一就是"语言"，因此，语言美直接关系着旅游服务质量的优劣，也必然影响到旅游者的审美体验。

1. 旅游从业人员言辞的礼貌性

旅游从业人员言辞的礼貌性，主要表现在旅游从业人员使用的是敬语。敬语包含尊敬语、谦让语和郑重语。敬语的最大特点是：彬彬有礼、热情庄重。使用敬语时，一定要注意时间、地点和场合，语调也要甜美、柔和。

2. 旅游从业人员语言的修饰性

旅游从业人员使用服务用语时要充分尊重旅游者的人格和习惯，不能讲有损宾客自尊心的话。语言的修饰性主要表现在经常使用的谦谨语和委婉语两方面。谦谨语是谦虚、友善的语言，它能充分表现说话人尊重听话者。谦谨语常常是以征询式、商量式的语气表达的，如"这张椅子有人坐了，请坐另外那张好吗？"委婉语是用好听的、含蓄的、使人少受刺激的词语来替代对方有可能忌讳的词语。

3. 旅游从业人员语言的生动性

接待旅游者时,语言不能呆板,不要机械地回答问题,这样会容易使旅游者感到服务人员不热情、业务不熟悉、责任心不强,甚至引起投诉。日常生活中生动幽默的语言往往能使气氛活跃、感情融洽。幽默是一种微笑的艺术,幽默中含有哲理,幽默产生的诙谐情趣能使人感到轻松愉快。所以,注意语言的生动性是进一步提高语言表达能力的努力方向。对旅游从业人员来说,要做到语言生动,就要不断提高语言水平、勤学苦练、多听多练,而不要一知半解地运用,也不要牵强附会或任意发挥,否则会适得其反。

4. 旅游从业人员语言的针对性

要使旅游者感到满意和高兴,在使用礼貌服务用语时,必须察言观色,随时注意旅游者的反应。针对不同的对象、不同的性别和年龄、不同的场合,灵活地使用不同的用语,才有利于沟通和理解,从而避免或缓解矛盾。

一般来说,我们可以通过旅游者的服饰、语言、肤色、气质等去辨别宾客的身份,通过旅游者的面部表情、语气的轻重、走路的姿态、手势等行为举止来体察旅游者的心境。遇到语言激动、动作急躁、举止不安的宾客,要特别注意使用温柔的语调和委婉的措辞。对待旅游者的投诉,说话时更要谦虚、谨慎、耐心、有礼,要设身处地地为旅游者着想,投其所好。要善于揣摩旅游者的心理,以灵活的语言来应对各种旅游者。

四、乡村旅游从业人员心灵美

无论是仪容、仪表、仪态,还是语言都是旅游服务人员思想意识和服务态度的外显,因此,要打造旅游服务人员的形象美,归根到底,离不开旅游从业人员心灵美的塑造。

党的二十大报告提出"提高全社会文明程度。实施公民道德建设工程,弘扬中华传统美德。"并且要求"统筹推动文明培育、文明实践、文明创建,推进城乡精神文明建设融合发展。"作为乡村旅游从业服务人员,外在美固然重要,但内在美更为可贵。在旅游审美关系中,旅游主体的审美经验和审美感受常常表现为一种不断深化的"由表及里"的认识过程。国内外许多游客对旅游工作者的赞美,最终总是表现为对其心灵美的欣赏与崇敬。

实践证明,旅游从业人员对自身心灵美的培养,关键要看他是否具有人道主义精神或助人为乐的情操。在工作过程中,旅游工作者的心灵美一般是通过具体的行为(周到服务、文明接待、为游客及时排忧解难)和有声的语言(利用富有节奏美和声调美的语言传递富有价值的旅游审美信息)表现出来的。

实际上,旅游者对于作为直接审美对象的旅游从业人员,也总是在"听其言、观其行"的同时,作出相应的美学判断。因此,对于外化抽象的心灵美的感性形式——语言美与行为美,旅游服务人员应予以足够的重视。但要指出,心灵美是动因,与其外化形式(语言美、行为美)之间存在一种因果关系。所谓"诚于中而形于外",讲的就是这个道理。

终身学习

党的二十大报告中提出:"推进教育数字化,建设全民终身学习的学习型社会、学习型大国。"好学才能上进。完善全民终身学习推进机制,构建服务全民的终身学习体系,形成人人皆学、处处可学、时时能学的学习型社会,是提高全民素质、推进继续教育、提升国家发展能力和水平的必然要求。面对前进道路上的各种挑战、面对人民对美好生活的迫切需求,完善全民终身学习推进机制、构建终身学习体系已成为时代之必然、目标之应然、现实之实然。

习近平总书记在2020年11月24日的全国劳动模范和先进工作者表彰大会上说到:"当今世界,综合国力的竞争归根到底是人才的竞争、劳动者素质的竞争。我国工人阶级和广大劳动群众要树立终身学习的理念,养成善于学习、勤于思考的习惯,实现学以养德、学以增智、学以致用。要适应新一轮科技革命和产业变革的需要,密切关注行业、产业前沿知识和技术进展,勤学苦练、深入钻研,不断提高技术技能水平。"

乡村旅游从业者需要通过终身学习不断提升个人素养和服务水平。坚持乡村旅游的服务需求为导向,根据旅游者不同需求提升各方面的素质能力。而乡村旅游的管理者则需要坚持特色发展,结合当地历史文化资源,因地制宜、因势利导开展特色教育活动,帮助乡村旅游从业者构建协同发展的长效机制,为员工的终身学习创造充足条件。

乡村旅游对客创新服务

由于乡村旅游具有以无形的服务产品、旅游市场需求发展迅速、顾客群体复杂、服务易模仿等特点,其服务创新和其他服务行业的创新有很大不同,快速变化的市场需求、传统农业向现代农业转变过程中对技术的渴求使得新服务概念和新技术在其创新中起着更加重要的作用。

旅游服务理念创新其实就是观念和文化创新,要有新的大旅游服务战略,彻底改变旅游服务原始的、简单的意识观念,要超越传统的思维方式和既定的利益格局,用超前的眼光和全新的思维来思考旅游服务的定位。首先,乡村旅游的顾客需求本质上是一种心理层面的需求,重点是体验乡村文化。乡村旅游经营者必须改变传统观念,注重对所在地乡土文化的保护,并在此基础上适当挖掘或移植相应的外来文化要素。其次,现代旅游需求的个性化和快速变化要求乡村旅游企业重新理解乡村旅游的概念,提供个性化、差异化的服务。乡村旅游服务如同其他旅游一样都具有综合性的特点,包括吃、住、行、游、购、娱六大要素,企业应不断通过对市场需求的准确分析发现创新来源,对自己和竞争者提供的已有服务和新服务都有准确的认识,尤其要对创新特性有准确的把握。在此基础上,任一服务要素或任一环节的细微改变都可能带来创新。

知识拓展　　　　同步案例　　　　关键词点击　　　　在线练习

 创新实践

1. 按照相关课程内容,试分析如果自身作为一线乡村旅游服务人员,应如何提升自身的服务技能与素养。
2. 综合实训:某新建乡村旅游目的地,一线旅游服务人员主要是当地村民,缺乏旅游接待服务的意识与技能,请为乡村旅游服务导游人员、餐饮服务人员、民宿服务人员分别设计系列培训课程,突出培训的针对性和实用性。

主要参考文献

［1］刘秀丽.5G技术引领下乡村旅游形象的游客感知与优化[J].农业经济.2020.
［2］卢政营,张威,唐静.乡村节事旅游活动品牌形象的实证研究——以罗平油菜花节为例[J].旅游学刊.2009.
［3］张琦等.基于数字足迹的乡村旅游形象感知研究——以沈阳市周边乡村旅游点为例[J].农业经济.2018.
［4］刘强.乡村生态旅游品牌形象塑造探究——以辽宁省凤城市大梨树生态旅游区为例[J].农业经济.2013.
［5］邢佳.社交媒体时代乡村旅游品牌形象构建研究[J].农业经济.2018.
［6］鲍松媛.试论乡村旅游形象的提升策略[J].学术交流.2013.
［7］程倩.乡村旅游纪念品设计与旅游目的地品牌形象建设研究[J].农业经济.2020.